Klaus Kokemoor

Blackbox Medienkonsum

In der Reihe **Neue Wege für Eltern und Kind** sind bisher folgende Bände erschienen:

Band 8 Franz Renggli: *Früheste Erfahrungen – ein Schlüssel zum Leben. Wie unsere Traumata aus Schwangerschaft und Geburt ausheilen können.* [2013] (Neuauflage 2018).

Band 9 Thomas Harms: *Keine Angst vor Babytränen. Wie Sie durch Achtsamkeit das Weinen Ihres Babys sicher begleiten.* 2018.

Band 10 Thomas Harms: *Keine Angst vor Babytränen. Wie Sie durch Achtsamkeit das Weinen Ihres Babys sicher begleiten. Das Elternbuch.* 2019.

Band 11 Ursula Henzinger: *Stillen. Kulturgeschichtliche Überlegungen zur frühen Eltern-Kind-Beziehung.* 2020.

Band 12 Franz Renggli: *Verlassenheit und Angst – Nähe und Geborgenheit. Eine Natur- und Kulturgeschichte der frühen Mutter-Kind-Bindung.* 2020.

Band 13 Matthew Appleton: *Kindern ihre Kindheit zurückgeben. Selbstregulierung in der Erziehung – das Beispiel Summerhill.* 2021.

Band 14 Eva Reich, Eszter Zornànszky-Gramantik: *Lebensenergie durch Sanfte Bioenergetik. Die Schmetterlingsmassage und weitere körpertherapeutische Behandlungsmethoden.* 2022.

Band 15 Markus Wilken: *Frühkindliche Nahrungsverweigerung. Ursachen verstehen und Behandlungswege finden.* 2022.

Band 16 Evelin Kirkilionis: *Ein Baby will getragen sein. Alles über das Tragen und seine Vorteile.* 2013 [1999] (Neuauflage 2022).

Band 17 Klaus Kokemoor: *Von der Ohnmacht zur Handlungskompetenz. Die Begleitung von Kindern mit herausforderndem Verhalten.* 2022.

Band 18 Deborah Blum: *Die Entdeckung der Mutterliebe. Die legendären Affenexperimente des Harry Harlow.* 2010 (Neuauflage 2023).

Band 19 Elisabeth Profanter, Barbara Walcher, Thomas Harms: *Emotionelle Erste Hilfe. Ein Praxismodell zur Begleitung von Familien am Lebensanfang.* 2023.

Neue Wege für Eltern und Kind · Band 20

Herausgegeben von Thomas Harms

Klaus Kokemoor

Blackbox Medienkonsum

Kinder beim Aufwachsen in der digitalisierten Welt gut begleiten

Eine Orientierung für Eltern und Fachkräfte

Psychosozial-Verlag

Bibliografische Information der Deutschen Nationalbibliothek
Die Deutsche Nationalbibliothek verzeichnet diese Publikation
in der Deutschen Nationalbibliografie; detaillierte bibliografische Daten
sind im Internet über http://dnb.d-nb.de abrufbar.

Originalausgabe

info@psychosozial-verlag.de
www.psychosozial-verlag.de

Umschlagabbildung: © iStock / Yagi-Studio
Umschlaggestaltung und Innenlayout nach Entwürfen von Hanspeter Ludwig, Wetzlar
ISBN 978-3-8379-3380-2 (Print)
ISBN 978-3-8379-6267-3 (E-Book-PDF)
ISSN 2625-1043

INHALT

EINSTIEGSGEDANKEN

In der Straßenbahn beobachte ich einen etwa 4 Jahre alten Jungen, der immer wieder seinen Vater anspricht. Der unmittelbar neben ihm sitzende Vater schaut träumend aus dem Fenster. Der Junge sagt: »Papa!«, während er ihn anschaut und vergeblich auf eine Reaktion wartet. Er wirkt noch geduldig, wiederholt drei-, viermal »Papa«, aber dieser scheint sich nicht aus seinen Tagträumen reißen zu lassen. Doch dann ertönt ein »Sssst, Ssst« aus der Brusttasche des Vaters. Seine rechte Hand schnellt zielsicher in die Tasche und fischt ein Smartphone heraus. Papa ist aus seinen Tagträumen erwacht und widmet sich wieder der Realität; einer Realität jedoch, die die Bedürfnisse seines Sohnes in eine Art zweite Reihe stellt. Die Nachricht auf dem Smartphone scheint allerdings belanglos, und es ist zumindest etwas beruhigend zu sehen, dass sich der Vater im Anschluss seinem Sohn zuwendet. Er beugt sich etwas herunter und der Junge zeigt ihm einen Hund, der auch in der Straßenbahn an der roten Leine seines Besitzers sitzt. Nur gut, dass der Hund noch nicht während der Abwesenheit des Vaters aussteigen musste, sonst wäre die Enttäuschung für den Jungen sicherlich groß gewesen.

Ich lasse nun meinen Blick schweifen und sehe ein mittlerweile gewohntes Bild. Die meisten Fahrgäste in der Straßenbahn sind mit ihren Smartphones beschäftigt, und es gibt gerade keine Menschen, die miteinander reden. Auch der Hundebesitzer starrt auf sein Handy und wischt eine Nachricht nach der anderen etwas gelangweilt weg. Ich frage mich, wie es dem Hund gerade geht und ob auch Tiere spüren, dass durch unsere Beschäftigung mit der medialen Welt etwas von der Aufmerksamkeit füreinander verloren geht. Es gibt Studien, auf die ich in diesem Buch noch eingehen werde, die belegen, dass uns allein die Anwesenheit unseres Smartphones – das sich bei 80 % ihrer Nutzer*innen in einem maximalen Abstand von 1,5 Meter befindet – unaufmerksamer für unsere Umwelt sein lässt. Nun lässt sich das Rad nicht zurückdrehen, und wir kennen und nutzen alle die vielen wunderbaren Vorzüge, die uns digitale Medien zur Verfügung stellen. Es ist jedoch wichtig und an der Zeit, einen angemessenen Umgang damit zu finden, der uns klar zwischen dem tatsächlichen Nutzen und den möglichen Risiken unterscheiden lässt.

Ich steige aus und muss auf den Bus warten. Im Wartehaus sitzt ein etwa 6-jähriger Junge, der auf sein Smartphone starrt, auf dem sich unentwegt kleine, bunte Figuren bewegen. Neben ihm sitzen zwei Erwachsene, die seine Eltern zu sein scheinen. Sie sind ein Spiegelbild des Jungen, denn sie starren ebenfalls auf ihre Smartphones. Es gibt eine weitere Übereinstimmung: Alle drei tippen flink mit ihren Fingern und beinahe schon im Takt auf die jeweiligen Displays, als spielten sie das gleiche Spiel. War ich bei dem träumenden Vater noch amüsiert, bin ich nun eher traurig-schockiert. Okay, sicherlich könnten wir es positiv sehen, dass Eltern und Kind die gleichen Interessen zeigen, doch sie vermitteln es nicht untereinander. Sie sind jeder für sich in ihrem eigenen Spiel gefangen. Eine Unterbrechung erfährt das Ganze, als der Bus kommt. Darin teilen sich Mutter und Sohn eine Sitzbank, ohne Worte zu wechseln. Dann beginnt der Junge seiner Mutter etwas zu erzählen, doch sie zeigt keine Reaktion. Er gibt allerdings nicht auf und redet weiter auf sie ein, bis sie sich plötzlich – ohne den Blick von ihrem Smartphone zu lösen, geschweige denn mit ihrem Kind Worte oder Blicke zu wechseln – auf einen anderen Platz setzt. Der Junge schaut ihr für einen kurzen Moment hinterher, bis er sich wieder auf sein Smartphone konzentriert.

Das Geschilderte ist sicherlich nicht repräsentativ für unsere Gesellschaft, es ist jedoch ein extremes Beispiel für Szenen, die wir in abgeschwächter Form täglich beobachten können. Diese Vernachlässigung von zwischenmenschlicher Kommunikation trägt meiner Beobachtung nach dazu bei, dass wir weniger voneinander mitbekommen, dass wir uns in bestimmten Situationen nicht empathisch verhalten. Kinder erleben leider immer häufiger die Abwesenheit ihrer Eltern – trotz Anwesenheit. Wir haben alle schon gesehen, dass Mütter und Väter, die ihre Babys oder Kleinkinder durch Parks oder Fußgängerzonen schieben, mit ihrem Handy beschäftigt sind.

Wir haben ein Gefühl für den Begriff »Passivrauchen« und würden nicht in unmittelbarer Gegenwart eines Babys rauchen, doch in Bezug auf die Handynutzung fehlt uns – noch – das intuitive Gefühl, welche Folgen es hat, dem Konsum von Medien *ausgesetzt zu sein*. Wir haben es mit einer Art Blackbox zu tun und werden erst in einigen Jahren einen sicheren Umgang damit finden. Dabei gibt es schon hinreichend Studien, die auf die Auswirkungen eines unangemessenen Medienkonsums auf unsere Kinder hinweisen. Wie schon gesagt: Digitale Medien haben für uns alle auch große Vorteile, die uns das Leben erleichtern. So erhalten wir blitzschnell fast alle Informationen, die wir haben möchten, finden uns dank des Smartphones auch in der Fremde zurecht und treffen unaufwändig und ressourcensparend Menschen weltweit in Online-Meetings. Es ist wichtig, diese Vorteile zu erkennen und zu nutzen, es ist jedoch auch wichtig, ein Bewusstsein dafür zu entwickeln, an welcher Stelle unser Konsum digitaler Medien nachteilig wird. Es geht darum, einen Umgang zu finden, zu erfinden und/oder zu erlernen, damit sich neben den positiven Aspekten keine negativen Auswirkungen einstellen.

In meiner Tätigkeit als Fachberater für Kindertagesstätten begegnen mir immer häufiger kleine Kinder, die Farben und Zahlen auf Englisch sagen und Ausdrücke wie »Bitch« oder »What the fuck!« verwenden, obwohl ihre Sprache insgesamt noch nicht gut entwickelt ist. Einige Kinder zeigen Verhaltensweisen, die pädagogische Fachkräfte überfordern und nicht selten mit fremdaggressiven Handlungen einhergehen. Darüber hinaus machen sie Töne und Bewegungen, die den Eindruck hinterlassen, als identifizierten sie sich mit Held*innenfiguren aus Filmen, Serien oder Computerspielen. In der Gesamtbeurteilung liegt die Vermutung nahe, dass einzelne dieser Verhaltensweisen oder auch die Sprache der Kinder auf einen überhöhten Medienkonsum zurückzuführen sind.

Ich werde in diesem Buch in mehreren Fallbeispielen beschreiben, wie wir dieser Problematik begegnet sind, um den Kindern einen Verbleib in der Kita, einem heute noch analogen Raum, zu ermöglichen. Natürlich sind die pädagogischen Handlungen in der Kita nur ein Aspekt, auf diese Kinder mit ihrem besonderen, auch häufig aggressiven Verhalten zu reagieren. Auch wir Eltern brauchen Hinweise, wie wir mit der zunehmenden Digitalisierung umgehen. Wie können wir Absprachen treffen und Regeln einführen, die dem Kind helfen, einen für sein Lebensalter angemessenen Umgang mit digitalen Medien zu finden und sich vor einer möglichen Fixierung oder exzessiven Nutzung zu schützen? Denn die stereotype Wiederholung des Satzes »Nun leg doch mal das Handy weg!« erzeugt nur Widerstand und ist keine gute Grundlage für einen Rahmen, der den Umgang mit Medien in der Familie regelt.

Medien sind ein Teil der Lebenswelt der Kinder und sie wachsen heute in einer Zeit auf, in der sie sehr häufig mit äußeren Bildern konfrontiert werden. Es sind bunte Bilder oder Filme, die eine große Faszination bei ihnen auslösen und mit einem Klick oder einer Berührung zu haben sind. Sie können mit digitalen Medien spielen, malen, Musik hören, sich Fragen beantworten lassen oder mit Freund*innen chatten. Die meisten Eltern stellen sich schon recht früh die Frage, ab wann und wie sie ihren Kindern den Gebrauch von Medien ermöglichen sollten, damit diese einen kompetenten Zugang zu unserer zunehmend digitalen Welt finden und gleichzeitig in ihrer Entwicklung nicht unter einem möglichen Zuviel leiden. Sich als Eltern diesen Fragen zu stellen, ist ein

Balanceakt zwischen Chancen und Risiken, bei dem es keine pauschalen Antworten gibt.

Ich werde anhand des kindlichen Reifungsprozesses beschreiben, in welchem Lebensalter das heranwachsende Kind bestimmte Entwicklungsschritte macht, und darstellen, welche Bedeutung die vom Kind selbst gewählten, zum Teil selbst erfundenen, Spiele für jenen Reifungsprozess haben und welchen Zugang zu Medien wir ihnen in welchem Alter ermöglichen sollten. Nun werden sich möglicherweise viele Eltern beim Lesen dieser Zeilen in Bezug auf den eigenen Medienkonsum und dem ihrer Kinder überlegen, eine Neuorientierung vorzunehmen. An dieser Stelle erfordert die Vermittlung eines angemessenen Umgangs mit Handy, Tablet oder TV sehr viel Klarheit gegenüber unseren Kindern, aber auch in Bezug auf unser eigenes Verhalten. Wir kommen nicht darum herum, uns damit zu beschäftigen, wie wir als Eltern konstruktive Grenzen ziehen und setzen können.

Wenn wir klare Regeln, Absprachen und Grenzen einführen, ist es zunächst wichtig, uns gut zu informieren. Vor diesem Hintergrund werde ich diese Blackbox ein wenig auflösen und anhand von Studien und wissenschaftlichen Untersuchungen beschreiben, welche Auswirkungen der – auch passive – Konsum von Medien für unsere Kinder haben kann. Es braucht einen verantwortungsvollen und klugen Umgang, um *gemeinsam* Medienkompetenz zu erwerben, damit sich unsere Kinder nicht im Internet verlieren und die Qualität des Zwischenmenschlichen, das etwas ganz dem Menschen Eigenes ausmacht, bewahrt bleibt.

Auch die Bildungseinrichtungen Kita und Schule müssen eine Haltung zu und einen Umgang mit diesem Thema entwickeln. Bei der Digitalisierung in Schulen geht es nicht nur um eine Technisierung, sondern auch darum, Konzepte für die pädagogische Umsetzung und den Aufbau einer digitalen Ethik zu erarbeiten. Um die Vorteile der neuen Technologien zu erkennen und sie angemessen zu nutzen, braucht es in unseren Bildungseinrichtungen einen Rahmen, der die Bedeutung der

Beziehung, der Gemeinschaft sowie des eigenständigen Handelns und Lernens als die wichtigsten Bausteine des Selbstbildungsprozesses des Kindes aufgreift: »In einer reizdurchfluteten Welt wird die kluge Auswahl von Informationen zunehmend wichtiger, um das Wichtige nicht zu übersehen, das Relevante im Gedächtnis zu behalten und das Gute zu genießen.«[1]

HULK ODER SPIDERMAN

In diesem Buch beschreibe ich Kinder, die möglicherweise die Spitze eines Eisbergs darstellen, wobei wir noch nicht einschätzen können, wie groß dieser Berg ist. Es sind Beispiele, die uns die Risiken vor Augen führen, wenn Kinder sich schon sehr früh intensiv und sehr einseitig mit digitalen Medien beschäftigen. Natürlich darf diese Betrachtungsweise nicht darüber hinwegtäuschen, dass das Verhalten nicht nur auf den Konsum von Medien zurückzuführen ist und nicht selten mit der Überforderung und Hilflosigkeit einzelner Eltern gekoppelt ist.[2] Vor diesem Hintergrund geben uns die Fallbeispiele wichtige Hinweise, welche Form der Zuwendung, elterlichen Präsenz und Positionierung Kinder grundsätzlich benötigen, um ein gesundes Selbst zu entwickeln.

In den Beispielen handelt es sich ausschließlich um Jungen zwischen 3 und 7 Jahren, die ich in meiner Beratungstätigkeit in Kitas begleitet habe. Die Zahl der Kinder in unserer Beratung hat sich in den letzten zwei Jahren von ca. 50 auf ca. 100 Kinder pro Jahr verdoppelt. 85 % dieser Kinder sind Jungen und etwa 10 % dieser Jungen leiden nach unserem Eindruck unter dem Konsum zu vieler digitaler Medien. Mädchen sind mit diesem Thema in unserer Beratungsarbeit noch nicht so in Erscheinung getreten. Das soll jedoch nicht heißen, dass Mädchen nicht auch davon betroffen sein können. Mädchen zeigen laut Studien ein ähnliches Nutzungsverhalten wie Jungen.[3] Weiter werde ich Kinder und Jugendliche zu Wort kommen lassen, die über ihr Interesse an der digitalen Welt Auskunft erteilen und darüber, wie sie sich darin zurechtfinden. Alle Namen von Kindern und Jugendlichen, die nachfolgend beschrieben werden oder zu Wort kommen, wurden geändert.

Für meine Beratungstätigkeit nutze ich die Marte-Meo-Videointeraktionsanalyse, die es ermöglicht, uns das Spiel und die Handlung des Kindes sehr präzise vor Augen zu führen. Hier zeigt sich ein Aspekt der besonderen Qualität, die uns die Digitalisierung zur Verfügung stellt, denn letztlich ist es nicht die Technologie selbst, sondern der Umgang damit, der bestimmt, welche Chancen wir nutzen und welchen Risiken wir uns aussetzen.[4]

Das Spiel mit äußeren Bildern

Ich bin auf dem Weg in eine Kita, um ein Kind zu beobachten, das durch ein besonderes Verhalten auffällig wird. In der Beratungsanfrage geht es wieder einmal um die Verdachtsdiagnose Autismus, die sich aus der Beobachtung der pädagogischen Fachkräfte ergeben hat. Als ich in den Gruppenraum komme, sitzt der 3-jährige Pit im Kniesitz auf einer Puppe und presst ihre Arme mit seinen Beinen an ihren Körper. Während er sie einklemmt, um sich möglicherweise vor einem Angriff dieser »Gegnerin« zu schützen, schlägt er ihr immer wieder in einer Art rhythmischer Folge mit der flachen Hand mal rechts, mal links ins Gesicht. Die Puppe wirkt bewusstlos, zeigt keinerlei Regung, während Pit seine gewalttätigen Handlungen weiter fortsetzt. Er scheint sich aber nicht sicher zu sein, ob er seiner Gegnerin vielleicht nicht doch schon ihr Leben ausgelöscht hat. Er steht plötzlich auf, nimmt die Puppe mit einer Hand am Kragen hoch und boxt sie mit der anderen so heftig in den Bauch, dass die Puppe regungslos durch den Raum fliegt.

Ohne selbst eine Mimik oder Regung im Gesicht zu zeigen, folgt Pit nun mit einem breitschultrigen und breitbeinigen Gang der Flugbahn der Gegnerin und stellt sich dieser erneut. Die Puppe scheint keinerlei

Angst zu haben, vielleicht ist sie ja auch schon tot. Jedenfalls lässt sie die folgenden Schläge und Tritte weiter über sich ergehen. Pit zeigt in seinen Handlungen keine Regungen von Lust, sondern vermittelt eher das Gefühl, er müsse so handeln. Sein statischer Gesichtsausdruck wirkt die ganze Zeit wie ein Spiegelbild seiner Gegnerin, die allerdings als Puppe auf diese Welt gekommen ist. Sie kann lebendig wirken, wenn sie einem Kind begegnet, das ihr über das imaginäre Spiel, das durch die eigenen inneren Bilder genährt wird, eine symbolische Funktion verleiht. Dies scheint Pit zurzeit nicht möglich zu sein, denn sein gesamtes Handeln folgt in diesen 20 Minuten einem bestimmten Plan, einer Art vorgefertigter Regieanweisung, die meine vage Vermutung nährt, es könnte sich um Szenen aus einem Computerspiel handeln. In seinem Spiel macht Pit sehr deutlich, worum es ihm geht. Er will diese Puppe töten oder vernichten. Dazu nimmt er sich ein Plastikglas aus dem Spielzeugschrank und sticht auf die Puppe ein. Dann lässt er sie mit einer lässigen Bewegung durch den Raum fliegen, gefolgt von einer ebenso lässigen Geste. Nun fasst er die Puppe am Kragen und schleift sie hinter sich her.

Die Situation erinnert tatsächlich an einen Film, den man sich auf YouTube ansehen kann, in dem Hulk seinen Kontrahenten Spiderman durch New York hinter sich her schleift. Bevor Hulk dies tut, tritt und boxt er Spiderman bis zur Besinnungslosigkeit. Hulk wirft mit seinen übermenschlichen Kräften immer wieder Autos auf den armen, völlig hilflos wirkenden Helden. Schließlich schleudert er sein Opfer mit voller Wucht Richtung Himmel, und man sieht nur noch, wie der Punkt, der Spiderman darstellen soll, immer kleiner wird. Die gleiche Szene können wir nun live in der Kita beobachten. Der 3-jährige Pit schleudert als Hulk seine Puppe, die in dieser Szene eindeutig die Opferrolle von Spiderman einnimmt, durch den Gruppenraum, bis sie gegen die Wand donnert. Ich nehme Pit in seinem Spiel mit der Videokamera auf. Als wir uns diesen Film und den Film auf YouTube anschauen, sehen wir deutlich die Übereinstimmung beider Szenen. Übrigens: Nachdem ich am Wochenende im Internet etwa drei Stunden nach weiteren Szenen auf YouTube recherchiert hatte, tauchten Hulk und Spiderman in meinen Träumen auf. In Berichten von Therapeut*innen finden sich vermehrt Schilderungen über Fixierungen von Kindern und Jugendlichen auf bestimmte Medienfiguren und damit verbundene stereotype Verhaltensweisen.[5]

Im Kontakt mit anderen Kindern ist ein ähnliches Verhalten bei Pit zu beobachten. So boxt, schubst oder schlägt er diese, ohne dabei eine Miene zu verziehen. Auch die Gesichtsausdrücke der anderen Kinder oder Reaktionen wie Weinen oder Gegenwehr scheinen Pit nicht zu erreichen. Nach einem Schubser oder Schlag lässt er schnell von seinem Opfer ab und setzt mit einer lässigen Geste oder Aktion überbrückend sein Handeln beim nächsten Opfer fort. Manchmal macht er auf dem Weg dahin eine Rolle seitwärts, wie man es von Kämpfer*innen aus Actionfilmen kennt, um nach der schwungvollen Rolle wieder breitbeinig vor dem nächsten Kind zu stehen. Es scheint Pit nicht ganz klar zu sein, dass es sich in diesen Szenen nicht um einen Videoclip handelt, sondern dass er sich in der Realität einer Kita befindet, die mit seinem Verhalten an ihre Grenzen kommt.

Pit hat sich motorisch gut entwickelt, doch im Bereich des Spiels, der Kooperation und Kommunikation mit anderen Kindern gibt es eine sehr deutliche Entwicklungsverzögerung. Seine Sprache reduziert sich auf einzelne Laute, die für die beschriebenen Kampfspiele ausreichen, ihn aber in der normalen Verständigung behindern. In einem Gespräch mit seinen Eltern bringen diese ihre Sorge in Bezug auf Pits Sprachentwicklung zum Ausdruck. Ihnen scheinen die anderen Besonderheiten in seinem Verhalten nicht aufzufallen oder sie scheinen sie nicht zu beunruhigen. Darauf angesprochen wird jedoch deutlich, dass sie Pits eigentümliches Spielverhalten durchaus registriert haben, denn sie liefern mit einem Hauch von Stolz in ihren Ausführungen eine Erklärung: »Ja, Pit spielt Hulk und Spiderman! Er schaut gern diese Filme auf YouTube! Er ist sehr geschickt mit dem Tablet und konnte es schon zum Teil mit

2,5 Jahren bedienen!« Auch wenn in der Stille, die nach ihren Ausführungen im Raum herrscht, ein Hauch von Unsicherheit in den Gesichtern der Eltern zu sehen ist, scheint ihnen nicht klar zu sein, welcher Einschränkung sich ihr Kind täglich aussetzt. Da Pit, wie sich im Verlauf des Gesprächs weiter ergibt, täglich über einen Zeitraum von mehreren Stunden auf dem Tablet mit äußeren Bildern konfrontiert wird, können bestimmte Faktoren, die für seinen Reifungsprozess von Bedeutung sind, nicht angeregt werden.

Von der Überflutung zur basalen Stimulation

Die sehr frühe und intensive Beschäftigung mit digitalen Medien hat in einigen Bereichen Verhaltensweisen zur Folge, wie sie auch bei autistischen Kindern beobachtet werden können, nur dass die Ursache für dieses Verhalten einen anderen Hintergrund hat. Doch Pit ist kein autistisches Kind und seine Entwicklungsverzögerung scheint auf eine Überflutung von äußeren Bildern zurückzuführen zu sein, die mit dem Konsum von Medien einhergehen kann.

Das autistische Kind zeigt auch eine Orientierung an äußeren Bildern, weil es ihm schwerfällt, mit seinen Eltern in einen wechselseitigen Dialog zu gehen.[6] Der intensive zwischenmenschliche Kontakt schafft die Grundlage für innere Bilder. Das autistische Kind leidet unter einer von Geburt an bestehenden Schwierigkeit, in einen wechselseitigen Dialog mit der personellen Umwelt zu treten. Seine Auseinandersetzung mit der Umwelt ist sehr stark auf Gegenstände bezogen, die für das Kind verlässlich und sicher sind. Diese Gegenstände werden oft und gern auf eine sich wiederholende und stereotype Art und Weise behandelt. In seinen Handlungen, die wenig von einem eigentlichen Spiel haben, ist das autistische Kind sehr auf sich selbst bezogen. Es lädt seine Eltern nicht über verbindende Blicke in sein »Spiel« ein und so fehlt die so wichtige Triangulierung, die eine Dreiecksbeziehung zwischen dem Kind, dem Erleben mit dem Gegenstand und seinen Eltern ausmacht. Das autistische Kind befindet sich in der Regel in einem dualen System, das sich durch »Ich und das Objekt« oder »Ich und der Andere« ausdrückt.

Auch beim intensiven Spiel mit digitalen Medien können wir bei einzelnen Kindern eine Art Selbstbezogenheit beobachten, die eine Beteiligung von anderen, über den typischen triangulären Blick, vermissen lässt. Bei Pit und anderen Kindern, die nicht autistisch sind, jedoch zu früh und zu intensiv einem Konsum von Medien ausgesetzt sind, verkümmert die Kompetenz, sich auf natürliche Weise mit der personellen sowie dinglichen Umwelt auseinander- und in Beziehung zu setzen. Darüber hinaus erlernen sie ein Handlungsmuster und ein Handlungsverständnis, das beim Bedienen eines digitalen Endgeräts vorwiegend auf der »Wenn-dann«-Ebene funktioniert. Bei einer Handlung in Bezug auf eine reale Person ist das »Wenn-dann«-Prinzip nicht einzuhalten, da wir nie voraussagen können, wie die Person auf unsere Handlung oder Ansprache reagiert.[7] Auch bei der Beschäftigung mit einem Objekt, beispielsweise einer Murmel, gelten die Gesetzmäßigkeiten der »Wenn-dann«-Beziehung eigentlich nicht; es sei denn, ein Kind lässt eine Murmel, wie es autistische Kinder gern tun, immer wieder auf die gleiche Weise eine Murmelbahn hinunterrollen. Doch wer ein nicht autistisches Kind im Spiel an der Murmelbahn beobachtet, wird feststellen, dass es relativ schnell mit seinen Versuchen in die Variation geht und beispielsweise kleine Hindernisse einbaut, damit das Spiel seinen Reiz und seine Spannung behält. Das Kind wird also selbst aktiv, um die Spannung des Spiels aufrechtzuerhalten. Genau diese Eigeninitiative ist bei einem Großteil der Aktivitäten, die sich auf den Konsum von Filmen beziehen, eingeschränkt.

Die Eltern von Pit erhalten den Ratschlag, den Konsum digitaler Medien bei Pit auf null zu setzen und ihm dafür eine halbe Stunde am Tag Fernsehen mit Mama oder Papa anzubieten. Neben den Einschränkungen des Medienkonsums durch die Eltern ist es wichtig, Pit ganz gezielt Angebote zur Verfügung stellen, um sich auf eine andere Art und Weise mit der Welt auseinanderzusetzen. In der Kita filme ich in der Folge eine Szene, in der Pit mit einer Gruppe von sechs Kindern am Tisch sitzt. Die Erzieherin hat ein Angebot mit Rasierschaum vorbereitet. Pit schaut interessiert auf die Rasierschaumflasche und beobachtet dann ein Kind, das den Schaum in seine offenen Hände gesprüht bekommt. Unter diesem Eindruck betrachtet er seine eigenen Handflächen, bevor er sie in Richtung des Rasierschaums hält. Als er nun den Schaum vor sich auf den Tisch gesprüht bekommt, beginnt er mit seinen Handflächen den weißen, wolkigen Schaum zu berühren. Pit zeigt hier eine andere Aufmerksamkeit, einen anderen Kontakt zu sich selbst und dem Material, als er es ein paar Tage zuvor im »Spiel« mit der Puppe zeigen konnte. Sein Blick richtet sich mal auf den Schaum, mal auf seine veränderten Hände, mal auf die anderen Kinder, die sich gerade mit dem gleichen Ereignis konfrontiert sehen.

Wenn wir nun lediglich Pits Augen beobachten, wird deutlich, wie er sich durch diese basale Erfahrung sofort in eine Beziehungsdynamik begibt. Da sind die Eindrücke und Empfindungen, die das Material, das flexibel und nicht statisch auf ihn reagiert, in ihm auslöst. Da sind seine Hände, die sich unaufhörlich eingeladen fühlen, mit diesem Schaum zu hantieren. Da sind die anderen Kinder, die Gleiches tun und dieses Tun durch ihre Emotion zum Ausdruck bringen. Dann folgen noch Worte der Erwachsenen, die ihm deutlich machen, dass er es ist, der hier handelt und mit seinen Augen kommuniziert: »Ja Pit, das ist Schaum – genau, und die anderen Kinder patschen auch damit herum.« Diese Worte kommen bei ihm an, denn er lächelt und schaut im selben Moment zu einem kleineren Mädchen, die ihre Hände ganz hochhält und den Schaum darin zerquetscht. Pit nimmt diesen Eindruck auf und hebt ebenfalls seine Hände, um den Schaum zu quetschen. Die Imitation ist ihm vertraut, wie beschrieben ist er darin ein wahrer Meister, doch hier hat er es mit realen Menschen zu tun. Pit hat es mit Kindern zu tun, deren spontane Handlungen ihrem eigenen, aktuellen Erleben entspringen und die über die Emotion in die Variation gehen.

Handelnd die Welt begreifen

Unser Sein wird zu großen Teilen bestimmt durch unser kreatives Tun. In der Handlung erleben wir uns in der Beziehung zu uns selbst sowie in der Beziehung zum Anderen und zu einer Gruppe. In der Handlung und Kommunikation mit anderen bilden sich und erfahren wir die kulturellen Werte einer Gemeinschaft. Ich verwende hier den Begriff des kreativen oder schöpferischen Handelns, weil sich dieses basale Handeln grundlegend vom reinen Konsum äußerer Eindrücke unterscheidet. Das Kind muss sich als Handelnde*r in der Welt und in der Beziehung zu anderen erleben, um ein stabiles Selbst auszubilden. Natürlich ist dieses Selbst auch davon geprägt, wie die wichtigsten Bezugspersonen mit diesem Handeln in Resonanz gehen. Ein Film oder ein Videospiel geht nicht in unmittelbare Resonanz mit seinen Betrachter*innen/Spieler*innen und ist so bei häufigem Konsum eine nicht zu unterschätzende Gefahr für die neuronalen und psychischen Reifungsprozesse der Kinder.[8] Auf diesen grundlegenden Unterschied in der Bedeutung des Spiels oder der Handlung werde ich noch eingehen.

Pit wird in der Folge häufiger mit Angeboten konfrontiert, die ihm ein solches Erleben ermöglichen. Es ist schön zu beobachten, wie gern und engagiert er diese Angebote und die damit verbundene Begleitung durch die Fachkräfte aufgreift und zunehmend beginnt, sich verbal auszudrücken. Um Kindern dies zu ermöglichen, braucht es die freie Ausdrucksmöglichkeit, das heißt einen Rahmen, in dem sie im Wesentlichen ihren noch natürlichen Impulsen folgen können. Auch wenn Pit zunächst weiter nicht gut zu verstehen ist, wird in der Art, wie er Laute und Worte gestisch und mimisch begleitet, deutlich, dass er nun mit realen Menschen kommuniziert.

Natürlich kann es diese schnelle Veränderung nur geben, wenn das Kind am besten keinen oder maximal einen kontrollierten Zugang zum Konsum von Medien hat. Die Empfehlung für Kinder im Alter von 3 bis 6 Jahren lautet: maximal 30 Minuten Bildschirmzeit täglich zusammen mit den Eltern.[9] Wie beschrieben durfte Pit diese 30 Minuten am Tag mit einem Elternteil fernsehen. Natürlich lässt sich das nicht kontrollieren, doch die Tendenz zu Veränderungen, die Pit gezeigt hat, hinterlässt zunächst den Eindruck, dass die Eltern der Vereinbarung gefolgt sind. In diesem Kontext ist es wichtig, diese aktiv an seiner Entwicklung teilhaben zu lassen, damit sie die Sinnhaftigkeit ihres neuen Handelns hautnah erleben. Durch die Marte-Meo-Videoberatungsmethode konnten wir sie unmittelbar mit den zuvor beschriebenen Szenen konfrontieren und in Pits Entwicklungsprozess mitnehmen. Pits Eltern waren glücklich zu sehen, wie sehr er sich als Handelnder in der Gemeinschaft gezeigt und wie sich zunehmend auch seine Sprache weiterentwickelt hat. Sprache braucht ein Erleben, das zwischen den Menschen geschieht. Es war sehr wichtig, die Eltern mit diesen Bildern zu konfrontieren, damit sie die Bedeutung dieser Momente in sich aufnehmen konnten. Hier stellt der Film ein wunderbares Medium dar, denn Eltern können über die Bilder zu den Kompetenzen ihres Kindes eigene innere Widerstände auflösen, um in die Position zu kommen, neues Verhalten zuzulassen oder einzuführen.[10]

Vor dem Hintergrund, dass mich Kitas sehr oft um eine Beratung bitten, weil sie wie bei Pit den Verdacht haben, die Verhaltensweisen könnten etwas mit Autismus zu tun haben, werde ich in den nächsten Kapiteln auch immer wieder Hinweise zu den Besonderheiten von autistischen Kindern geben, um uns hier vor einer Verwechslung zu schützen.

EINBLICKE IN DIE BLACKBOX

»Was wir in dieser digitalen Welt [...] verlernt haben, ist die Fähigkeit, einen Text aufmerksam zu lesen und sogar zu genießen – wie einen guten Schluck Wein oder ein Stück Schokolade, das man sich auf der Zunge zergehen lässt.«[11] Dagegen ist die Beschäftigung mit digitalen Medien heute allgegenwärtig, wir können geradezu von einer medialen Überflutung sprechen: Denn egal wo wir uns im öffentlichen Raum bewegen, sind die meisten Menschen im Kontakt mit digitalen Endgeräten. Das Smartphone hat sich auf eine inflationäre Weise auf unserem Planeten verbreitet und weit über 4 Milliarden Menschen nutzen es täglich. Kein Wunder, dieses Gerät kann schließlich fast alles! Wir können uns Fragen beantworten lassen, erhalten alle möglichen Informationen, können mit Freund*innen, Familie oder anderen kommunizieren, Fotos oder Videos machen, Filme anschauen, Musik hören, uns den Weg weisen lassen, ein Bahnticket buchen, einkaufen und bezahlen oder einfach nur spielen. Das Smartphone ist für 75 % der Deutschen ihr ständiger Begleiter. Die Stadt Köln hat begonnen, Warnsignale, die auf die vorbeifahrende Straßenbahn hinweisen, durch eine Bodenbeleuchtung sichtbar zu machen, damit Menschen, die intensiv auf ihr Handy schauen und dabei noch Musik hören, nicht unter die Räder kommen.[12] Eine Studie der Techniker Krankenkasse aus dem Februar 2021 mit 1.250 Testpersonen zeigt, dass 76 % nahezu ständig online sind. Bei den Jüngeren unter den Befragten waren es sogar 92 %.[13] Wir sind als Gesellschaft an einem Punkt, wo der Mangel an Aufklärung über die Folgen unseres Nutzungsverhaltens enorm ist. Dabei können wir uns in unserem Smartphone alle nötigen Informationen zu Gemüte führen. Doch das Nutzungsverhalten ist bei vielen Menschen oft nur noch sehr oberflächlich. So wird auch die Halbwertzeit einer Information immer kürzer und die Zuwendungszeit der Nutzer*innen folgt diesem Trend, indem von einer zur nächsten Nachricht oder *Short* gewischt wird, was letztlich dazu führt, dass die Aufmerksamkeitsressourcen schneller erschöpft sind.

Genau dieses Verhalten sehe ich mal wieder neben mir in der Straßenbahn. Ein Mann mittleren Alters wischt Bild für Bild, Clip für Clip mit dem Daumen über sein Smartphone, schaut einmal kurz in einen Clip, bevor er die nächsten Bilder und Clips vor seinem Auge herschiebt und die ganze Zeit mit seinem linken Bein wippt. Es kommt keine Ruhe auf, es wirkt hektisch, und ich frage mich, welche der Informationen er für sich als bedeutsam in sich aufnimmt. Der Neurologe und Psychiater Volker Busch betitelt in seinem Buch *Kopf frei* ein Kapitel »Die nervöse Gesellschaft« und untermauert diesen Titel mit Aussagen von Menschen aus der erwähnten TK-Studie »Schalt mal ab«, die aufgrund ihres Medienverhaltens unter Nervosität, Konzentrationsstörungen und Depressionen leiden.[14] Wenn in dieser Studie auch von jüngeren Testpersonen gesprochen wird, so sind damit sicherlich keine Kinder und Jugendlichen gemeint, und es stellt sich die Frage, welche Auswirkungen ein erhöhter Medienkonsum auf Kinder im Kita- oder Grundschulalter hat, um die es in diesem Buch im Schwerpunkt geht. Natürlich gibt uns diese Studie auch indirekt einen Hinweis auf kleine Kinder, denn durch diese oft mediale Informationsüberladung ihrer Eltern sind diese mit ihrer Aufmerksamkeit im medialen Raum und somit für ihre Kinder oft nicht mehr erreichbar.

Multitasking und Technoference

Die Annahme, wir wären als Menschen multitaskingfähig, gehört nach Aussage von Neurobiolog*innen in die Mythologie,[15] und auch andere, wie beispielsweise der Humorist Loriot in *Pappa ante portas* (1991), parodierten dieses Thema schon hinreichend: Herr Lose (Loriot) sucht eben noch geschwind, bevor er zur Arbeit muss, die Wirtschaftsbeilagen der *FAZ* in einem seiner vielen Zeitungstapel, während seine Frau (Evelyn Hamann) zu ihm sagt: »Du weißt, dass in drei Wochen Mutter ihren 80. Geburtstag hat? Hast du gehört? Da müssen wir hin!« Worauf Herr Lose antwortet: »Ich bin ja nicht taub!«, bevor er dann fragt: »Wie alt wird deine Mutter eigentlich?«, und einen Moment später: »Wann hat sie Geburtstag?«, und letztlich noch: »Müssen wir da hin?« In dieser wunderbaren Filmszene führt uns Loriot vor Augen, worüber sich Neurobiolog*innen einig sind: Es fällt uns schwer bzw. gelingt uns gar nicht, zwei Dinge gleichzeitig zu tun, ohne einen Aspekt aus den Augen oder Ohren zu verlieren.

Ein ähnliches Beispiel: Im Kino geht die Premiere eines Dokumentarfilms zu Ende. Einer der Protagonisten bedankt sich zum Abschluss persönlich bei den Besucher*innen für ihr Kommen und nennt die beiden Termine, an denen dieser wunderbare Film erneut gezeigt wird. Es folgt tosender Applaus und im Anschluss schnellt die Hand einer Frau in die Höhe, die gerade noch eine WhatsApp-Nachricht geschrieben hat. Sie fragt: »Da nun meine Freunde heute nicht hier sein konnten, können Sie mir sagen, ob dieser wunderbare Film vielleicht nochmal gezeigt werden kann?« – Es fällt uns einfach schwer, zwei Dinge gleichzeitig zu tun, und trotzdem können wir es anscheinend nicht lassen, lernen daraus nicht nachhaltig. In den USA kommen jährlich beim Autofahren 3.000 Menschen ums Leben, die durch ihr Smartphone abgelenkt waren. Das sind mehr als am 11. September 2001 durch den Terror getötet wurden. In Deutschland sind es etwa 300 Menschen pro Jahr, und das liegt unter anderem daran, dass sich unsere Reaktionszeit bei diesem Multitasking-Versuch deutlich verlängert.[16] Auch wenn wir solche gefährlichen Momente schon erlebt haben, glauben wir weiter, dass wir multitaskingfähig sind, indem wir verschiedene Aktivitäten gleichzeitig jonglieren. Nun zeigen diese Beispiele jedoch ein anderes Bild auf, das auch hinreichend durch Untersuchungen und Studien belegt wird. Es wird in Zukunft von Bedeutung sein, diese Erkenntnisse in unser Leben zu integrieren, damit wir nicht weiter Schiffbruch erleiden.

Wir zeigen bei solchen Aktivitätsjonglagen eine höhere Hirnaktivität im Frontalhirn, das für das Umschalten von einer Aktivität zur anderen verantwortlich ist. Vor diesem Hintergrund wurde das Multitasking zunächst auch positiv bewertet, da Aktivität ja nichts Schlechtes ist. Doch Volker Busch macht deutlich, dass diese Beobachtung auf eine höhere Anstrengung des Gehirns hinweist, während die eigene geistige Leistungsfähigkeit abnimmt, da es Aufgaben gleichzeitig bewältigen muss.[17] Denn wie schon gesagt, doch vielleicht haben Sie es eben mal wieder überlesen, ist unser Gehirn gar nicht in der Lage, mehrere Tätigkeiten gleichzeitig auszuüben, ohne befürchten zu müssen, doppelt so lange zu brauchen und doppelt so viele Fehler zu machen.[18]

Als Eltern von kleinen Kindern, die noch viel Aufmerksamkeit und die volle Fürsorge brauchen, ist man ja sowieso gefühlt immer in einer Art Multitasking-Modus, und wenn nun noch das digitale Endgerät viel Aufmerksamkeit zieht, kommen unsere Kinder durch die Zunahme dieser selbstgewählten Aufmerksamkeitsstörungen mit hoher Wahrscheinlichkeit zu kurz. Bei der Begleitung und Erziehung unserer Kinder ist es ratsam, sich nicht dieser immer wieder durchs Smartphone verursachten Aufmerksamkeitsstörung hinzugeben, um die nötige elterliche Präsenz zeigen zu können:

> »Eine Studie von Chen Yu von der Indiana University in den USA hat ergeben: Je besser die Eltern darin waren, sich nur einer Sache zu widmen (ohne Unterbrechung!), umso konzentrierter waren auch deren (Grundschul-)Kinder. Umgekehrt zeigt die Studie, dass Kinder umso schneller Spiele abbrachen, je häufiger die Eltern auf ihr Handy schauten.«[19]

Die Nutzung von digitalen Medien hat durch die Zeit der Coronapandemie nochmal einen Schub erfahren, und in den meisten Familien gibt es kaum einen Raum oder Zeitraum, in dem keine Medien genutzt werden. Dabei sind längst nicht alle Menschen immer glücklich damit, wenn uns eine WhatsApp-Nachricht in der Konzentration stört und immer wieder ablenkt. Es wird auch als anstrengend erlebt, wenn uns unser Gegenüber seine Aufmerksamkeit verweigert und gerade mal wieder Nachrichten liest oder schreibt. In einem Forschungsprojekt, in dem bei 72 Proband*innen Zwiegespräche beobachtet und analysiert wurden, brachten die Gesprächspartner*innen zum Ausdruck, dass ihr Gefühl von Nähe, Vertrauen und Verständnis beeinträchtigt wurde, wenn das Handy zwischen ihnen lag, da es permanent Aufmerksamkeit zog.[20] Die Momente, in denen wir uns durch die neue Technik gestört oder unterbrochen fühlen und die immer häufiger auch einen Einfluss auf die Zufriedenheit oder besser gesagt Unzufriedenheit von Paarbeziehungen nehmen, bezeichnen wir als *Technoference*.

Dabei braucht jede tiefe Freundschaft oder Liebesbeziehung eine Kontinuität der ungestörten Zweisamkeit, um belastbar zu sein und ihre Potenziale und Stärken zu entwickeln.[21] Laut Umfragen liegt die Anzahl der Mitteilungen, die uns täglich erreichen, im Durchschnitt bei 45, und es fällt uns schwer, das »Pling« oder »Ssssst« einfach zu ignorieren, denn jede mögliche Information hat einen hohen Reizcharakter, die zu einer Ausschüttung von Dopamin führt. Dopamin weckt Vorfreude und steigert die Erwartung, die einen hohen Belohnungseffekt hat, weil es sich *vielleicht* um eine für uns wichtige Information handelt.[22] Diese Störungen, denen wir fast alle ausgesetzt sind, die wir ja aber auch selbst verursachen, führen zunehmend zu einer Beeinträchtigung der Lebenszufriedenheit bis hin zur Beobachtung, dass Depressionen und Vereinsamung in unserer Gesellschaft zunehmen. So litten in der Coronazeit am meisten junge Menschen zwischen 18 und 30 Jahren sowie junge Familien unter Einsamkeit. Fast 50 % der unter 30-Jährigen fühlten sich

2021 laut den Daten des Sozio-oekonomischen Panels einsam (vor der Pandemie waren es gerade einmal 14,5 %). Ältere Menschen erreichten im selben Jahr Werte von 36 bis 37 %. Sie waren nach eigenem Empfinden also weitaus weniger von Einsamkeit betroffen als die jüngeren Altersgruppen.[23]

Es ist schon erstaunlich, dass wir aus uns heraus diese eigentlich logischen Zusammenhänge nicht herstellen. Dabei wären wir von unseren kognitiven Voraussetzungen als Erwachsene her grundsätzlich in der Lage, hier vernünftiger zu handeln. Wir könnten reflektieren und uns somit selbst aus dem Sog der Verführung, die digitale Medien verursachen können, befreien. Wir sind in der Lage, eine Entscheidung für unser eigenes Verhalten zu treffen und auch unseren Partner*innen gegenüber das Bedürfnis nach analoger Kommunikation zum Ausdruck zu bringen, wenn uns die ständigen Unterbrechungen zu viel werden. Doch wie geht es in diesem Zusammenhang eigentlich den Kindern und insbesondere kleinen Kindern, die noch nicht bewusst reflektieren können und die diesen Technoferencen ausgesetzt sind? Sie fangen möglicherweise an zu quengeln, da sie das Gefühl haben, nicht mehr hinreichend wahrgenommen zu werden. Oder sie beginnen irgendwann, das Gleiche zu tun, um eine Lücke zu füllen. Der Familientherapeut Jesper Juul ist der Meinung, wenn Eltern ihre Kinder zurückweisen, fühlen sich diese traurig, enttäuscht, wütend und beginnen, sich an die Verhältnisse der Erwachsenen anzupassen. Wenn sie diese Enttäuschung immer wieder erleben, hören sie auf zu probieren, zu den Eltern durchzudringen. Ab dem 3. Lebensjahr fangen Kinder dann an, die Verhaltensweisen der Erwachsenen zu kopieren, und fokussieren sich auf ihre eigenen Bildschirme – zum Beispiel Tablets, TV und später Smartphones.[24]

Dazu wieder ein Beispiel: Eine Mutter sitzt in der U-Bahn-Station mit ihrer 2-jährigen Tochter, die im Buggy etwas versetzt vor ihr sitzt. Die Mutter hält sich ein Smartphone ans Ohr und hört konzentriert eine Sprachnachricht oder ein Hörspiel, jedenfalls bewegt sie nicht ihre

Lippen. Nun dreht sich ihre Tochter nach Mama um und zeigt mit ihrem kleinen Finger zu einer Lampe, die unter der Decke hängt. Mama registriert diesen Kommunikationsversuch der Kleinen und reagiert mit einem knappen Lächeln, ehe sie ihren Blick wieder abwendet und sich auf das von ihrem Smartphone zu Hörende konzentriert. Das kurze und irgendwie auch verlegene Lächeln der Mutter, ohne ihre Tochter wirklich anzuschauen, signalisiert: Ich kann jetzt gerade nicht. Dabei nimmt die Face-to-Face-Interaktion bei kleinen Kindern noch einen wesentlichen Anteil ein, um sich zu begegnen und eine wechselseitige Verständigung auszudrücken. Durch diesen intensiven Dialog jenseits der Sprache wird das Gefühl von Verbundenheit hergestellt.[25] In diesem so wichtigen, wechselseitigen Dialog zwischen dem Kind und seinen Eltern passen wir persönliche Dialogmuster an, und das Kind verinnerlicht so die persönlichen Kommunikationsmuster seiner Eltern. Diese wechselseitige Bezogenheit fördert die sozioemotionale, sprachliche und kognitive Kompetenz des Kindes.

Das kleine Mädchen gibt jedoch nicht auf und zeigt nun auf einen orangefarbenen Koffer, der gerade von einem Mann vorbeigeschoben wird. Sie zeigt nicht nur mit ihrem Finger, sondern sie streckt sich dabei mit dem gesamten Körper durch, um auch wirklich den Blick von Mama erhaschen zu können. Mama reagiert auch, doch wieder erhalte ich als Beobachter das Gefühl, dass sie mit ihrer Aufmerksamkeit nicht wirklich bei ihrer Tochter ist. Einen dritten Versuch des Kindes kann ich nicht beobachten, da nun meine Bahn weiterfährt. – Hier beobachten wir eine »gestörte« Kommunikation. Beide, Mutter und Kind, wirken nicht zufrieden. Das Kind fühlt sich nicht darin gesehen, ihre Mutter am Erlebnis mit der Lampe und dem Koffer teilhaben zu lassen. Die Mutter fühlt sich darin gestört, nicht in Ruhe ihr Smartphone abhören zu können. Da wir uns nicht wirklich zufriedenstellend und hinreichend zwei Anforderungen gleichzeitig stellen können, müssen beide ein bisschen leiden. Das Mädchen bringt hier eines der Grundbedürfnisse des Menschen zum

Ausdruck: Sich mitzuteilen ist, wie der Philosoph, Psychotherapeut und Kommunikationswissenschaftler Paul Watzlawick es formuliert hat, ein unabdingbarer Bestandteil unseres Lebens und wir können nicht *nicht* kommunizieren, wenn wir mit anderen zusammen sind. Denn selbst wenn wir uns ignorieren oder wie in dem Beispiel vonseiten der Mutter eher oberflächlich kommunizieren, haben wir bereits eine Form von Beziehung aufgenommen.[26]

Wenn solche Momente zu häufig sind und zu lange andauern, kann das bei Säuglingen und Kleinkindern zu Ängsten, zu Schwierigkeiten in der Affektregulation und zu einem reduzierten Erinnerungsvermögen führen. Wenn wir zwei Dinge gleichzeitig tun, leiden die Ergebnisse beider Aktivitäten, da die für Gewohnheiten zuständigen Basalganglien im Gehirn stärker aktiviert werden; mit der Konsequenz, dass der für unser Erinnerungsvermögen verantwortliche Hippocampus weniger aktiv ist und wir uns so deutlich weniger erinnern. Es besteht so die Gefahr, dass wir diese wertvollen Kommunikationsangebote unserer Kinder nicht wirklich in uns aufnehmen, sondern eher oberflächlich bleiben.[27] Wenn Kindern durch die oberflächliche Kommunikation die Aufmerksamkeit fehlt, fangen sie jedoch berechtigterweise irgendwann an, zu quengeln oder zu schreien. Die Verunsicherung, die der Säugling oder das Kleinkind erlebt, hat einen Einfluss auf die emotionale Verbundenheit, die ganz maßgeblich durch die wechselseitige Interaktion hergestellt wird. Eine Interaktion erfährt ihre besondere Qualität in der wirklichen Verbundenheit und in der ungeteilten Aufmerksamkeit. Kinder suchen oder provozieren immer wieder solche Momente, in denen sie Aufmerksamkeit erfahren, und sie reagieren möglicherweise mit Aggressionen oder Rückzug, wenn ihre Bemühungen keine angemessene Antwort erhalten.[28]

Viele Kinder sind heutzutage einer Form von passiver Mediennutzung ausgesetzt. Je jünger sie sind, desto stärker ist der Einfluss dieser Kommunikationsstörung auf ihre sozial-emotionale Entwicklung. Meiner

Einschätzung nach hat die Zunahme von Kindern mit herausfordernden Verhaltensweisen in Kitas einen Teil ihres Ursprungs darin, dass ihre Kommunikations- und Regulationsbedürfnisse nicht mehr hinreichend beantwortet werden. Insbesondere Säuglinge hegen früh Verhaltenserwartungen an die vorsprachliche Bezogenheit und reagieren empfindlich auf Unterbrechungen in der Eltern-Kind-Kommunikation.[29] Für den Bereich der Familie, der für Kinder den Ort der primären Sozialisation darstellt und in der Regel mit Geborgenheit verbunden ist, sollten wir hier sehr achtsam hinschauen.

Die Erwachsenen als Vorbild

Wie beschrieben beobachten wir auch im öffentlichen Raum, dass schon Säuglinge und Kleinkinder durch das Nutzungsverhalten ihrer Eltern oder durch überall präsente Bildschirme mit Medien und somit einer Aufmerksamkeitsstörung konfrontiert werden. In der Straßenbahn, in der ich gerade sitze, haben von den anwesenden Personen nur ganz wenige ihr Smartphone nicht aktiv im Gebrauch. Was soll nun in den Köpfen von Säuglingen und kleinen Kindern passieren, die dieses Szenario oder die Faszination ihrer Eltern beobachten, die wieder einmal eine WhatsApp-Nachricht erhalten und beantworten? Da die wohl wichtigste Form des Lernens in der Nachahmung besteht, müssen wir uns hier unserer Verantwortung in Bezug auf unser eigenes Medienverhalten bewusster werden. Es erscheint logisch, dass *wir* den stärksten Einfluss auf ein kluges Medienverhalten unserer Kinder einnehmen können. Schon Säuglinge beginnen nachzuahmen, und die Bedeutung dieser Vorbildfunktion lässt sich auch wunderbar im Spiel der Kinder beobachten. Sie eifern ihren Eltern nach, und es ist sehr naheliegend, dass sie sehr früh damit beginnen, auf glatten Oberflächen zu wischen oder sich einen Bauklotz ans Ohr zu halten. Über die Nachahmung übernimmt das Kind familiäre und gesellschaftliche Bräuche, nimmt also ein Stück Kultur in sich auf. In meinem Buch *Autismus verstehen. Begegnung mit einer anderen Kultur* beschreibe ich, warum es dem autistischen Kind schwerfällt, unsere kulturellen Zusammenhänge zu verstehen. Durch seine von Geburt an bestehende Selbstbezogenheit gelingt es ihm nicht, wesentliche kulturelle oder alltagsgebräuchliche Handlungen zu erlernen, da sein Interesse an der aufmerksamen Beobachtung anderer Kinder oder Erwachsener eher gering ist.

Wir haben es also bis zu einem bestimmten Grad selbst in der Hand, in welche kulturelle Umgebung unser Kind hineingeboren wird, denn die Familie ist der erste Ort der Sozialisation, also des sozialen Lernens. Natürlich werden Kinder zunehmend auch mit den Möglichkeiten konfrontiert, die es sonst noch gibt, je mehr sie in die Welt hinausgehen und Kontakte zu anderen Kindern bekommen, die in einem anderen kulturellen Umfeld aufgewachsen sind. Laut einer Studie sind sich auch etwa drei Viertel der Eltern bewusst, dass sie in Bezug auf die Nutzung digitaler Medien eine wichtige Vorbildfunktion für ihre Kinder haben.[30] Spätestens wenn sich das Kind immer wieder das Handy seiner Eltern nimmt oder danach verlangt, beschäftigt diese die Frage, ab wann und wie viel Medien ihr Kind konsumieren sollte. Bei dieser Frage geht es zum einen um mögliche Gefahren, die von einer zu frühen Nutzung ausgehen, zum anderen um die Möglichkeit, das Kind rechtzeitig mit Medien vertraut zu machen, um in der zunehmend digitalen Gesellschaft bestehen zu können. Fachpersonen aus der Bindungsforschung und Entwicklungspsychologie sind sich einig, dass viele Eltern ihre Kinder zu früh mit digitalen Medien konfrontieren.

Nun gibt es mittlerweile aber schon Kinder im Kitaalter, die ein eigenes Smartphone haben. 22 % der Kinder unter 6 Jahren haben bereits ein eigenes Endgerät, und 33 % nutzen täglich digitale Medien.[31] Die meisten Eltern sind zwar nicht immer überzeugt von der pädagogischen Qualität ihres Handels, geben ihrem Schützling aber dennoch ein Smartphone, weil *die anderen* es ja auch so machen. So nimmt die Zahl der Kinder, die in der Grundschule ein eigenes Handy haben, deutlich zu, da die Freund*innen auch eins haben; und das, obwohl sie von einer eigenverantwortlichen Nutzung noch weit entfernt sind. Das heißt, die Menge der Zeit, die die Kinder am Bildschirm verbringen, ist nicht an den Entwicklungsstand der Kinder angepasst, was die unterschiedlichsten Auswirkungen haben kann. *Die Auswirkungen sind auch deshalb unterschiedlich, weil Kinder verschieden sind und digitale Medien verschieden auf sie wirken.*

Bei den Auswirkungen unseres Nutzungsverhaltens digitaler Medien haben wir es noch mit einer Art Blackbox zu tun, da uns Erfahrungswerte in Bezug auf unsere Entwicklung und unser Verhalten fehlen. Der Umgang von Eltern mit diesem Thema bewegt sich darum in einem Spektrum:

- Ich weiß nicht genau, wie viel Medienkonsum in einer Zeit, in der alle, auch die Schulen, von Digitalisierung sprechen, für mein Kind eigentlich gut ist.
- Mein Kind soll ruhig schon früh einen Umgang mit digitalen Endgeräten lernen, um später den Anschluss nicht zu verpassen.
- Unser Kind erhält keinen oder kaum Zugang zu digitalen oder Medien überhaupt, da wir einer Nutzung im Kindesalter kritisch gegenüberstehen.
- Hauptsache, mein Kind ist irgendwie beschäftigt, und ich kann als Elternteil dadurch auch eigene Freiräume nutzen. Bei den Kleinsten sprechen wir vom *digitalen Schnuller.*

Diese Beobachtung wird schließlich noch erweitert durch Eltern oder ältere Geschwister, die einen unangemessenen Umgang mit Medien vorleben und deren Freizeitbeschäftigung darin besteht, viele Stunden am Tag dem Interesse nach Computerspielen nachzugehen.

In meiner Beratungstätigkeit besuche ich oft Familien, deren Wohnzimmer von Elektronik und Endgeräten dominiert wird. Da hängt beispielsweise ein überdimensional großer Fernseher an der Wand, und auf dem Sofa liegen zwei Handys. Weiter gibt es ein Tablet und auf dem Beistelltisch steht Alexa, die das Highlight der Familie zu sein scheint, während ich echtes Kinderspielzeug auf den ersten Blick nicht entdecken kann. Vielen Menschen ist noch nicht bewusst, welche Auswirkungen der Konsum und die ständige Präsenz digitaler Medien haben. Am österreichischen Institut für empirische Sozialforschung wurden 400 Eltern von 0- bis 6-jährigen Kindern nach der Nutzung digitaler Medien ihrer Sprösslinge befragt. Diese Umfrage ergab, dass 72 % dieser Kinder und 81 % der 3- bis 6-Jährigen digitale Medien gelegentlich selbst nutzen – dies ist eine Verdopplung der Zahlen von 2013! 72 % der Eltern gaben an, dass ihr Kind jünger als ein Jahr alt war, als es das erste Mal mit digitalen Medien Kontakt hatte.[32] Fast die Hälfte der befragten Eltern treffen Vorkehrungen wie zum Beispiel zeitliche Einschränkungen oder Einschränkungen durch bestimmte Kinderschutzapps oder Programme sowie durch die Begleitung während der Nutzungszeiten. Doch laut der miniKIM-Studie 2020 nutzen 17 % der 2- bis 5-Jährigen kostenpflichtige Streamingdienste oder digitale Spiele ohne die Anwesenheit ihrer Eltern.[33] In dieser Studie wird auch deutlich, dass die Nutzung digitaler Medien bei den 2- bis 5-Jährigen im Vergleich zur Studie von 2014 gestiegen ist und dafür die Nutzung des Fernsehens abgenommen hat.[34]

Es ist jedoch sehr wichtig zu betonen, dass drei Viertel der Kinder angeben, am liebsten draußen oder drinnen zu spielen, sich mit Büchern zu beschäftigen, zu basteln oder zu malen. Die Hälfte der Kinder geben weiter an, wie wichtig es ihnen ist, sich mit Freund*innen zu treffen oder Sport zu treiben. Diese Aussagen würden so betrachtet darauf hindeuten, dass die Kinder verführt werden, vermehrt Medien zu nutzen.[35] Nun konnte durch Wissenschaftler*innen der Universität Leipzig nachgewiesen werden, dass der Konsum elektronischer Medien bei 2- bis 6-Jährigen zu emotionalen und psychischen Verhaltensauffälligkeiten führen kann. Kinder, die täglich ein Smartphone oder einen Computer nutzen, zeigen ein Jahr später häufiger Verhaltensauffälligkeiten als Kinder, die ohne Medienkonsum aufwachsen.[36]

Vielleicht sind mangelnde Erfahrungswerte und mangelnde Aufklärung Gründe, warum ein Viertel der 4- und 5-Jährigen sich mit digitalen Spielen beschäftigt, auch wenn es mittlerweile eine Vielzahl von Studien gibt, die hinreichend Hinweise zu den Auswirkungen der Mediennutzung von Kindern aufzeigen. Auf viele dieser durch Studien belegten Auswirkungen beziehen sich die Beratungsanfragen, die an mich gestellt werden. So gibt es häufiger Kinder, die den Eindruck hinterlassen, sie könnten dem Autismus-Spektrum zuzuordnen sein, da sie kaum mit anderen Kindern spielen, wenig Empathie oder andere Auffälligkeiten im Sozialverhalten zeigen. Weiter beschreiben pädagogische Fachkräfte in Kitas und Schulen Kinder, die innerlich getrieben wirken, sich nicht selbst regulieren können und den Eindruck von Hyperaktivität hinterlassen. Studien belegen darüber hinaus eine Zunahme von Schlafstörungen, Übergewicht sowie Verzögerungen in der Entwicklung von Sprache und Motorik.[37]

Interesse, Suche oder Sucht?

Mit dem Begriff »Sucht« oder dem Satz »Du bist süchtig« in Bezug auf die Mediennutzung von Kindern sollten wir im Kontakt mit dem Kind vorsichtig sein, denn für eine Sucht gibt es klare Kriterien, auf die ich noch eingehen werde. Die Befürchtungen einer Suchtgefahr gab es zu anderen Zeiten schon hinsichtlich des Fernsehens, des Lesens von Comics und sogar des Lesens von Büchern. Natürlich arbeitet die Medienindustrie mit fein ausgeklügelten Systemen, um die Nutzungsdauer ihrer Kund*innen unabhängig vom Alter zu verlängern. So werden Spiele wie *Roblox*, das unverständlicherweise keine Alterskennzeichnung im Sinne des Jugendschutzes hat, zwar kostenlos angeboten, doch die Spieler*innen – eben auch oder gar meist Kinder – können ihre Avatare via App-Kauf mit barer Münze ausrüsten.[38]

> »Die Masche, mit der mein Sohn geködert wurde, nannte sich ›Free-to-Play‹, aber ›Pay-to-Win‹. Auch wenn das Spiel gratis zum Download angeboten wurde. Alles drehte sich – eingebettet in kindlich verspielte Cartoon-Optik – um funkelnde Juwelen und glänzende Münzen, die ein Spieler brauchte, damit das Spiel spannend blieb und einen die Teamkollegen so richtig abfeiern.«[39]

Bei Social Media werden die Kinder mit Belohnungsmechanismen unter Druck gesetzt, indem die Flamme der Freundschaft erlischt, wenn Freund*innen nicht nach spätestens 24 Stunden ein »Snap« in Form eines Fotos oder Videos geschickt wurde.[40]

Bei Jugendlichen zeigen 9 % der 12- bis 19-Jährigen schon einen exzessiven Gebrauch von Smartphones oder Computerspielen bis hin zu einem süchtigen Mediennutzungsverhalten.[41] Dabei haben Jugendliche schon ein Abstraktionsvermögen erworben und können von daher eher zwischen sinnvollen und unsinnigen Handlungen unterscheiden, während sich kleine Kinder viel stärker von Neugier, Entdeckerfreude und Empfindungen leiten lassen. Hier stellt sich also die Frage, wie es mit dem Mediennutzungsverhalten und einer möglichen Mediensucht bei kleineren Kindern aussieht. Es ist klar, dass sich negative Auswirkungen wie beispielsweise eine Mediensucht schneller entwickeln können, je jünger ein Kind ist.[42] Vor diesem Hintergrund scheint es logisch, dass die Gefahr bei Kindern gegeben ist, Angststörungen oder Depressionen zu entwickeln, wenn sie wie beschrieben einen unkontrollierten Zugang zum Internet erhalten.[43] Es stellt sich auch die Anschlussfrage, wann wir eigentlich von einer Mediensucht sprechen, die seit 2019 zumindest als Computerspielsucht als Störungsbild und somit Erkrankung von der Weltgesundheitsorganisation anerkannt ist. Laut Definition des Bundesministeriums für Gesundheit und Soziales sprechen wir von Mediensucht, wenn sich Menschen exzessiv mit bestimmten Gebrauchsmedien beschäftigen, übermäßig viel Zeit damit verbringen und dabei reale soziale Kontakte und das alltägliche Leben mehr und mehr vernachlässigen.

- Diese ständige Beschäftigung führt zu einer *gedanklichen Vereinnahmung*, die die Kinder fast ausschließlich an das Ausüben des Konsums von Medien denken lässt.
- Sie verspüren und äußern das Bedürfnis, mehr und mehr Zeit mit dem Konsum von Medien verbringen zu wollen. Wir sprechen in diesem Zusammenhang von *Toleranzentwicklung.*
- Das Kind findet im Umgang mit den Medien kein Ende mehr und erleidet in Bezug auf diese Aktivitäten einen *Kontrollverlust.*
- Es wird nervös, wenn das Endgerät, mit dem es sich häufig beschäftigt, nicht mehr da ist.
- Diese Kinder beginnen, Spiele und Handlungen, die sie sonst gern gemacht haben, zu vernachlässigen. Wir sprechen hier von der *verhaltensbezogenen Vereinnahmung.*
- Diese Kinder nutzen jede Gelegenheit und setzen ihre Computerspiele oder die reine Beschäftigung mit dem Smartphone fort, auch wenn ihre Eltern Grenzen setzen oder ihnen Konsequenzen androhen: *Fortsetzung trotz negativer Konsequenzen.*
- Diese Kinder leiden an Schlafstörungen und ihre schulischen Leistungen lassen nach.[44]

Eine erneute Studie der DAK (2022) fand 6,3 % Computerspielsüchtige unter Kindern und Jugendlichen und zusätzlich 11,8 % mit riskantem Computerspielverhalten. Das entspricht mehr als einer Verdoppelung in der Coronazeit.[45] Die Zahl der Social-Media-Süchtigen, darunter viele Jugendliche und junge Frauen, lag 2019 bei 6,7 %.[46] Dieses Verlangen, sich immer wieder mit den digitalen Medien zu beschäftigen, liegt an ausgeklügelten Belohnungssystemen, die die Benutzerzahl sowie die

Nutzungsdauer erhöhen, jedoch irgendwann unsere Willenskraft und unsere Möglichkeit, im normalen Alltag aufmerksam zu sein, sinken lässt. Wir brauchen Willenskraft, um Einflüsse zu unterdrücken, die uns vom Denken abhalten, also immer wieder unsere Konzentration stören. Wir müssen beispielsweise in der Schule unsere Gedanken auf ein Thema lenken können. Da jedoch im Unterricht die ständigen Belohnungen ausbleiben, die digitale Medien hingegen zur Verfügung stellen, sehnen sich Kinder und Jugendliche nach ihren digitalen Belohnungssystemen und verlieren die Willenskraft, dem Unterrichtsthema zu folgen, mögen die Inhalte noch so gut dargeboten sein.[47] Weiter führen die Belohnungssysteme zu einem Zuviel an Dopaminausschüttung, was zu einem höheren Erregungszustand führt, der die Kinder dann wiederum in den analogen Momenten in ein Gefühl von Langeweile fallen lässt. So finden immer mehr Jungen und Mädchen Lesen langweilig, und der Anteil an Kindern und Jugendlichen, die ein Buch lesen, ist laut der JIM-Studie 2021 das dritte Jahr in Folge zurückgegangen: Nur noch 32 % der Kinder- und Jugendlichen lesen, und diese Tendenz korrespondiert auch mit jüngeren Ergebnissen der PISA-Studie.[48]

Die beste Voraussetzung für ökonomisches Lernen ist ein optimales Stimulationsniveau, das weder zu hoch noch zu niedrig ist. Denn bei einem niedrigen Stimulationsniveau kann Langeweile entstehen.[49] Nun ist Langeweile grundsätzlich kein ungünstiger Zustand, wenn hieraus der Wunsch entsteht, etwas Schöpferisches zu tun, und nicht darauf reduziert wird, die Langeweile mit Bildern oder Spielen aus dem Netz totzuschlagen. Martin Korte, Professor für Neurobiologie, belegt in seinem wunderbaren Buch *Frisch im Kopf* anhand zahlreicher Studien die Zusammenhänge zwischen dem Konsum von Medien auf unterschiedlichste Kompetenzen. So sehen Wissenschaftler*innen bei der Nutzung digitaler Medien im Kindesalter signifikante Auswirkungen auf die Konzentrationsfähigkeit und die Impulskontrolle. Auch die Lese- und Schreibfähigkeit leidet unter der häufigen Nutzung von Medien, und mehrere Studien weltweit belegen, dass sich generell die Schulleistung von Kindern verbessert, wenn deren Handynutzung reglementiert wird.[50] Ich würde hier auch die aktuellste PISA-Studie einordnen, denn nicht nur deutsche Kinder haben im Vergleich zur letzten Studie abgebaut, sondern auch die Kinder der meisten anderen Nationen.

In Studien, in denen die Empathiefähigkeit untersucht wurde, wird deutlich, dass es jungen Menschen schwerer fällt, sich in die Köpfe anderer hineinzuversetzen, wenn sie schon in Grundschulzeiten viel Zeit mit Handys, Tablets oder Spielkonsolen verbringen. Diese Beobachtung ist sicherlich nicht nur auf den Konsum von Medien zurückzuführen, sondern auch auf den mangelnden Kontakt zu Gleichaltrigen. Gerade dieser, bei dem Kinder sich gemeinsam ins Rollenspiel begeben, miteinander bauen, rennen, klettern oder raufen, hat einen nicht zu ersetzenden Einfluss auf die komplexe Entwicklung des Kindes. So ist es auch zu erklären, warum Jugendliche heute auch motorisch früheren Generationen unterlegen sind. Wenn wir diese durch Studien belegten Erkenntnisse zusammen betrachten, stellen sie eine Möglichkeit dar, etwas Licht in die bestehende Blackbox zu bringen. Ein späterer Beginn der Nutzung digitaler Medien scheint einer der wichtigsten Aspekte der Frühförderung aller Kinder zu sein.[51] – »Eine Faustregel könnte lauten: Je jünger die Menschen sind, desto realer sollte die Welt um sie herum sein.«[52]

Die Coronapandemie hat der Nutzung von sozialen Medien noch einmal einen gewaltigen Schub gegeben. Verbrachten 2019, also vor der Pandemie, Jugendliche im Schnitt 2,5 Stunden im Netz, so waren es nach der Pandemie 3,6 Stunden. Mehrere Studien belegen zudem, dass die Coronapandemie, in der wir alle zwangsläufig unsere Kontakte einschränken mussten und durch Homeschooling und Homeoffice die Bildschirmzeiten sowie die Präsenz sozialer Medien zugenommen haben, die psychische Belastung von Kindern und Jugendlichen verstärkt hat.[53] Kinder leiden zunehmend unter Depressionen und Angststörungen.[54]

Die Schulleiterin und Digitalbotschafterin Silke Müller beschreibt in ihrem Buch *Wir verlieren unsere Kinder* eindrücklich und verstörend, welche Bilder und Szenen ihre Schüler*innen im Netz zu sehen bekommen – Hinrichtungen, Vergewaltigungen, Folter – und mit welcher Gelassenheit sie teilweise darauf reagieren. Die Autorin stellt sich die Frage, ob diese Gelassenheit nicht durchaus etwas besorgniserregendes hat und als ein zunehmender Grad an Verrohung und Empathielosigkeit gesehen werden kann. Sie ist als Schulleiterin zwar durchaus eine Befürworterin der Digitalisierung, möchte sie jedoch nicht auf eine reine Technisierung reduziert sehen. Ihr Buch soll als ein Weckruf verstanden werden, um Kinder und Jugendliche vor zunehmenden Angriffen aus dem Netz und in sozialen Netzwerken besser zu schützen. Eine gerade von der WHO veröffentlichte Studie zeigt, dass jedes sechste Kind im Alter zwischen 11 und 15 Jahren bereits durch Beschimpfungen, Beleidigungen und Bloßstellen gemobbt wurde.[55] So wandte sich beispielsweise eine 14-jährige Schülerin mit den Worten an sie:

> »Ich halte das nicht mehr aus, Frau Müller. Jeden Tag schreiben die mir Sachen wie *du billige Bitch, wärst du doch nur schon im Bauch deiner Mutter verreckt*, und mein Video taucht immer wieder auf. Keiner hilft mir. Ich will die Schule wechseln. Am liebsten wäre ich tot.«[56]

In diesem Zusammenhang sei erwähnt, dass in Studien zur Empathiefähigkeit junger Erwachsener, zum Beispiel von L. Mark Carrier und Kolleg*innen, eine Korrelation zwischen der mit digitalen Medien verbrachten Zeit und einer geringeren kognitiven Empathie gegenüber anderen Menschen berichtet wird.[57] Auch wenn es diese vielen Hinweise auf mögliche Auswirkungen zum Teil schon länger gibt, scheint unser Bildungssystem erst durch den kürzlichen und plötzlichen Kurswechsel in Schweden und Dänemark ins Nachdenken gekommen zu sein. Die schwedische Bildungsministerin Lotta Edholm begründete die Umkehr wie folgt:

> »Es ist offensichtlich, dass Bildschirme große Nachteile für kleine Kinder haben. Sie behindern das Lernen und die Sprachentwicklung. Zu viel Bildschirmzeit kann zu Konzentrationsschwierigkeiten führen und die körperliche Aktivität verdrängen. Wir wissen, dass menschliche Interaktion für das Lernen in den ersten Lebensjahren entscheidend ist, Bildschirme haben in Vorschulen einfach nichts zu suchen.«[58]

In einer Stellungnahme des renommierten Karolinska-Instituts, die die Kehrtwende erst eingeleitet hat, heißt es: »Die Nationale Bildungsagentur scheint sich überhaupt nicht bewusst zu sein, dass die Forschung gezeigt hat, dass die Digitalisierung der Schulen große negative Auswirkungen auf den Wissenserwerb der Schüler hat.«[59] Verwiesen wird auf den Zusammenhang zwischen der Bildschirmzeit und unterschiedlichen Aspekten der psychischen und körperlichen Gesundheit. Es werden Depression, Schlafstörungen, Angstzustände, Konzentrationsprobleme, Essstörungen und ein geringes Selbstwertgefühl aufgeführt. Bei den körperlichen Symptomen sind es Fettleibigkeit, Kurzsichtigkeit und schlechte Motorik. Im Dezember 2023 entschuldigte sich der dänische Bildungsminister Mattias Tesfaye bei den Schulkindern: Sie seien in einem digitalen Experiment als Versuchskaninchen missbraucht worden. Letztendlich kommt auch der Global Education Monitor der UNESCO zu dem Ergebnis, digitale Geräte und Dienste wären in Bildungseinrichtungen oft kontraproduktiv.[60]

Nun möchte ich mit diesen Ausführungen keine Panik verbreiten oder dazu animieren, die Bemühungen der Digitalisierung in Schulen in die Tonne zu treten. Es scheint mir vielmehr wichtig zu sein, genau zu schauen, wo uns diese Technologie im Bildungssektor bereichert und wo sie uns behindert. Denn es gibt durchaus Schulen, die sich so digitalisieren, dass Kinder und Jugendliche nachweislich davon profitieren, worauf ich noch näher eingehen werde. Doch die gerade beschriebenen

Symptome – Angstzustände, Konzentrationsschwierigkeiten, Kurzsichtigkeit – scheinen sich wieder einmal auf die Politik auszuweiten.

Fazit

»Internetbezogene Störungen stellen uns damit vor enorme Herausforderungen, die in Zukunft noch deutlich zunehmen werden. Eine intensive Auseinandersetzung mit der Thematik auf allen gesellschaftlichen Ebenen ist daher unerlässlich.«[61] – Nicht zuletzt dieses Zitat macht deutlich, wie doch eher sorglos und unreflektiert wir und unsere Kinder digitale Medien nutzen. Ich denke, wir müssen die Blackbox auflösen und Eltern, Kindern und pädagogischen Fachkräften Informationen zu den Zusammenhängen an die Hand geben, um uns auf einen klugen Umgang damit zu besinnen. Es geht zum größten Teil um eine *Reduzierung* und eine *Konzentration auf das Wesentliche.* Viele Eltern werden wahrscheinlich hellhörig, wenn sie den durch Studien belegten Zusammenhang erkennen, dass Kinder, die spielend und konsumierend viel Zeit am Bildschirm verbringen, durchaus schlechtere Ergebnisse in der Schule erzielen.[62] Doch genau diese Aufmerksamkeit braucht es vielleicht, um digitale Medien angemessen und bewusst als Werkzeug und Kommunikationsmittel zu nutzen:

> »Es ist meist nicht die Technologie selbst, sondern die Art und Weise, wie diese eingesetzt wird, welche über die Balance von Chancen und Risiken entscheidet. Wichtig ist, in welcher Altersgruppe, in welchem zeitlichen Umfang, mit welchen Inhalten und mit welchen Zielen Bildschirmmedien genutzt werden. Für die allerjüngste Altersgruppe der unter 3-Jährigen ist nach Stand der Forschung überhaupt kein langfristiger Nutzen nachgewiesen. Negative Auswirkungen auf die körperliche, sozioemotionale und kognitive Entwicklung sind dagegen

> wie oben beschrieben gut belegt und zwar umso eindeutiger, je jünger die Kinder sind.«[63]

Während ich dies gerade im Zug sitzend schreibe, beobachte ich eine Schulklasse auf Klassenfahrt, deren Lautstärke es mir schwer macht, mich weiter auf mein Schreiben zu konzentrieren. Ich sehe kein Kind am Handy. Die Kinder durften es vielleicht nicht mitnehmen oder Zeiträume wie beispielsweise die Zugfahrt wurden vereinbart, in denen es nicht benutzt werden darf. Jedenfalls ist hier viel Bewegung. Manche spielen lebhaft und emotional »Schere, Stein, Papier«, andere haben sich kleine Zettel auf die Stirn geklebt und spielen ebenso engagiert »Wer bin ich?«. Die Kinder lachen, kreischen und zeigen sich mit allem, was sie ausmacht. Das mag nun vielleicht etwas altmodisch oder romantisch klingen, doch es sind genau solche analogen Räume und Momente, die es immer wieder braucht, damit unsere Kinder nicht Gefahr laufen, sich im Netz zu verlieren.

GRENZGÄNGER

Bei der nachfolgend geschilderten Beratung geht es wieder einmal um ein Kind, dessen Verbleib in der Kita schon beim ersten Gespräch infrage gestellt wird. Die pädagogischen Fachkräfte beschreiben mir den 4,5-jährigen Till: Er kenne keine Grenzen, habe kein Schmerzempfinden, zeige keine Empathie und schreie immer mal wieder in einer sehr hohen Frequenz. Er spielt fast ausschließlich Figuren, die er aus digitalen Medien kennt. Hieraus entstehen immer wieder heftige Konflikte, da er damit andere Kinder drangsaliert. Da sein Vater auch Computerspiele spielt, was dieser uns offen erzählt, liegt bei den Fachkräften auch die Vermutung nahe, dass der Ursprung für Tills Verhalten im Computerspiel liegen könnte.

Ich nehme meine Videokamera und begebe mich auf die Suche nach Till, doch lange brauche ich dafür nicht. Mir fällt sofort ein Junge auf, der sich sehr merkwürdig durch den Raum bewegt, als sei er nicht er selbst. Kinder schlüpfen gern in irgendwelche Rollen, spielen Prinzessinnen, Könige, Ritter, Pferde oder Vater, Mutter, Kind. Doch Tills Spiel ist anders, wird von einer anderen Energie oder Kraft getrieben. Er stampft durch den Raum, wirkt dabei im Rumpf unbeweglich und ballt immer wieder seine Fäuste, die er mal in den Himmel, mal auf den Boden, mal gegen einen Schrank und letztlich gegen ein Kind schlägt. Der etwas kleinere Junge scheint dieses Spiel schon zu kennen und läuft einfach davon. Auch andere Kinder machen einen respektvollen Bogen um Till oder wer auch immer sich hinter dieser Fassade verbirgt.

Till macht Bewegungen, die nicht seine eigenen zu sein scheinen. Er zeigt dabei immer den gleichen furchterregenden Gesichtsausdruck. Kurz nachdem er erneut gegen den Schrank boxt, in den sich ein Mädchen mit ängstlichem Gesicht verkrochen hat, setzt er zu ein paar großen Schritten an, um dann mit nach oben gereckten Fäusten durch den Raum zu springen. Nun brüllt er, dreht sich in der Hocke, stellt sich hin und streckt erneut seine Fäuste in die Luft. Er brüllt weiter und schlägt dann mit den Armen in die Luft, als wolle er irgendwelche Flugobjekte vertreiben. Mich erinnert die Szene an King Kong auf dem Empire State Building, der nach den Flugzeugen schlägt, die sein Leben bedrohen. Doch irgendwie wird nicht richtig klar, was Till da spielt. Es fehlen die Handlungen bzw. scheint es so, als komme er selbst darin nicht vor.

Aufgrund der besonders extremen und oft agressiven Verhaltensweisen von Till ist es mir wichtig, umgehend mit den Eltern zu sprechen. Sein Vater kommt allein zum Gespräch, da die familiäre Situation gerade schwierig ist. Als ich ihm ein paar Ausschnitte aus den Videos zeige, wirkt er nicht sonderlich erschrocken, da er diese Bewegungen, dieses Spiel seines Sohnes gut kennt: »Ja, Till spielt hier Hulk nach, er liebt Hulk!« Dabei wirkt der Vater nicht besorgt. Erst als wir ihm sagen, dass aus diesem Spiel viele Konflikte entstehen, wird er nachdenklich. Er sagt, zu Hause habe es damit auch eine Zeit lang Probleme gegeben, doch seitdem er in die Kita gehe, sei es zu Hause besser: »Früher war es schlimm, da war Till kaum zu beruhigen, besonders wenn wir ihm das Tablet entzogen haben, schließlich sollte ein Kind ja nicht den ganzen Tag damit spielen!« Der Vater hat recht, doch die Bedeutung seiner Worte scheinen nicht ganz zu ihm durchgedrungen zu sein. Wenn es zu Hause besser geworden ist, seitdem er in die Kita geht, kann es sein, dass hier die Bedeutung des analogen Zeitraums wirkt, da es in der Kita keine Medien gibt.

Im weiteren Verlauf des Gesprächs wird dann deutlich, woher die Intensität und Wucht von Tills Spiel kommt, dem jedoch irgendwie das Spielerische fehlt. Als er 2,5 Jahre alt war, hat er aufgrund eines längeren Krankenhausaufenthalts ein Tablet geschenkt bekommen. Dieses Gerät sollte ihm helfen, im Krankenhaus ohne seine Eltern besser zurechtzukommen. Nun ist das Tablet sein Ein und Alles. Aus den Reaktionen der pädagogischen Fachkräfte, die sprachlos sind und sich und mich eher ungläubig ansehen, wird bei dem Vater eine Verunsicherung deutlich, die er in seinen vorherigen Ausführungen nicht so gezeigt hat. Er schwankt nach meinem Eindruck, so wie viele andere Eltern übrigens auch, zwischen dem Gefühl, seinem Sohn ein richtig tolles Geschenk oder einen großen Fehler gemacht zu haben. Er macht eine kleine Pause, bevor er sagt: »Ich denke heute manchmal, dass es falsch war, ihm das Tablet zu schenken, und dass damit Tills Wutausbrüche anfingen!« Ich bin ein kleines bisschen erleichtert über seine Erkenntnis, auch wenn ich mir nicht sicher bin, ob er schon verinnerlicht hat, was er gerade gesagt hat. Ich sage ihm, dass er das richtig erkannt hat, und wir verabreden, Tills Medienkonsum zu verändern.

Eltern können nicht alles richtig machen

In Kitas haben wir immer mehr Eltern in der Beratung, die einräumen, ihren Kindern schon sehr früh, also mit 2, 3 oder 4 Jahren, das Tablet für über eine Stunde frei zur Verfügung zu stellen. Die Zahlen, die dazu in Studien benannt sind, decken sich mit meinen Beobachtungen. Doch wie sollten Eltern immer die richtigen Entscheidungen treffen, wenn die Kultusministerien der Länder heute immer noch nicht zu wissen scheinen, wie digitale Medien einzusetzen sind, um die Kinder in ihrer Entwicklung zu fördern?

Ich möchte die Kinder hier im doppelten Sinne *Grenzgänger* nennen. Auf der einen Seite akzeptieren sie oft keine Grenzen, da sie in ihrer Vorstellung nicht so vorkommen. Auf der anderen Seite bewegen sie sich auf einer unsichtbaren Grenze zwischen analoger und digitaler Welt und sind von einer existenziellen Zuneigung zu Bildschirmen eingenommen. Für diese Kinder besteht das Risiko, sich im Internet zu verlieren, wenn sie und ihre Eltern keine Unterstützung erhalten. Ja, ich behaupte, diese kleinen Geister laufen Gefahr, ihr eigentliches Selbst zu verlieren und, wie der englische Kinderarzt Donald Winnicott es beschrieben hat, ein *falsches* oder – ich würde sagen – *anderes Selbst* zu entwickeln.[64] Ähnlich ist es bei autistischen Kindern, deren Selbst sich im Schwerpunkt aus der Beziehung zu Objekten und nicht aus der Beziehung zu anderen entwickelt.[65] Nun ist Till kein autistisches Kind, doch seine Eltern haben ihm, wenn auch mit den besten Absichten, nämlich um ihn vor Langeweile und Einsamkeit zu bewahren, zu früh ein Tablet gegeben. Das ist leider kein Einzelfall.

> »Wieder stand ein zehnter Geburtstag bevor, und zum dritten Mal wickelte ich ein ausrangiertes, aber voll funktionstüchtiges Handy in buntes Geschenkpapier ein. Mein Mann und ich waren so in die Geburtstagsvorbereitungen vertieft, dass wir nicht eine Sekunde darüber nachdachten, dass diesmal etwas Entscheidendes anders war als bei den zehnten Geburtstagen unserer Töchter: 2018 hatte das Handy eine andere technische Ausstattung. Es war internetfähig. – Es sollte das schlechteste Geschenk sein, das wir jemals zu einem zehnten Geburtstag unserer Kinder überreicht hatten.«[66]

Till hat sein internetfähiges Tablet bereits mit 2,5 Jahren bekommen und es ist nun wichtig, mit seinem Vater Absprachen zu treffen. Auch wenn Till mittlerweile 4,5 Jahre alt ist, bin ich der Auffassung, er sollte zunächst keinen Zugang mehr zu digitalen Medien erhalten. Gerade bei so jungen Kindern habe ich damit gute Erfahrungen gemacht, da sie sich nach manchmal durchaus heftigem Protest in der

Regel schnell wieder anderen Spielsachen zuwenden. Wir vereinbaren deshalb:

- Till darf kein Tablet mehr nutzen.
- Als Ersatz darf er max. eine halbe Stunde am Tag Fernsehen.
- Diese Zeit sollte ein Elternteil möglichst mit ihm teilen.
- Die Eltern sollen ihm täglich ein analoges Spielangebot machen.

Auch wenn ich nicht sicher bin, ob es dem Vater gelingt, die Absprachen umzusetzen, wirkt er sehr einsichtig und entschlossen. Doch als ich aus der Kita nach Hause fahre, will sich irgendwie das Gefühl von Feierabend an diesem Tag noch nicht richtig einstellen. Mir gehen die ganze Zeit die Szenen um Till durch den Kopf. Da sind zum einen die, in denen er Hulk spielt, und zum anderen das Bild eines Kleinkinds, das im Krankenhausbett liegt und sich mit einem Tablet beruhigt. Eigentlich haben kleine Kinder als Übergangsobjekt einen Teddy, eine Puppe oder ein Tuch, doch bei Till ist es ein Tablet, dass ihm helfen soll, die Zeit ohne seine Eltern auszuhalten. Heute scheint diese Verführung groß zu sein, denn wir beobachten viele Eltern, die ihren Kleinen zur Beruhigung ein Handy oder Tablet vor die Augen schieben. Dies mag die Kinder zunächst beruhigen, doch bei zu häufiger Anwendung dieser elterlichen Maßnahme fordert das Kind diese Geräte immer öfter ein und erlernt nie die Möglichkeit, sich hinreichend selbst zu regulieren. Bei vielen Jugendlichen hat sich hieraus eine Tendenz entwickelt, sich bei Problemen, Stress oder Langeweile in ihr Zimmer zurückzuziehen und Beruhigung oder Abwechslung im Handy oder Tablet zu suchen.[67]

Noch in diesen Gedanken nutze ich nun selbst den Computer, der uns ja auch jede Menge Vorteile bietet, die ich nicht infrage stellen möchte. Ich suche mit Google nach Filmen mit Hulk für Kinder und bin anschließend geschockt, welche Szenen mir angeboten werden: In unterschiedlichen Filmsequenzen sehe ich immer wieder diesen grünen Muskelprotz Hulk, der einfach alles um sich herum kurz und klein schlägt. Es gibt auch die Szene, die mich an King Kong erinnert hat, doch es handelt sich um Hulk, der im Grand Canyon auf einem Felsvorsprung steht und nach Flugdinosauriern schlägt, die ihn attackieren. Da sehen auch Spiderman oder Godzilla, die er zu Brei tritt, nicht gut aus. Kein Wunder, dass man sich mit so einem Kerl gern identifiziert, der vor nichts Angst hat und vor nichts Halt macht. Doch je länger ich schaue, desto mehr wird deutlich, dass eigentlich auch nichts passiert. Es fehlt die Handlung, es gibt keinen Spannungsbogen. Und das, obwohl es die Regisseure mittels Superlativen versuchen, bei denen Hulk unglaublich herumbrüllt und auch mit Bussen und LKWs um sich wirft.

Verwandlungen

Bei meinem zweiten Besuch sitzt Till mit zwei anderen Kindern und einer Erzieherin am Tisch und macht ein sehr einfaches Holzpuzzle. Ich finde es ein schönes Bild, da Till in dieser Szene sehr ruhig, konzentriert und nicht allein wirkt. Doch dann fallen wieder seine besonderen Bewegungen auf. Er setzt die einzelnen Puzzleteile wie ein Roboter ein, nur dass dieser Roboter ein bisschen wie Hulk schaut. Nun folgt die pädagogische Fachkraft meinem Hinweis und beginnt, Tills Handlungen mit ihren Worten zu begleiten. Sofort verändert sich Tills Körperspannung: Es ist nun Till und nicht Hulk, der puzzelt und dabei ein wenig der Erzieherin zulächelt. Diese schaut zu mir und signalisiert, dass sie die Verwandlung auch wahrnimmt. Mit ihrer sprachlichen Begleitung haucht sie Till ein Lebensgefühl ein, das so nach meinem Eindruck in der digitalen Welt nicht vorkommt. Doch genauso schnell entschwindet es ihm wieder und der kleine Junge verwandelt sich zurück in Hulk, der weiter monoton Teil für Teil im Holzrahmen versenkt.

In einer Dienstbesprechung zwei Wochen später schauen wir uns mit dem gesamten Team diese Verwandlungsszene an. Auch wenn die pädagogischen Fachkräfte erstaunt, beeindruckt und berührt sind, wird am stärksten ihre Erschöpfung deutlich, da sie sich schon seit eineinhalb Jahren um Till bemühen und weder von ihm noch seinen Eltern etwas zurückbekommen. Sie erkennen in den Videos die Qualität der handlungsbegleitenden Sprache, doch sie bringen gleichzeitig zum Ausdruck, sie könnten diese intensive Betreuung von Till nicht mehr leisten. Er würde den ganzen Tag andere Kinder drangsalieren. Da ich weiß, dass dies oft so nicht stimmt, sondern ein emotionaler Ausdruck ihrer Ohnmacht ist, biete ich ihnen an, in der nächsten Woche nochmals einen ganzen Vormittag zu beobachten. Ich erhoffe mir, damit das düstere innere Bild der pädagogischen Fachkräfte revidieren und sie danach vielleicht motivieren zu können, Till weiter zu begleiten.

Als ich in der folgenden Woche weit weg von der Karnevalszeit die Kita betrete, fällt mir sofort ein Junge im Spiderman-Kostüm auf, der durch den Flur nach draußen rennt. Es ist Till, und ich werde Zeuge seiner Wandlungsfähigkeit: Aus Hulk wird Spiderman. Die anderen Kinder sind zunächst beeindruckt aufgrund seines besonderen Outfits, doch leider wird sich ihre Begeisterung bald legen. Nun sehe ich ein paar Mädchen am Klettergerüst, auf die sich Till zubewegt. Die Mädchen spielen Feen oder Prinzessinnen, was sie mit Seidentüchern andeuten, die sie sich um die Handgelenke oder kreativ in die Haare gebunden haben. Den Rest muss oder kann man sich denken oder fantasieren. Sie tun so, als könnten sie fliegen, und man hat beim Zuschauen das Gefühl, dass zumindest ihre Gedanken fliegen lernen. Hier erleben wir die schöpferische Kraft des Rollenspiels, die Kindern die Möglichkeit gibt, sich die Welt so zu gestalten, wie es ihnen gerade in den Sinn kommt. So gelingt es manchen, sich von belastenden Momenten zu lösen, die Seele baumeln zu lassen und sich selbst zu regulieren. Doch das ist gar nicht ihr Motiv. Es gibt kein Motiv außer der Lust am Spiel, die genährt wird durch innere Bilder. Die Grundlage für die Fähigkeit, in inneren Bildern zu fühlen, zu denken und zu spielen, wird, so wie ich es später noch genauer beschreibe, in der frühen Eltern-Kind-Beziehung gelegt. Auch Till hat eigentlich Zugang zu diesen inneren Bildern, doch seine werden zurzeit überlagert durch äußere Bilder, die er sich durch den zu intensiven Medienkonsum angeeignet hat. Diese Aneignung kann eine Beeinträchtigung darstellen, nicht an die inneren Bilder der anderen Kinder anschließen zu können. Das ist auch der Grund, warum es autistischen Kindern so schwerfällt, mit anderen Kindern ein Rollenspiel zu teilen. Sie haben keine inneren Bilder, sondern orientieren sich gern an äußeren Bildern und Strukturen.

Als Till plötzlich am Klettergerüst auftaucht, betrachten die drei Mädchen ganz erstaunt sein tolles Ganzkörperkostüm. Dann sagt ein Mädchen einladend zu ihm: »Wir sind Feen und können fliegen!«, worauf Till nur mit komischen Tönen und abgehackten Bewegungen reagiert. Er erklimmt das Klettergerüst in Spiderman-Manier und es entsteht für einen Moment der Eindruck, er wolle mitspielen. Will er vielleicht auch, doch es ist nicht richtig zu erkennen. Spiderman bewegt sich zwar auf die Feen zu, ohne sie über Worte oder Mimik ins Spiel einzuladen. Doch während die Feen immer wieder ihre Bewegungen und Handlungen mit Blickkontakt und den Worten untereinander abgleichen – »Wir tun, als wäre hier unser Haus!« –, macht Spiderman nur Töne und seine Augen konzentrieren sich nur auf seine eigenen, eigentümlichen Bewegungsabläufe. Er folgt nicht inneren Bildern oder den Inspirationen möglicher Mitspielerinnen, sondern den äußeren Bildern, die er sich vermutlich weiter täglich zuführt. So deute ich jedenfalls die Bereitschaft der Eltern, ihn im Spiderman-Kostüm in die Kita zu schicken.

Da Till keine Anzeichen zeigt, sich in das Spiel der anderen Kinder und somit in den gleichen Bedeutungsraum zu begeben, lassen die Mädchen irgendwann von ihm ab. Sie kooperieren in ihrem Spiel, indem sie immer wieder neue Spielideen untereinander teilen. Till geht dann auch seiner Wege und begibt sich zu drei Jungen, die auf einer großen Wippe sitzen. Ein Platz ist noch frei und er setzt sich ebenfalls auf die Wippe. Während er einsteigt, verlangsamen die Jungen das Tempo, um ihm den Einstieg zu erleichtern. Nun wippen alle lachend zusammen, das Wippen nimmt Fahrt auf. Die Jungen steigern das Tempo und Till scheint den Ton anzugeben. Es wird immer, immer schneller und zwei der Jungen schauen sich an, als wollten sie sagen: »Das ist uns zu schnell!« Sie scheinen sich aber nicht zu trauen und halten weiter durch. Doch der Spaß ist weg, und es macht sich Unsicherheit und Unmut in ihren Gesichtern breit. Nun versuchen sie auszusteigen, was Till auch sieht, doch er zeigt keine Anzeichen, das Tempo zu verlangsamen. Es gibt hier keine Verständigung über die Augen wie unter den Mädchen oder den Jungen, bevor Spiderman aufgetaucht ist. Till zeigt keine Empathie, weil er es nicht will oder nicht kann.

Wir kommen nicht mit Empathie auf die Welt, sondern lernen durch frühe Interaktion mit unseren Eltern, uns in andere hineinzuversetzen.[68] In der frühen Interaktion mit den Eltern werden die Grundsteine gelegt, was sich dann in der Interaktion mit anderen fortsetzt. In intensiven Bewegungs- und Rollenspielen müssen sich Kinder immer wieder untereinander über Blicke, das Teilen von Emotionen oder verbale Absprachen verständigen, was auch schon einmal im Streit enden kann. Doch hier lernen sie die Interessen, Bedürfnisse, Möglichkeiten und Grenzen des jeweiligen Gegenübers kennen. Dieser feinnuancierte Dialog ist mit virtuellen Interaktionspartner*innen nicht möglich. Sie können nicht als sensible, einfühlsame selbstregulierende Andere auftreten. Die Erfahrung der Selbstwirksamkeit gegenüber dem Anderen und gegenüber der Gemeinschaft kann durch nichts ersetzt werden, trotz der zunehmenden Kontaktmöglichkeiten in der medialen Welt.[69] Das soll jedoch nicht heißen, dass Till grundsätzlich keine Empathie hat oder zeigen kann. Er wird über Empathie verfügen, denn es hat ja auch ein Leben im Kontakt mit seinen Eltern vor dem Tablet gegeben. Doch in Momenten, in denen er sich mit seinen Helden identifiziert, wird er von äußeren Bildern überflutet, die ihm den Zugang zu einem empathischen Verhalten erschweren.

Till schafft es nicht, mit anderen Kindern in einen Kontakt zu treten, der bei ihm oder den anderen ein Gefühl von Gemeinschaft hinterlässt. Er ist so nicht gemeinschaftsfähig und wird aus diesem Grund auch zum Monatsende aus der Kita-Gemeinschaft ausgeschlossen, um, wie es die Fachkräfte formulieren, »die anderen Kinder zu schützen«. In den Worten der Einrichtungsleitung, mit der ich, in der Hoffnung, das Blatt noch wenden zu können, telefoniere, ist auch der Vertrauensbruch mit den Eltern zu spüren. Wie soll es eine Kita schaffen, Till gut zu begleiten und ihm Grenzen aufzuzeigen, wenn es seinen Eltern nicht gelingt oder sie es vielleicht auch gar nicht für notwendig halten, ihn vor dem exzessiven Konsum von Medien zu bewahren? Der Tag, an dem Till mit dem Spiderman-Kostüm die Kita betrat, sowie bestimmte Äußerungen von ihm haben den Eindruck vermittelt, dass seine Eltern sich nicht an die Absprachen gehalten haben. Auch wenn ich die Entscheidung der Fachkräfte verstehe und akzeptieren muss, bin ich enttäuscht, da es für Till eine absolute Katastrophe ist. Auch wenn die Zeit in der Kita für Till sicherlich nicht immer einfach war, so verspricht sie auf alle Fälle ein paar Stunden bildschirmfreie Zeit, die eine dringend erforderliche Maßnahme ist, um Kindern zu helfen, sich aus dem Sog des Medienkonsums zu lösen. Vor diesem Hintergrund helfe ich den schockierten Eltern, einen anderen Platz für ihren Sohn zu finden, und wir haben sehr großes Glück. Nach den Sommerferien besucht Till eine neue Kita und ich stehe von Beginn an als Berater zur Verfügung.

Zwischen zwei Welten

Bei meinem ersten Besuch fällt mir sofort eine Veränderung bei Till auf, und ich habe den Eindruck, der Schock hat den Eltern geholfen, die Absprachen konsequenter und besser umzusetzen. Till wirkt in seinen Bewegungen nicht mehr ganz so getrieben. Er wühlt in einer Kiste und sucht nach Schienen für eine Holzeisenbahn. Dann nimmt er eine Schiene und springt, so wie ich es in der vorherigen Kita auch beobachten konnte, mit den Bewegungsmustern von Hulk durch den Raum. Doch sein Ziel ist ein anderes. Es geht nicht um blinde Zerstörung, sondern um die Konstruktion eines Schienenstrangs für die Holzeisenbahn. Wieder am Boden angekommen, versucht er die Holzschiene in den Schienenstrang einzufügen, doch es will ihm nicht sofort gelingen und so führt ein anderer Junge die Aufgabe für ihn aus. Till beobachtet ihn beim Einsetzen der Schiene, ehe er wieder in gewohnter Manier durch den Raum springt, um eine neue zu holen. Seine Sensomotorik scheint noch von äußeren Bildern beeinflusst zu sein, doch als er erneut am Boden ankommt, verfolgt er nur noch ein Ziel: die Schiene nun selbst einzusetzen. Während er dies konzentriert macht, wird er von dem anderen Jungen aufmerksam beobachtet.

Eine sehr schöne und interessante Szene, die mir deutlich macht, dass sich bei Till gerade eine Veränderung einstellt. Für diese Veränderung kann es mehrere Gründe geben. Es könnte sein, dass sich seine Eltern jetzt an die Absprachen halten, damit er nicht wieder aus der Kita fliegt. Oder Till erhält in einer neuen Umgebung mit anderen Erwachsenen und anderen Kindern eine neue Chance. Oder beides? Auf alle Fälle zeigt Till mehr Umsicht und nimmt andere Kinder und deren Ausdrucks- und Spielverhalten aufmerksamer war. Er verfolgt den Einbau der Schiene, um es in der Folge dann ebenso zu tun. Er wartet dabei, bis der andere Junge fertig ist, um dann wieder eine Schiene zu holen. Hier findet genau die Feinabstimmung in Spiel und Kommunikation statt, die so wichtig ist, um sich in der analogen Welt zurechtzufinden. Ich bin immer wieder beeindruckt, wie schnell diese Veränderungen bei Kindern im Vorschulalter eintreten können, wenn es den Eltern gelingt, deren Medienkonsum deutlich einzuschränken.

Mir hat die Atmosphäre der geschilderten Eisenbahnszene sehr gut gefallen. Während Till mit dem anderen Jungen an der Eisenbahn gebaut hat, liest eine pädagogische Fachkraft in der Nähe auf dem Boden sitzend ein paar kleineren Kindern eine Geschichte vor. Solch eine Atmosphäre genießen Kinder beim Spielen sehr. Sie hören die Stimme der Vorleserin und nehmen die ganze Zeit die Nähe eines Erwachsenen war. Vielleicht kommt es Till auch entgegen, dass die Kita noch recht neu ist und somit die Räume noch sehr reduziert ausgestattet sind. Es gibt auch nur wenige Farben: pastellgrüne Wände, hellbrauner Teppichboden und das Beige der Holzbauklötze. Dazwischen gibt es nur einzelne Farbtupfer durch die Kleidung der Kinder und die bunten Waggons der Holzeisenbahn. Ja, es gibt auch nur ein Material, und das ist Holz. Dieser sogenannte Bauraum ist mein persönlicher Lieblingsraum in Kitas, die nach dem offenen Konzept arbeiten. Er strahlt für mich durch sein reduziertes Farbspiel und seine besondere Akustik eine angenehme Atmosphäre aus, die ein konzentriertes Spiel ermöglicht. In unserem Beispiel wird die Stimmung noch durch die Stimme eines Menschen untermalt, der unaufgeregt vorlesenden Erzieherin. Diese Qualitäten – eine ruhige Stimme, Anwesenheit, sich nicht von der Stelle bewegen –, die ein Mensch mitbringt und ausdrücken kann, werden in dieser reizreduzierten Atmosphäre sehr präsent. Es ist genau diese Präsenz des Menschen und die Klarheit des Raums, die Kinder benötigen, um sich in der heutigen reizüberfluteten Welt auf das Wesentliche konzentrieren zu können.

Die vorbereitete Umgebung

Nun gibt es pädagogische Konzepte, die es begünstigen, dass sich Kinder und Erwachsene auf die wesentlichen Aspekte der kindlichen Entwicklungsbedürfnisse konzentrieren können. Es ist mir an dieser Stelle wichtig, eines dieser Konzepte vorzustellen, bevor ich Tills weitere Entwicklung beschreibe, da die Kinder, gerade in der heutigen Zeit, sehr davon profitieren können.

Eines dieser pädagogischen Handlungs- oder Rahmenkonzepte ist die *offene Arbeit*.[70] In diesem Konzept erhalten die Räumlichkeiten eine besondere Bedeutung. So hat jeder Raum einen eigenen Charakter, der dem Kind ermöglicht, sich mit einem spezifischen Thema zu beschäftigen. Der Raum in seiner individuellen Gestaltung ist sozusagen eine Einladung an das Kind. Dies kann – wie in unserer Geschichte – eine Einladung zum Bauen, aber auch zum Bewegen, Malen, Rollenspiel, Forschen oder Lesen sein. Der Raum, der die Kinder beispielsweise zum Lesen einlädt, kann den Charakter einer kleinen Bücherei haben, in der es sich die Kinder mit einem Buch gemütlich machen können. Durch die anwesenden Kinder, die lesen oder Bücher betrachten, wird dieser Charakter des Raums noch verstärkt: Es ist der Charakter der Ruhe, so wie wir sie auch in einer Bücherei vorfinden können. So kann die Art und Weise, wie die Kinder diese Einladung annehmen, dem Raum eine besondere Note verleihen und er kann auch von dem einen oder anderen Kind aufgesucht werden, das vordergründig die Ruhe sucht. Der Raum wird zu einem Ort, der durch solche Wechselwirkungsprozesse einen bestimmten Charakter herausbildet.

Diese Herausbildung einer innerlichen Gestalt, die sich aus dem Material, das der Raum vorhält, seiner Größe sowie der Art, wie die Kinder mit ihren unterschiedlichen Möglichkeiten darin aktiv werden, speist, macht ihn zu einem Bildungsraum. Multifunktionale Gruppenräume in Einrichtungen, die in geschlossenen Systemen arbeiten, müssen dagegen sehr viele Themen abbilden und vorhalten sowie verschiede Funktionen bedienen. Die Kinder sind somit vielen Themen mit visuellen und akustischen Reizen ausgesetzt, die überflutend wirken können. In der offenen Arbeit wandeln sich die Räume in *themenbezogene Bildungs- und Funktionsräume*, deren Angebot sich für die Kinder deutlicher hervorhebt. Doch damit theoretisch alle Kinder diesen Raum für sich nutzen können, braucht er eine innere Differenzierung.[71] In einer Bücherei werden Bilder- und Lesebücher für Jungen und Mädchen und auch in fremden Sprachen benötigt. Weiter kann unterschiedliches Mobiliar, beispielsweise kleine Stühle mit einem Tisch, ein Sofa, ein Teppich sowie eine Nische, Variationen bereitstellen und so für das einzelne Kind eine zusätzliche Anregung sein. Im Bewegungsraum wiederum finden die Kinder beispielsweise eine Sprossenwand, Bewegbausteine aus Schaumgummi oder weiche Bälle und Tücher vor. Der Kreativraum hat Papier auf den Tischen liegen, dazu jede Menge Material wie Buntstifte, Tusche oder auch Knete in den Regalen. Solche Räume treffen eine eigene Aussage darüber, was ich als Kind tun kann. Sie sprechen die Kinder an, sind oft selbsterklärend und haben somit eine Sprache, die als zusätzliche pädagogische Kraft wirkt. Hier brauche ich den Kindern bis auf ein paar Regeln nicht viel erklären, sondern kann mich auf die Begleitung ihres Ausdrucks und somit auf die Entwicklungsbegleitung der Kinder konzentrieren.

Im Konzept der offenen Kita erhält jedes Kind die Möglichkeit, seine *individuellen Bedürfnisse* auszudrücken. Diese Möglichkeit findet sich nicht nur im beschriebenen, nach verschiedenen Interessen differenzierten Raumangebot wieder, sondern beinhaltet eine pädagogische Grundhaltung, die das Kind in seinem Streben nach Unabhängigkeit und Eigenverantwortung unterstützt. Das offene Konzept sollte sich immer in Veränderung befinden, um sich den Veränderungen anpassen zu können, die den spezifischen Entwicklungsbedürfnissen der Kinder entsprechen. Wenn Kinder gerade das Thema Versteckspiel haben, so braucht es vielleicht für ein paar Tage ein paar Stellwände, die mit Tüchern abgehängt werden, große Pappkartons und andere Möglichkeiten, um diesem Bedürfnis Ausdruck verleihen zu können. Darüber hinaus können wir die Kinder auch fragen, was sie brauchen. So wird ihre Partizipation zu einer wichtigen Grundlage ihrer Identitätsbildung. Die Interessen der Kinder zu erfragen oder über gezielte Beobachtung zu erfahren, gibt dieser Konzeption die Möglichkeit der Aktualität.

Neben dem auch nach außen hin sichtbaren Raumkonzept gibt es ein nicht sichtbares Konzept, das sich durch ein besonderes Rollenverständnis der pädagogischen Fachkräfte ausdrückt. Diese haben den Auftrag der Entwicklungsbegleitung. Sie sind Partner*innen im Lernen und rücken die *aufmerksame Beobachtung* der Kinder ins Zentrum ihres pädagogischen Handelns. Diese Beobachtung führt zu einer Sensibilisierung für individuelle Entwicklungsbedürfnisse und stellt die kindlichen Handlungsimpulse in die Mitte der pädagogischen Arbeit. So erhält jedes Kind das Gefühl, mit seinem Handeln gesehen zu werden.

Bei einer Auswahl an unterschiedlichen themengebundenen Räumen können die Kinder ihren *aktuellen Interessen* nachgehen. In ihrer Gestaltung werden die Räume immer wieder an die Kinder angepasst und nicht umgekehrt. Diese Anpassung setzt eine Reflexion im Team voraus, in die die Beobachtung der Aktivitäten der Kinder einfließt. Wenn wir die Verantwortung der Kinder für den Raum und das darin befindliche Material erhöhen wollen, ist es nötig, die Kinder an den Umgestaltungsprozessen zu beteiligen. Hier findet ein Einmischen der Kinder in ihren Alltag statt, der über ihre Aktivitäten und Interaktionen hinausgeht. So machen Kinder die Wirksamkeitserfahrung in Bezug auf einen Gestaltungsrahmen, der in vielen anderen Zusammenhängen den Erwachsenen vorbehalten ist. Bei der Beteiligung an der Umgestaltung eines Raums hinterlassen sie Spuren, die für einen längeren Zeitraum sichtbar sind. Diese Beteiligung kann sich auf das einzelne Kind oder auch eine Gruppe von Kindern beziehen.

Ein wesentliches Merkmal oder auch Ziel der offenen Arbeit ist das *Lernen in Kooperation*, in der direkte Kommunikation und Interaktion gefördert werden. Das Lernen im Dialog findet im Wechsel von Freispiel und Angebotsphasen statt, das sind beispielsweise moderierte Bildungsaktivitäten wie Dialogrunden, Morgenkreis, Kinderplenum, Exkursionen und Projekte. Die pädagogischen Fachkräfte fungieren hier als Lernpartner*innen, Begleiter*innen, Lenker*innen und Moderator*innen. Doch auch in den gelenkten Angeboten geht es darum, den Impulsen und Spuren der Kinder zu folgen. Die offene Arbeit orientiert sich in ihrer Ausrichtung an dem, was wirklich bedeutsam für das einzelne Kind ist, und schafft somit einen Bildungsrahmen, der eine große *Nachhaltigkeit im Lernen* garantiert. Auch wenn es nie darum gehen kann, ein konkretes, abgeschlossenes Ergebnis zu erreichen, ist ihr Ziel, die *Eigenverantwortung und Unabhängigkeit* der Kinder zu unterstützen. Gleichzeitig findet eine Neuorientierung in der Beziehung zwischen pädagogischen Fachkräften und Kindern statt, mit einer Neujustierung der Machtverhältnisse. Dies erfordert eine professionelle Haltung und die Bereitschaft, sich wirklich auf die *Individualität* des einzelnen Kindes einzulassen, auch auf Kinder mit besonderen Entwicklungsbedürfnissen, mit denen pädagogische Fachkräfte durch das Thema Inklusion in einer neuen Breite konfrontiert werden. Die offene Arbeit hat den Anspruch, sich den Kindern zu öffnen und sich an dem zu orientieren, was diese an Bedürfnissen sowie Handlungs- und Spielimpulsen zeigen.

Wichtig ist, was zwischen den Menschen geschieht

Zurück zu Till, der nach meinem Eindruck von dem Konzept und den gerade beschriebenen Aspekten der offenen Arbeit profitiert. Dass diese Hintergrundgeschichte, die die pädagogische Fachkraft vorgelesen hat, für Till eine Bedeutung gehabt haben muss und etwas zu seinem entspannteren Verhalten beigetragen hat, wird in der nächsten Szene deutlich.

Während die Vorleserin gerade den Raum verlassen will, da die Geschichte zu Ende ist, hockt sich Till an die Holzkiste mit den Schienen und kramt darin. Die Erzieherin wird mit ihrem Buch in der Hand vor der großen Schiebetür von einem kleinen Mädchen aufgehalten. Sie geht außerhalb des Raums, in dem sich jetzt nur noch Till befindet, auf Augenhöhe zu dem Mädchen, spricht mit ihr, und umgehend bildet sich eine Traube von Kindern darum. Das beobachtet Till und kramt dabei beiläufig in der Holzkiste. Dann kommt ein Junge mit einem kleinen Spielzeugbillardtisch dazu, den er von zu Hause mitgebracht hat. Er zieht damit die Aufmerksamkeit aller Beteiligten auf sich, und auch Till beobachtet ihn aus der Entfernung. Doch genau diese Entfernung und die Tatsache, allein im Raum zu sein, veranlassen Till dazu, plötzlich zu einem aus der alten Kita bekannten und gefürchteten lauten, hohen Schreien anzusetzen. Nun erhält er die Aufmerksamkeit, die jedoch nur kurz anhält, da der Billardtisch weiter von allen am interessantesten gefunden wird. Ein Erzieher betritt daraufhin den Raum und richtet seine Worte an Till, der sich wieder dem Spiel mit den Schienen zugewandt hat. Er begleitet Tills Handlung mit seinen Worten, und es ist am Tonus des Jungen deutlich zu sehen, wie er sich zunehmend entspannt und auf sein Spiel konzentriert. Dieses Spiel setzt sich eine ganze Zeit fort, und es ist sehr schön zu beobachten, wie Till die Zuwendung hilft, sein Spiel entspannt fortzusetzen. Obwohl er auch immer wieder zu den Jungen herüberschaut, die mittlerweile zu viert mit dem Billardtisch spielen. Nach einer Weile gesellt er sich sogar dazu und platzt nicht einfach in die Situation hinein, wie es noch in der alten Kita zu beobachten war, sondern kann sich in die Gemeinschaft einfügen. Ich bin sowieso beeindruckt, wie die fünf Jungen mit diesem viel zu kleinen und instabilen Tisch umgehen. Sie können sich arrangieren, sie kooperieren, sie teilen und schauen sich gegenseitig beim Spiel zu. Sie lachen, sind engagiert im Spiel und in der Kommunikation. Der Kreis, den die Jungen um den kleinen Tisch bilden, gibt ihnen die Möglichkeit, sich in diesem Spiel über Augen, Sprache, Gestik und Mimik im Spiel zu verständigen. Hier wird die Qualität eines analogen Spiels deutlich, mit einem Objekt, das sich zwischen ihnen, real im Raum, befindet.

Wichtig ist, was zwischen den Menschen geschieht. Anhand der sprachlichen Begleitung beim Eisenbahnbau, beim Puzzeln in der alten

Kita oder durch die Vorlesestimme wird deutlich, welche positive Wirkung die Stimme der Erwachsenen hat, wenn sie sich auf die Handlung des Kindes bezieht oder wie beim ruhigen Vorlesen die Präsenz einer Erwachsenen ausdrückt. Es geht genau um diese Präsenz in Kita und Familie, die Kindern das Gefühl gibt, wichtig zu sein. Diese Präsenz in Verbindung mit Momenten ungeteilter Aufmerksamkeit wird in Familien durch den Konsum von Medien immer mehr infrage gestellt. Es ist wichtig, Eltern – wir könnten auch sagen: die Gesellschaft – deutlicher darüber aufzuklären, damit nicht immer mehr Kinder wie Till auffallen. Kinder, die dann als nicht tragbar erlebt werden, die Probleme haben, sich selbst zu regulieren und sich in die Gesellschaft einzufügen. Die Aussage »Wir haben *nicht nur ein Kind* mit diesen Schwierigkeiten in der Kita« höre ich in fast allen Einrichtungen. Vor dem Hintergrund des allgegenwärtigen Fachkräftemangels in Kitas und Schulen stellt eine Zunahme von Kindern mit auffälligem Verhalten ein schwerwiegendes Problem dar, das sich meiner Meinung nach nur durch Aufklärung und Prävention verändern lässt.

In der anschließenden Videointeraktionsanalyse ist das Team überzeugt von den Möglichkeiten, die in der sprachlichen Begleitung von Till liegen. Sie sind beeindruckt von den Veränderungen, die in diesen Momenten sichtbar werden, und sehr berührt von der Szene, in der Till plötzlich aufschreit. Es ist sehr deutlich, dass ihm hier die zwischenmenschliche Zuwendung fehlte. Gleichzeitig betonen die in der Szene beteiligte Erzieherin und der Erzieher, dass diese Informationen alle im Team bekommen müssten, zumal es noch weitere Kinder gäbe, die nach ihrer Einschätzung viele Medien konsumierten und immer wieder Probleme machten, da sie Schwierigkeiten mit der Impulskontrolle hätten.

Wir vereinbaren daher einen Termin für eine gemeinsame Dienstbesprechung. Als ich die Kita schließlich am vereinbarten Nachmittag besuche, um die Dienstbesprechung durchzuführen, komme ich gerade zu der Zeit, in der die meisten Kinder abgeholt werden. Mir fällt sofort Tarek auf, der mir als eines der weiteren Problemkinder mit wahrscheinlich zu hohem Medienkonsum beschrieben wurde. Als seine Mutter kommt und ihm sagt, er solle sich schon einmal anziehen, ohne dabei jedoch wirklich Blickkontakt zu ihm aufzunehmen, denn ihre Augen sind auf ihr Handy gerichtet, das sie vor ihrem Gesicht führt, ruft Tarek: »Schon erledigt!«, und erntet ein »Super!« seiner Mutter, die jedoch weiter mit ihrem Handy beschäftigt ist, ohne Blickkontakt zu ihm aufzunehmen. An diesem Nachmittag kann ich tatsächlich mehrere Eltern beobachten, die beim Abholen der Kinder ihr Handy mit sich führen und auch immer mal wieder einen Blick darauf werfen, dabei ist dieser Abholmoment für viele Kinder wichtig.

Wir alle kennen Szenen mit Kindern, die weglaufen, wenn sie von ihren Eltern abgeholt werden. Mit dieser Handlung überprüft das Kind, ob es noch wichtig ist, denn schließlich haben die Eltern es mehrere Stunden nicht gesehen. Kinder erleben eine Art Mangel, wenn sie ohne ihre Eltern in der Kita sind. Doch das ist eigentlich kein Problem, denn aus diesem Mangel oder Abstand entsteht nicht selten Kreativität und die Gewissheit, auch Zeiträume ohne Mama oder Papa zurechtzukommen. Das Versteckspiel oder Vater-Mutter-Kind-Spiel sind zwei Möglichkeiten, die Abwesenheit der Eltern zu verarbeiten. Das Abholen ist dann eine wichtige Brücke, ein Übergang zwischen Kita und Zuhause. In diesem Moment ist es wichtig, Präsenz zu zeigen, doch nicht nur wegen dem Moment, sondern wegen der Begegnung mit denen, die einem das Liebste und Wichtigste sein sollten. Wenn es hier eine Verschiebung der Prioritäten gibt und das Smartphone in diesem Moment wichtiger ist, sind auch die Kinder dazu verführt, eben genau dem gleichen Gerät sehr viel Bedeutung beizumessen.

In der Dienstbesprechung schildere ich zunächst meine aktuellen Beobachtungen an der Garderobe und betone, wie wichtig es mir erscheint, die Eltern darüber aufzuklären, welche Risiken ihr Verhalten in sich trägt. Das Smartphone raubt uns die Möglichkeit der *ungeteilten*

Aufmerksamkeit, die für die Begleitung und Erziehung von Kindern besonders wichtig ist. Damit will ich nicht sagen, dass Kinder immer und ständig Aufmerksamkeit brauchen. Natürlich nähren meine Beobachtungen unsere Vermutung, dass viele dieser Eltern auch zu Hause dieses Verhalten zeigen und ihren Kindern somit nicht die ungeteilte Aufmerksamkeit geben, die diese immer mal wieder brauchen. In der Dienstbesprechung wird dann auch schnell deutlich, dass viele Fachkräfte von dem unsensiblen Verhalten der Eltern genervt sind, die trotz der Hinweisschilder am Eingang mit ihrem Handy in der Hand die Kita betreten, manchmal dabei sogar laut telefonieren. Die Fachkräfte sagen, sie hätten es aufgegeben, dazu etwas zu sagen. Doch wir müssen an dieser Stelle Verantwortung übernehmen und deutlich machen, warum wir diese Schilder aufgehängt haben, denn wenn das Verhalten der Eltern dazu führt, dass wir Kinder wie Till und Tarek ständig mit Grenzen konfrontieren müssen, trifft es die Falschen. Ich rate allerdings dazu, vordergründig nicht mit Verboten zu arbeiten, sondern mit gezielter Aufklärung. Mein Eindruck ist, dass unsere Gesellschaft erst an einzelnen Stellen aufzuwachen und zu erkennen beginnt, dass *unser* unkontrollierter Medienkonsum Auswirkungen auf den Kontakt zu unseren Kindern hat.

Doch da geht es schon los: Was heißt hier eigentlich »unkontrolliert« und was ist ein vernünftiger Umgang mit Medien? Blicken wir auf unsere Kinder, lässt es sich am Alter festmachen. So empfiehlt die Initiative SCHAU HIN, ein Handy *ohne* Internetzugang erst ab dem 9. Geburtstag anzuschaffen. Ein Handy mit Internetzugang sollten Kinder erst benutzen, wenn sie die Reife haben, um gewisse Gefahren, die damit verbunden sind, einschätzen zu können. Diese Kompetenz erreichen Kinder frühestens mit 12 Jahren. Ulrike Wolpers, die ihrem Sohn half, seine als 10-Jähriger entwickelte Computersucht zu überwinden, schreibt: »Leider lasen wir diese Empfehlung erst, als wir bereits in die Spezialambulanz für computersüchtige Kinder und Jugendliche eingecheckt hatten. Ein verhängnisvolles Versäumnis. Heute frage ich mich, wie es dazu kommen konnte.«[72] Wenn wir uns um uns herum und in den Kitas aufmerksam umsehen, wird deutlich, dass wir als Gesellschaft noch nicht hinreichend über die Gefahren unseres Medienkonsums und dem unserer Kinder aufgeklärt sind. Es ist also als Kita zwingend erforderlich, Eltern stärker für dieses Thema zu sensibilisieren. Es sollte dabei vermieden werden, Eltern zu belehren oder zu bevormunden, was durch das Aufhängen von Verbotsschildern schnell passieren kann. Die Information zur Aufklärung kann aber über eine Wandzeitung in der Kita, einen Elternbrief oder im Rahmen eines Elternabends übermittelt werden. Hierfür bietet es sich an, Menschen einzuladen, die über eine entsprechende Erfahrung verfügen.[73] In den meisten Städten oder Kommunen gibt es Beratungsstellen, die für solche Elternabende zur Verfügung stehen und die nach meiner Erfahrung klare Informationen zur Nutzung von digitalen Medien zur Verfügung stellen können.

QUALITÄTEN DER ANALOGEN WELT

Es gibt sehr unterschiedliche Wege, wie manche Kinder zu einem für ihr Alter zu hohen Konsum digitaler Medien kommen. Bei Till war der Einstieg ein längerer Krankenhausaufenthalt, seine Eltern wollten ihm eine Unterstützung anbieten, um die Zeit ohne sie und die mögliche Langeweile, die im Krankenbett entstehen kann, zu überbrücken. Doch wie bei Till landen so viele Eltern in einer Art *Teufelskreis*, aus dem ein Ausstieg nicht leicht ist und mit vielen Konflikten einhergeht. Dieser Teufelskreis entsteht schnell, wenn wir als Eltern nicht achtsam, informiert und reflektiert mit dem Thema umgehen. Viele, die ihren Kindern schon recht früh einräumen, Medien zu konsumieren, orientieren sich in den meisten Fällen am Mainstream. Und diese Orientierung am Mainstream, wann gebe ich meinem Kind diesen Freiraum, zieht sich durch alle Gesellschaftsschichten.

Ich beobachte zwei Mütter, die mit ihren etwa 1-jährigen Kindern im Café sitzen und sich bei einem Cappuccino in Ruhe unterhalten. Sie können das ohne »Störung« tun, da ihre Sprösslinge jeweils vor einem Handy sitzen, vor ihnen auf dem Tisch an Blumenvasen angelehnt. Sie betrachten dort regungslos – das ist schließlich das Ziel der beiden Mütter – irgendwelche Zeichentrickfilme, die sie nach meinem Eindruck noch nicht verstehen. Nun wird die Ruhe der Eltern jedoch durch mich gestört, da ich die Mütter darauf anspreche: »Entschuldigung, dass ich Sie störe, doch ich beobachte Ihre Kinder schon eine ganze Weile, und ich denke, sie sind für die Art Filme noch viel zu jung. Ich vermute, es tut ihnen nicht gut.«

Die Antwort ist kurz und klar: »Uns aber!« Hier findet eine regelrechte Verführung statt, die Kinder mit digitalen Medien zu konfrontieren, mit denen ihr neuronales System überfordert ist, nur um seine Ruhe zu haben.

Die meisten Eltern und deren Kinder befinden sich jedoch noch an einem anderen Punkt. Sie beobachten das große Interesse und die Neugierde ihres Kindes an bewegten Bildern und an der Möglichkeit, schon sehr früh durch Wischen oder Tippen Einfluss darauf nehmen zu können. Sie sind jedoch pädagogisch nicht überzeugt, doch da es ja irgendwie fast alle tun, nehmen sie es hin. Da das kindliche Gehirn noch im Wachstum ist, sucht es immer nach Umweltreizen, und da unsere Endgeräte überall herumliegen, sucht es nach dieser »Vielfalt« an einfach zu erzeugenden Eindrücken. Wenn sich Kinder dann davon in den Bann ziehen lassen, schauen sie leise und konzentriert auf den Bildschirm und lassen ihre Eltern in Ruhe. Alle Menschen, die Kinder haben, wissen, wie sehr sich Eltern nach diesen Momenten, diesen Freiräumen sehnen. Doch es besteht das Risiko, dieser Entwicklung zunächst freien Lauf zu lassen und eine Dynamik auszulösen, in der sich plötzlich die ganze Familie mit digitalen Endgeräten beschäftigt. Denn wofür nutzen Erwachsene heute überwiegend ihre Freiräume, die es dann objektiv betrachtet nicht mehr gibt? Für das Smartphone.[74]

Einen besonderen Freiraum benötigen etwa ein Viertel der Deutschen, um zu Hause ihre beruflichen Tätigkeiten zu verrichten. Homeoffice hat in der Coronapandemie neue Möglichkeiten eröffnet, und die Menschen nutzen es seitdem aus unterschiedlichen Gründen. Wenn der tägliche Weg zur Arbeitsstelle wegfällt, können wir Geld sparen und Zeit gewinnen. Die Freiheit, sich die Zeit selbst einteilen zu können, ist auch zunächst sehr familienfreundlich, da wir unsere Kinder in Ruhe in die Kita oder Schule bringen können und zu Hause sind, wenn sie wieder heimkommen. Gleichzeitig erfordert diese noch recht neue Arbeitsform sehr viel Selbstdisziplin und eigenverantwortliches Handeln, um in den eigenen vier Wänden die Vereinbarkeit von Familie und Beruf umzusetzen. Die größte Herausforderung liegt nach meinem Eindruck darin, einen Absprung von der Arbeit zu schaffen und eine Trennlinie zwischen Arbeit und Familienleben zu ziehen. Vor allem, wenn man kleine Kinder zu Hause hat, ist es wichtig, eine klare Zeit- oder auch Raumstruktur zu wählen, um nicht ins gleiche Fahrwasser zu kommen wie die Eltern von Michel, von dem gleich die Rede sein wird.

Die Bedeutung des konstruktiven Spiels

In meiner Beratungstätigkeit geht es in den meisten Fällen um Kinder, mehrheitlich Jungen zwischen dem 3. und 6. Lebensjahr, die nicht hinreichend ins Spiel oder die konstruktive Handlung kommen. Dies hat häufiger – aber nicht immer – mit übermäßigem Medienkonsum zu tun. Wenn ich Kinder in der Kita auf einen Gegenstand anspreche, den sie in der Hand halten: »Ah, du hast ja ein kleines Auto!«, schauen sie darauf und beginnen in der Regel damit zu handeln. Bei kleinen Kindern, die nach meinem Eindruck unter einem übermäßigen Konsum an Medien leiden, bekomme ich in der Regel seltener eine Reaktion auf meine Äußerung. Ihnen scheint eine Art innere Verbindung zu dem Objekt zu fehlen, das sie gerade bei sich tragen. Wenn sie mich dann verwundert anschauen, entsteht regelrecht der Eindruck, als wollten sie sagen: »Der Gegenstand macht ja nichts.« Außerdem hat man heutzutage ständig etwas in der Hand. Sie verstehen meine Worte nicht als Impuls, mit dem Auto zu spielen, da ich in ihnen keine inneren Bilder oder Erfahrungshandlungen anspreche. Ihnen scheinen die Erfahrungen zu fehlen, um spontan spielend beispielsweise mit dem Auto zu fahren. Natürlich ist das Spiel am Tablet oder Handy auch eine Möglichkeit, sich zu beschäftigen und Erfahrungen zu machen, bis zu einem bestimmten Punkt kreativ zu sein. Es besteht jedoch die Gefahr, dass der spontane Zugang zu inneren Bildern schwindet.

Der 3-jährige Michel wirkt anderen Kindern gegenüber distanzlos und greift diese auch immer wieder körperlich an. Er verwendet Ausdrücke, die Kinder wie Erwachsene verletzen, und reagiert auf ein Nein mit einer Steigerung seiner verbalen Angriffe. Er scheint immer wieder gerade diese verbalen zwischenmenschlichen Auseinandersetzungen zu suchen. Michel trägt während meiner Beobachtung eine Schaufel wie eine Art Übergangsobjekt die ganze Zeit mit sich herum. Als er mich plötzlich anschaut, sage ich: »Oooh, du hast eine Schaufel!«, und erhalte von ihm ein verlegenes Lächeln. Als ich ihn dann konkret frage, was er mit der Schaufel machen kann, sagt Michel: »Mit Jonas spielen!« Nun begibt er sich zu Jonas, der mir gegenüber sofort behauptet, eine Werkstatt zu haben, als er eine kleine Schubkarre neben den Sandkasten schiebt. Michel sagt: »Ich spiele mit Jonas!«, ohne es in diesem Moment jedoch wirklich zu tun, worauf Jonas sagt: »Wir sind Handwerker!« Das Wir sehe ich aber nicht, da nur Jonas Aktivitäten ausführt, die an einen Handwerker erinnern. Ich entferne mich etwas von den beiden, um zu überprüfen, ob meine Anwesenheit ihr Spiel vielleicht gestört hat. Doch Michel folgt mir und wiederholt, dass Jonas sein Freund ist. Nun spüre ich, was mit dem Begriff distanzlos gemeint ist. Michel folgt mir, obwohl er mich erst 10 Minuten kennt, auf Schritt und Tritt, bis er Sabine, eine Erzieherin der Kita, sieht und in einem trippeligen Schritt zu ihr läuft. Er setzt sich wie selbstverständlich bei ihr auf den Schoß und bleibt dort 5 Minuten sitzen, während die anderen Kinder ihren Aktivitäten nachgehen. Auch in der Folge kommt Michel nicht ins aktive Spiel, sondern bleibt in der Beobachtung und spricht darüber, welche Kinder seine Freunde sind und dass ihn heute die Tante abholt.

Wenn es Kindern wie Michel schwerfällt, ins Spiel oder die Handlung zu kommen, muss der Hintergrund nicht zwangsläufig ein zu hoher oder zu früher Konsum von Medien sein. Es gibt durchaus auch andere Gründe, warum bestimmte Kinder gern auf der Beziehungsebene bleiben, die wir natürlich weder in der Kita noch zu Hause immer herstellen können. Doch wenn wir uns aus dieser Beziehung zurückziehen, da uns das Auf-dem-Schoß-Sitzen oder Nicht-von-der-Seite-Weichen zu viel wird, provozieren oder fordern diese Kinder die Beziehung wieder ein. Michel macht dies, indem er anderen Kindern oder Erwachsenen zu nahe kommt, sie körperlich angeht, verletzt oder heftig beleidigt. Daher hat die Kita Michels Betreuungszeit auch um 3 Stunden auf bis 13 Uhr verkürzt.

Als ich im Anschluss mit den pädagogischen Fachkräften spreche, wird deutlich, dass nach ihrem Eindruck Medien eine Rolle spielen könnten. Seine Mutter ist im Homeoffice und betont, sie komme, wenn Michel ab 13 Uhr zu Hause ist, kaum dazu, weiter zu arbeiten. Sein Vater muss auch lange arbeiten und ist schon früh aus dem Haus. So steht Mama morgens auch schon vor 7 Uhr mit Michel im Auto vor der Kita und wartet, bis diese endlich öffnet. Der 3-jährige Michel sitzt dann daneben und spielt am Handy. Natürlich ist es nun nicht angesagt, stereotyp aus reinen Annahmen ein inneres Bild zu formen, das den kleinen Jungen den halben Tag vor irgendeinem Bildschirm sitzen sieht, doch es ist nicht ausgeschlossen, dass Mama sich damit einen Freiraum schafft, um sich beim Homeoffice nicht so gestört zu fühlen. Hier haben wir einen weiteren Teufelskreis, falls Michels herauforderndes Verhalten auf seinen Medienkonsum zurückzuführen ist.

Zur Klärung ist natürlich zwingend ein Gespräch mit den Eltern erforderlich, das diesen ermöglicht, offen zu reden. Hier brauchen sie Informationen, die sie nicht verschrecken oder beschämen. Es ist wichtig, gemeinsam mit der Kita einen guten Weg zu finden, um Michel in seiner weiteren Entwicklung zu unterstützen. Im Gespräch also, das ich zwei Wochen später mit den Eltern führe, kritisiert der Vater, sein Sohn könne, außer mit dem Smartphone, nicht allein spielen. Michel mache ja überhaupt so gut wie nichts allein und sei immer total anhänglich. Doch dann räumt er seine eigenen Anteile daran ein. Er ist sehr, sehr ehrlich und beschreibt, wie viel er in seinem Beruf zu tun hat und dass seine Kunden ihn noch am Abend anrufen. Er hat eigentlich kaum Ruhe, sitzt entweder am PC oder ist mit seinem Dienst- oder privaten Handy beschäftigt. Natürlich fühle er sich oft durch Michel gestört und müsse ihn häufiger abweisen. Hier schaltet sich die Mutter ein und betont, wie auch sie die Momente genieße, in denen sich Michel irgendwie allein beschäftigt. Es kommen also genau die beschriebenen Herausforderungen, die auch das Arbeiten im Homeoffice mitbringen können, zum Tragen. Michels Eltern fällt es schwer, eine klare Grenze zwischen Familie und Beruf zu ziehen. Sie setzen ihren Sohn dann oft in eine Art Warteschleife, in der für einzelne Kinder wie auch für viele Erwachsene der Bildschirm ein willkommenes Medium ist.

Die sehr aufgeschlossenen Eltern machen es mir als Berater allerdings leicht, Vereinbarungen zu treffen. Ich empfehle ihnen, klare Zeiträume für das Homeoffice zu schaffen, um Michel eine Orientierung zu bieten. Wenn Papa nach Hause kommt, soll er sich als Erstes für einen Moment ausschließlich um seinen Sohn kümmern. Dieser muss spüren, dass es klare Zeitfenster gibt, in denen ihm ein Elternteil zur Verfügung steht. Michels Beschäftigung mit digitalen Medien wird auf null gefahren und durch Vorlesen oder 30 Minuten mit Mama oder Papa Fernsehen ersetzt.

Als ich nach acht Wochen in der Kita anrufe, um mich nach Michel zu erkundigen, beschreibt mir die Einrichtungsleitung dessen positive Entwicklung. Er könne jetzt über längere Zeit ohne Erwachsenen sein und sich gut allein oder auch mit anderen Kindern beschäftigen. Hin und wieder gebe es zwar noch kleine Konflikte mit Kindern, doch auch diese Konflikte wären jetzt viel leichter zu händeln. Die Kita überlegt sogar, die Betreuungszeit schrittweise wieder zu verlängern, worüber die Eltern, die anscheinend gut mitgearbeitet haben, sehr glücklich sind.

Die innere Welt des Kindes

Kinder, deren Welt sich nur noch um digitale Spiele zu drehen scheint, sind nicht hinreichend in der Lage, eigene kreative Handlungen zu entwickeln oder sich im normalen kindlichen Spiel zu verlieren. Es gibt verschiedene Aspekte, warum manche Kinder diese digitale Monokultur wählen oder immer wieder die Aufmerksamkeit von Erwachsenen einfordern. Säuglinge kommen schon mit dem autonomen Bedürfnis nach Kommunikation auf die Welt, möchten von ihren Eltern, die zunächst maßgeblich das Welterleben ausmachen, wahrgenommen werden und für Äußerungen passende Reaktionen erhalten. Die emotionale Resonanz, die vor allem durch die fein-nuancierte Affektabstimmung geschieht, bildet den Boden für das Gefühl von Aufgehobensein, Sicherheit und Verbundenheit.[75] Dieses Gefühl, das im Dialog mit den Eltern wächst und die ganze Zeit mitschwingt, bildet die Grundlage, aus der später das symbolische Denken und Spielen entsteht. Gleichzeitig müssen Säuglinge schon früh lernen, dass Erwachsene nicht immer zur Verfügung stehen, sie erschaffen sich in diesen Zeiträumen, wie es Donald Winnicott beschreibt, Übergangsphänomene, um die Abwesenheit der Eltern auszuhalten. Dies kann ein Hantieren mit einem Bettzipfel oder einem Stofftier sein. Es können aber auch Mundbewegungen sein, die beispielsweise »Muum, Mum«-Laute hervorbringen, oder Saugbewegungen, die Säuglinge machen, wenn sie nach dem Stillen wieder ins Bett gelegt werden. Hier bildet sich eine Form von erster Fantasie ab, denn das Baby versucht sich seine Mama oder das Gestilltwerden durch die Saugbewegungen wieder vorzustellen. In diesen Momenten, in denen die Eltern nicht anwesend sind – Momente des Abstands, Verzichts, Mangels –, entstehen in der Entwicklung des Kindes innere Räume, die mit Empfindungen und Gedanken gefüllt werden.[76] Das Kind entwickelt so eine innere Vorstellungskraft. Aus dem Spiel, bei dem sich Säuglinge etwas vorstellen, entwickeln sich die Fähigkeit der Symbolbildung und die Möglichkeit, schöpferisch und kreativ zu sein. Eine wichtige Vorrausetzung, um diese inneren Vorstellungen und ein Vertrauen in sich selbst zu entwickeln, sieht Winnicott in der zuverlässigen Zugewandtheit und haltenden Beziehung. Auch der Londoner Psychiater Peter Hobson sieht in dieser intensiven emotionalen Verbundenheit die Matrix für das symbolische Denken.[77] Die Verbundenheit mit den Eltern, die mit diesem emotionalen Resonanzerleben zu tun hat, vermittelt Säuglingen eine Präsenzerfahrung, die sie mit unbelebten Gegenständen nicht machen.[78]

Etwa ab dem 9. Monat beginnen Kinder, auf Gegenstände zu zeigen und über den triangulären Blick Verbindungen zwischen Gegenstand und Eltern herzustellen. Bei diesem triangulären Blick, bei dem ein Kind auf einen Gegenstand zeigt, erwartet es eine Reaktion. Bleibt diese zu oft aus, weil seine Eltern gerade mal wieder mit ihrem Smartphone beschäftigt sind, behindert dies die Fähigkeit zur Triangulierung. In der Folge kann dies Kompetenzen in der Symbolbildung einschränken. Denn durch die triadische Kommunikation mit den Eltern und deren Reaktionen auf die gezeigten Objekte lernen Kleinkinder, dass andere eine andere Perspektive oder Einstellung zu den Gegenständen haben. Durch die Erkenntnis, dass ein Gegenstand zwei Bedeutungen haben kann, ergibt sich eine Vorstellung, die sich von einer einseitigen Sicht abhebt und das symbolische Denken weiter fördert. Durch diese Erfahrung sind Kinder in der Folge auch in der Lage, Gegenständen unterschiedliche Funktionen zuzuführen und beispielsweise die Puppe mit einem Blatt Papier zuzudecken oder einen Bauklotz als Auto fahren zu lassen.[79] Im oft versunkenen Spiel erschaffen sich Kinder eine innere Welt zwischen Selbsterleben und Umwelterleben, die sie später befähigt, am kulturellen Reichtum der Welt teilzunehmen.[80]

Wie wir alle beobachten können, wischen kleine Kinder schon früh über das Smartphone oder halten es sich ans Ohr, doch sie verwandeln es nicht in ein Auto oder Flugzeug, das durchs Wohnzimmer fliegt. Da sie mit dem Gegenstand Smartphone immer wieder die gleichen Handlungen durchführen, können wir von statischen Objekten sprechen, bei denen die symbolische Funktion fehlt. Doch was unterscheidet das Smartphone als Gegenstand vom ebenfalls rechteckigen und glatten Bauklotz? Es scheint zum einen die Anziehungskraft zu sein, die die eine Seite dieses Gegenstandes mit seinen bunten und tongebenden Bildern auslöst, die eine ebenfalls einseitige Handhabung zu Folge hat. Zum anderen führt der häufige Gebrauch durch die Eltern zu einer klaren Vorgabe, wie dieses Objekt zu handhaben ist, und schmälert die Möglichkeit, etwas anderes damit zu spielen und zu denken. In Bezug auf die Omnipräsenz elektronischer Medien stellt sich die Frage, ob ihre permanente Verfügbarkeit die Entwicklung dieser inneren Räume behindert,[81] denn: »Die ständige Verfügbarkeit digitaler Unterhaltungselektronik füllt jeden Raum und verhindert echte Zerstreuung. Damit gehen Momente verloren, in denen unser Gehirn weitestgehend ungestört assoziieren und Dinge kreativ entwickeln kann.«[82] Der Neurologe Volker Busch empfiehlt in diesem Zusammenhang das Einführen einer »Tiefen Stunde«, eines Zeitraums, in dem wir unsere Aufmerksamkeit auf eine Sache lenken, um zur Ruhe zu kommen und die Leistungsfähigkeit unseres Gehirns zu verbessern.[83] Das kindliche Spiel lässt Raum für freie Assoziationen und lässt sich so mit unseren Tagträumen vergleichen, die uns häufig ermöglichen, neue, kreative Gedanken zu bilden. Tagträume entstehen nicht selten in der Langeweile, in Momenten, in denen scheinbar nichts geschieht. Doch Tagträume sind eng mit unseren Wünschen verwandt und entwickeln so die Kraft produktiver Gedanken.[84] Der Motor für dieses Erleben ist nicht die permanente Konfrontation mit Eindrücken, sondern ein ausgewogenes Wechselspiel zwischen Anspannung und Entspannung.

Chancen für Veränderung

Frau Weber, die Mutter von Mats, ist in eine Situation geschlittert, in der sie ihrem Sohn nicht mehr das Gamen verbieten mag, obwohl dieser erst 5 Jahre alt ist. Nun sind die beiden in der Türkei im Urlaub. Im Essensraum teilen sie sich den Tisch mit Frau Teske und ihrem 6-jährigen Sohn Paul. Eigentlich für beide ein Volltreffer, wäre da nicht Mats' Tablet, ohne das keine Mahlzeit vergeht. In dieser Situation wird Frau Weber erst klar, wie störend das Tablet ist, wenn sie nicht allein sind. Mats schaufelt seinen Nachtisch, auf den Hauptgang verzichtet er fast täglich, in sich hinein, ohne seinen Blick vom Tablet zu lösen, und auch Paul findet in dieser Situation keinen Zugang zu seinem Tischnachbarn.

Nachdem der Nachtisch gegessen ist, verschwinden die Jungen im Gelände der Ferienanlage. Frau Teske, von Beruf Erzieherin, nutzt nun die Gelegenheit und sagt zu Frau Weber: »Findest du nicht, dass Mats zu viel mit seinem Tablet beschäftigt ist?« Diese antwortet: »Doch, aber er macht einen riesigen Aufstand, wenn er nicht damit spielen darf. Wegen seiner Aufstände und Wutanfälle ist er auch schon vor einem halben Jahr aus der Kita geflogen!« Beide schauen sich für einen Moment schweigend an, bis Mats Mutter etwas unsicher weiterspricht: »Er hat auch nur noch wenig Akku und wir haben leider das Ladegerät vergessen!« Die Antwort von Pauls Mutter folgt ohne Umschweife: »Das ist doch die Gelegenheit. Sag ihm, ihr könnt hier kein Ladegerät kaufen.« Mats Mutter muss lachen, doch gleichzeitig steht ihr wegen der Reaktion ihres Sohnes die Angst ins Gesicht geschrieben.

Viele Eltern entwickeln im Lauf der Zeit regelrecht Angst, ihren Kindern das Spielen mit dem Smartphone zu untersagen, weil sie heftige Reaktionen befürchten. Manche dieser Eltern haben zu oft erlebt, wie sie mit den Bemühungen, ihr Kind zu erziehen, immer wieder gescheitert sind. Aus dieser Hilflosigkeit ergibt sich dann eine Konfliktvermeidung, eine Tendenz der Verantwortungsabgabe sowie eine verzerrte Wahrnehmung der Botschaften des Kindes. Hier kann ein Hinweis von außen, so wie in unserem Beispiel, ein wichtiger Impuls sein, eine Veränderung vorzunehmen.[85] In einer Studie des Instituts für empirische Sozialforschung aus unserem Nachbarland Österreich geben etwa ein Viertel der Eltern an, oft Meinungsverschiedenheiten mit Kindern zu haben, wenn es darum geht, sich auf einen angemessenen Umgang mit Medien zu einigen. Etwa genauso viele Eltern berichten von ständigen Konflikten mit ihren Kindern, weil diese nicht mit der Nutzung der Geräte aufhören wollen. Es ist ein ständiger Aushandlungsprozess, der oft mit vielen Enttäuschungen verbunden ist, um einen guten Umgang mit digitalen Medien zu finden.

Etwa 50 % der befragten Eltern haben das Gefühl, dass ihre Kinder zu viel digitale Medien benutzen. Etwa 20 % hat deswegen ein schlechtes Gewissen. Doch es gibt durchaus auch Kinder (17 %), die finden, dass die Erwachsenen zu viel mit ihren digitalen Endgeräten beschäftigt sind.[86] Das Thema Umgang mit digitalen Medien wird in vielen Familien oder Beziehungen sehr widersprüchlich gelebt. Auf der einen Seite beschäftigen sich die allermeisten Menschen mit digitalen Medien und genießen den Gebrauch, auf der anderen Seite wird das aus unterschiedlichen Gründen als Störfaktor erlebt. Das sind die schon angesprochenen Technoferenzen sowie das digitale Dilemma, das komische Gefühle und Verunsicherungen auslösen kann. In der Regel wird eine Auseinandersetzung mit dem Thema Medienkonsum nicht ohne Meinungsverschiedenheiten, Konflikte und Streit ablaufen, wenn wir uns mit unseren Kindern auf einen Umgang verständigen wollen. Gerade kleine Kinder handeln, agieren oder argumentieren hier fast ausschließlich bedürfnisorientiert, da sie aufgrund ihrer Reife noch keine andere Möglichkeit haben. Doch es ist wichtig, diese Auseinandersetzung zu führen, ohne den Konsum und damit das Medienverhalten des Kindes abzuwerten, um einen familiären und außerfamiliären Rahmen dafür festzulegen, damit man als Familie nicht in diesem Dauerkonfliktthema steckenbleibt. Hierauf gehe ich an anderer Stelle noch näher ein.

Zurück zu unserer Urlaubsfamilie: Mats' Reaktion fällt wie befürchtet heftig aus, weil er auch nicht richtig glauben will, dass es in der Türkei kein Ladegerät gibt, dass zu seinem Tablet passt. Auch Frau Teske bekommt ein paar Zimmer weiter das Theater mit. Mats knallt Türen und beschimpft lautstark seine Mutter: Nie wieder wolle er mit ihr in den Urlaub fahren und schon gar nicht in die Türkei! Nach unruhigen 3 Stunden scheint sich die Situation zu beruhigen und am nächsten Morgen sind auch beide am Frühstückstisch. Es ist das erste Mal, dass Mats mit Paul zusammen aufsteht, zum Büffet geht und wirklich selbst schaut, was es dort zu essen gibt. Auch wenn er gereizt wirkt, findet nun etwas Kommunikation zwischen den Jungen am Tisch statt. Als sich dann beide wieder vom Frühstückstisch entfernen, beginnt Frau Weber zu erzählen: Es sei für sie zunächst der Horror gewesen, da sie sich natürlich gefragt habe, wann Mats damit aufhört, zu toben und sie lautstark zu beschimpfen. Doch sie sei froh, standhaft geblieben zu sein, und irgendwann habe Mats angefangen, mit den Steinen und Muscheln zu spielen, die als Deko im Apartment angeordnet sind. Nach einer Weile habe er sich noch Löffel, Gabeln und Eierbecher aus der Küche geholt und alles auf dem Boden an der Balkontür verteilt. Es sei ihr zunächst unangenehm gewesen, weil sie nicht wusste, ob das okay ist, doch sie sei so froh gewesen, dass er nicht mehr tobt.

Mats schafft die zweite Urlaubswoche ohne Tablet, auch wenn er das Apartment, so wie es seine Mutter beschreibt, regelmäßig kreativ verwüstet. Man könnte auch sagen, er sucht sich Gegenstände, um seiner inneren Lust nach Handlung und Spiel, die alle Kinder in sich tragen, nachzukommen. Es ist die Abwesenheit des Tablets, die einen Raum der Leere erzeugt, der für manche Kinder erst wieder die Möglichkeit bereithält, nach Kreativem zu greifen. Mich erinnert Mats' kreatives Verhalten an eine Szene, die Maria Montessori beschreibt, als sie in der Psychiatrie Kinder beobachtete, die immer, wenn das Frühstück kam, flink aus ihren Gitterbetten kletterten, um sich das Weißbrot zu holen.

Aus diesem Brot machten sie unterschiedliche Formen und Stückchen und legten sie in Reihen, die sie dann in ihren Betten zum Spielen nutzten:

> »Der Junge, der als erster aufgesprungen war, kniete auf seinem Bett und teilte das Brot in gleich große Stücke, die er fein säuberlich vor sich aufreihte. Er wirkte dabei höchst konzentriert und achtete darauf, dass die Teile sich weder in der Größe noch in der Form unterscheiden.«[87]

Wenn nichts oder wenig vorhanden ist, sucht unser Gehirn nach Möglichkeiten, mit dem Wenigen etwas Schöpferisches zu tun. Dieses Ereignis animierte Montessori dazu, Spielmaterial zu entwickeln, um es den Kindern mitzubringen. Dieses Spielzeug, das heute zu den bekanntesten Lernmaterialien der Welt zählt, bedient sich dem natürlichen Drang des Kindes, immer etwas lernen zu wollen.

Auch Mats hat es geholfen. Seine Mutter hat ihm in der Zukunft das Tablet untersagt und ihn stattdessen mit Lego, Playmobil sowie Kaplasteinen versorgt. Auch Mats' Verhalten hat sich insgesamt verändert. Nach 6 Wochen rief seine Mutter Frau Teske an, um sich zu bedanken. Sie konnte Mats nun für das letzte Kitajahr in einer anderen Kita anmelden und auch selbst endlich wieder arbeiten gehen. Die Begegnung mit Pauls Mutter hat Frau Weber geholfen, ihre verzerrte Wahrnehmung in Bezug auf Mats' Handlungen zu ordnen, Position zu beziehen, eine Entscheidung zu treffen und letztlich den Konflikt auszuhalten. Bei Kindern, die sich noch nicht in einem über Jahre gefestigten Verhalten eingerichtet haben, können solche Impulse von außen, die natürlich mit einer klaren Entscheidung einhergehen, schnell zu einer Veränderung führen, da die kindliche Neugierde ein neues Interesse und somit eine andere Auseinandersetzung mit der Welt nach sich ziehen kann. Aus der Erfahrung heraus, die Mats' Mutter im Türkeiurlaub machte, erwuchs die Möglichkeit, ihrem Sohn auch in Zukunft mit weniger Angst und mehr Klarheit zu begegnen. Je klarer und entschlossener wir als Eltern sind, desto mehr Orientierung erfahren unsere Kinder.

Durchhaltevermögen

Der Diplompsychologe und Psychotherapeut Georg Milzner arbeitet mit Jugendlichen und erforscht den Einfluss digitaler Medien auf junge Menschen. Er ist der Auffassung, dass Eltern sich in dem schon angesprochenen *digitalen Dilemma* befinden, indem sie sich Sorgen machen, während sie gleichzeitig beobachten, wie die Digitalisierung in der Gesellschaft immer weiter vorangetrieben wird. Zu diesem Dilemma gesellt sich noch die Diskrepanz zwischen dem eigenen Bedürfnis, sich mit Medien zu beschäftigen, und der Frage, bis zu welchem Alter man Kindern diese verwehren soll oder kann – während die Werbung beispielsweise die große Freiheit verspricht, wären wir doch alle mit Glasfaser verkabelt. Doch wie einzelne Beispiele zeigen, kann diese Freiheit schnell zur Unfreiheit, zur Sucht werden, und in der Folge haben Eltern nicht mehr die Freiheit, zur Arbeit zu gehen, da ihr Kind in der Bildungseinrichtung nicht tragbar ist. Doch ich möchte mit dem letzten Satz keine Panik verbreiten, denn wenn wir davon ausgehen, wie viele Kinder Medien nutzen, sind die, die nicht in der Bildungseinrichtung tragbar sind, noch eher die Ausnahmen. Gleichzeitig gibt es jedoch eine große Bandbreite an Kindern, die sich dazwischen bewegen, weil sie sich schlechter konzentrieren können, wenig Kreativität zeigen, eine innere Unruhe ausstrahlen oder sich nicht in ein Spiel vertiefen können. Ich schreibe dieses Buch, weil die Kinder mehr werden, die uns zeigen, dass es tendenziell ein Zuviel an Medienkonsum ist, und ich es heute unumgänglich finde, dass wir uns als Eltern, Fachleute und Gesellschaft dieser Entwicklung stellen.

Wenn wir uns für die Entwicklung eines Kindes einsetzen wollen, ist es von großer Bedeutung, dass es eine vertrauensvolle Beziehung und eine konstruktive Zusammenarbeit zwischen Eltern und pädagogischen Fachkräften gibt. Da wir Menschen alle sehr unterschiedlich sind und auch sehr unterschiedliche Vorstellungen haben können, was für die Entwicklung eines Kindes förderlich sein kann, ist die Verständigung auf ein gemeinsames Ziel jedoch nicht immer einfach. Beim Thema Medienkonsum gibt es viele Vorstellungen, Beobachtungen, Annahmen oder Befürchtungen, doch die allermeisten an der Erziehung beteiligten Erwachsenen tappen hier noch etwas im Dunkeln. Vor dem Hintergrund dieser Unsicherheit beobachte ich bei pädagogischen Fachkräften noch viel Zurückhaltung, mit den Eltern über das Thema Medienkonsum zu sprechen. Doch es ist wichtig, sich auch dieser Aufgabe zu stellen, um nicht täglich mit etwas konfrontiert zu werden, was als anstrengend oder vermutlich falsch erlebt wird. Hier reicht es nicht aus, Verbotsschilder aufzuhängen, um Grenzen oder die eigene Haltung deutlich zu machen.

Im folgenden Beispiel geht es um Lasse, der mit seinem Verhalten in der Kita nach Aussage der Leitung nicht mehr tragbar ist. Lasse verletzt immer wieder massiv andere Kinder, wirkt innerlich sehr getrieben und ist mit 5 Jahren oft nicht in der Lage, sich selbst die Schuhe anzuziehen. Er verwechselt dabei auch oft den linken mit dem rechten Schuh, was die pädagogischen Fachkräfte als Flüchtigkeitsfehler entschuldigen, da er ja nur seine Games im Kopf hat. So sagt er auch fast täglich, dass er nicht in der Kita sein möchte, da es dort langweilig sei, weil er nicht mit seiner Konsole spielen könne. In der Beobachtungssituation ergibt sich für mich vor dem Hintergrund dieser Vorinformationen ein schon vertrautes Bild. Lasse kämpft gerade mit einem anderen Jungen. Es ist jedoch ein Kämpfen, dem das Spontane und Spielerische abhandengekommen ist. Die beiden raufen sozusagen nicht wie zwei junge Hunde, die ihre Impulse für die nächste Bewegung aus dem aktuellen tonisch-emotionalen Erleben ableiten. Sie bleiben stehen und machen mit ihren

Armen immer wieder die gleichen, fremden, abgehackten Bewegungen, die zwar mittlerweile zu ihnen gehören, doch nicht aus ihnen heraus entstanden sind. Dazu kommen die immer wieder gleichen Töne und Geräusche, denen der Impuls fehlt, den anderen in eine Art Rollenspiel einzuladen. Die Rolle, die sie hier spielen, folgt einer anderen Logik. Es ist die Kopie vom dem, was sie sich täglich an äußeren Bildern zuführen und was leider ihre inneren Bilder verkümmern lässt.

Nun wende ich mich den Jungen zu und frage sie, was sie spielen. Sie antworten wie aus einem Guss, und es sind die ersten realen Worte, die ich von ihnen höre: »Ben 10!«, und Lasses Kampfpartner fügt an: »Das ist eine Serie – die ich nicht gucken darf!« Er lacht und sein Lachen bezieht sich möglicherweise auf ein inkonsequentes Verhalten seiner Eltern. Der Protagonist der erwähnten Serie ist der 10-jährige Ben. Er kann sich in alle möglichen Aliens verwandeln. Diese springen dann von einem Fleck zum anderen und hauen ihre Gegner mit ausladenden Bewegungen kurz und klein. Lasse bestätigt, dass er die Serie auch kennt, und macht dazu gleich wieder diese typischen Bewegungen, die auch in der Serie vorkommen. Er hat nun einen Traktor in der Hand, während er sagt: »Du musst mal mit mir nach Hause kommen. Ich habe dort etwas richtig Geiles!« Ich reagiere mit einem »Aha« und spreche ihn auf den Traktor in seiner Hand hat. Als ich keine Reaktion erhalte, frage ich Lasse, was man damit machen kann. Lasses Antwort ist sehr kurz: »Sachen.« Ich frage, was für Sachen, und erhalte keine Antwort, während er sich schon ein anderes Auto nimmt. »Oh, du hast ein Auto. Und was kann man damit machen?« Seine Antwort lautet wieder »Sachen«, während er das Auto so hin- und herschiebt, wie ich es eher von autistischen Kindern kenne, die mit diesen Spielzeugen nicht in ein Rollenspiel gehen können. Lasse ist aber nicht autistisch. Dann dreht er den Spieß um, nimmt sich ein anderes, rundliches Auto und fragt mich: »Was ist das?« Doch bevor ich antworten kann, sagt er schon: »Da ist ein Roboter drin!« Mir wird deutlich, wie schwer es mir fällt, Lasse und seinen

Freund zu einer Art Spiel einzuladen. Beide werden dominiert von ihren Gedanken, die sich um *Ben 10* drehen. Vor dem Hintergrund, dass Lasses Verbleib in der Kita von den pädagogischen Fachkräften infrage gestellt wird, muss hier schnell eine Veränderung herbeigeführt werden. Der Weg dahin geht natürlich nur in der Zusammenarbeit mit den Eltern.

Lasses Vater wirkt im Elterngespräch sehr selbstsicher und innerlich gut vorbereitet. Als wir gemeinsam die Videos schauen, räumt er auch ein, dass sein Sohn Computerspiele spielt und diese in der Kita sichtbar nachspielt, weil sie ihn faszinieren. Als wir das bestätigen und gleichzeitig auf die Probleme hinweisen, zum Beispiel die Schwierigkeit, mit anderen Kindern andere Spiele zu teilen, sagt er: »Damit habe ich gerechnet, dass sie mich hier konfrontieren, Lasse würde zu viel gamen! – Bullshit, ich spiele täglich selbst und lebe in einem Land, das mit der Digitalisierung allen anderen hinterherhinkt! Unser ganzes Bildungssystem hinkt hinterher! Wir sollten uns ein Beispiel an Schweden nehmen!« – Das Gespräch hatte vor dem Kurswechsel in Schweden stattgefunden. – Es entsteht eine kurze Pause, bevor er noch anführt, er würde sich mit den neuesten neurobiologischen Erkenntnissen beschäftigen. Er habe gerade ein Buch von einem Neurobiologen gelesen und in Bezug auf Bildung und Erziehung könnten wir ihm nichts erzählen!

Ich frage mich, was ich nun zu diesem Vater, der genau diesen Spannungsbogen bedient, den es in der Gesellschaft gibt, sagen soll. Wir erleben nicht selten eine fast gegensätzliche Beschreibung und somit auch Wahrnehmung der Bedeutung des Medienkonsums für die Entwicklung unserer Kinder. Auf der einen Seite belegen Studien eindrucksvoll, dass mit dem erhöhten Konsum von insbesondere Computerspielen Verhaltensauffälligkeiten zunehmen und wichtige Kompetenzen in Bezug auf die Sprachentwicklung oder Selbstständigkeit abnehmen.[88] Auf der anderen Seite fordert die ganze Republik den Netzausbau und eine bessere Ausstattung an Schulen, um der notwendigen Digitalisierung den Boden zu bereiten, so wie es Länder wie Schweden getan haben. Dies ist ein

Spannungsfeld, in dem sich heute auch Eltern bewegen. Hinzu kommt das Spannungsfeld der Vereinbarkeit von Familie und Beruf und der Wunsch, bei der Kindererziehung die eigenen Bedürfnisse nicht aus den Augen zu verlieren. Auch die Frage, ob wir als Eltern bei der Erziehung unsere Kinder alles richtig machen, nicht irgendwo versagen, spielt in der heutigen Zeit, in der wir so umfassend informiert sein können, eine größere Rolle.

Lasses Vater scheint sehr belesen und sich diesen Fragen und Unsicherheiten gestellt zu haben. Ich berichte ihm aus dem Buch von Ulrike Wolpers, das ich gerade selbst als Vater gelesen habe, und wie schwierig und gleichzeitig beeindruckend ich es fand, wie sie ihrem Sohn geholfen hat, sich vom Gamen als Sucht zu befreien. Gleichzeitig betone ich, das wir bei Lasse nicht von einer Sucht sprechen können, da es für eine Sucht bestimmte Kriterien gibt. Ich denke jedoch, dass es bei Lasse zu einer Beschäftigung geworden ist, die einen großen Teil seines Denkens, Fühlens und Handelns bestimmt. Doch der Vater verteidigt weiter seine Haltung zu dem Thema und betont, wie kompetent sein Sohn die Geräte bedienen kann und dass wir uns als Gesellschaft endlich dieser Veränderung, die die Digitalisierung mit sich bringt, stellen müssen. Es bleibt ein Zwiegespräch, in dem es hin- und hergeht und das von Annahmen und Erfahrungen geprägt ist. Ich drücke ihm das Buch von Frau Wolpers in die Hand und empfehle ihm und seiner Frau, die kaum etwas dazu gesagt hat, Lasses Gamen auf null zu setzen oder mindestens stark einzuschränken.

Es kommt also leider zu keiner wirklichen Verständigung und ich bin nach dem Gespräch sehr skeptisch, ob ich irgendeinen Impuls geweckt haben könnte, meinen Empfehlungen zu folgen. Umso überraschter bin ich, als wir uns 3 Wochen später zum nächsten Elterngespräch treffen. Der Vater fängt sofort an zu erzählen, wie sich Lasse verändert habe, nachdem sie seinen Medienkonsum drastisch eingeschränkt hatten. Er würde seit Kurzem nachmittags im Hinterhof mit ein paar Mädchen spielen: »Die Kinder spielen dort fangen, verstecken und bauen sich Höhlen.« Damit habe er wirklich nicht gerechnet! Lasse sei jetzt auch leichter zu lenken, auch wenn er natürlich weiterhin am liebsten gamen wolle. Auch in der Kita ist eine leichte Entspannung zu beobachten, doch es bleibt bis zum Ende des Kitajahres eine Herausforderung, Lasse gut zu begleiten.

David oder Goliath

David wird mir als für seine 5 Jahre sehr großer und kräftiger Junge beschrieben. Er kann, so formulieren es die pädagogischen Fachkräfte, ein sehr, sehr liebes Kind sein. Doch dann verwandelt er sich in »Goliath«, der die anderen Kinder mit sehr viel Kraft so heftig schubst, dass diese ängstlich oder erschrocken weinen oder sich sogar verletzen. Da sich mittlerweile schon die ersten Eltern, deren Kinder Blessuren davongetragen haben, beschweren und auch die pädagogischen Fachkräfte ihre Schwierigkeiten mit David haben, weiß die Kita-Leitung nun nicht, ob er in der Kita bleiben kann.

David ist in Polen geboren, doch er spricht weder Polnisch noch Deutsch, dafür ein paar Sätze auf Englisch – und er macht immer wieder Geräusche oder Töne, die sich wie Explosionen anhören. Als ich in die Kita komme, sitzt er an der Garderobe und beobachtet einen Jungen, der gerade von seiner Mutter gebracht wird. David lächelt ihn an, als warte er nur darauf, dass dieser seine Jacke aus- und seine Hausschuhe anzieht, um dann mit ihm zu spielen. Als der Junge fertig ist, auf den David geduldig gewartet hat, rennen beide strahlend in den Gruppenraum. Dann nimmt David eine Playmobil-Figur in seine linke Hand und lässt sie freudig erregt auf dem Tisch vor sich auf und ab hüpfen. Immer wenn diese Figur auf dem Tisch landet, macht er diese Explosionsgeräusche. Der andere Junge kommt hinzu und macht diese Aktion ohne Töne nach.

David vervollständigt die Sprünge der anderen Figur mit seinen Geräuschen. Er schaut dabei nur kurz auf die Reaktion des anderen Jungen, ohne sich dabei jedoch wirklich in Beziehung zu ihm zu setzen, obwohl sich dieser ja seinem Spiel angenähert hat. Dann springt seine eigene Figur auf die Fensterbank und David sagt laut: »Oh my God, there is a monster, oh call me please!«, ohne dabei jemanden anzuschauen. Er entreißt dem anderen Kind dessen Figur und pfeffert sie mit viel Kraft in Richtung »Monster«.

David hat sich nach meiner Beobachtung innerhalb weniger Minuten verwandelt. Hatte er zunächst Interesse und Lust ausgestrahlt, mit dem anderen Jungen zu spielen, scheint er dies durch sein intensives Spiel mehr und mehr aus den Augen zu verlieren. Mir reichen diese ersten Eindrücke, um zu verstehen, dass sich David emotional in einer Parallelwelt bewegt, in der andere menschliche Akteur*innen eine untergeordnete Rolle spielen. Er folgt in seinem Spiel auch äußeren Bildern, die er aus Computerspielen reproduziert, und spricht die ihm vertrauten Kommentare auf Englisch. Diese Sprache dient nicht der Kommunikation im eigentlichen Sinne, sondern sie gibt David das Gefühl einer Verbindung zu einer ihm vertraut gewordenen Szenerie, die ihm möglicherweise Sicherheit vermittelt. Andere Kinder spielen hingegen auf dem Boden mit Playmobil Szenen nach, die einen Bezug zu einer analogen Realität haben: Da gibt es einen Krankenwagen, der Verletzte zum Krankenhaus transportiert. Das Krankenhaus ist eigentlich eine Puppenstube, doch die Kinder lassen ihre Fantasie spielen und sagen: »Wir tun so als ob.« Andere stellen 2 Meter weiter mit Schleichtieren einen Zoo nach und nutzen zur Darstellung der Gehege Legosteine. Wieder andere Kinder spielen Vater-Mutter-Kind, um sich möglicherweise ihre Eltern in Abwesenheit vor Augen zu führen, um eine Verbindung zu halten.

Im Außengelände spielt ein Mädchen auch mit einer Playmobil-Figur. Sie lässt ihre Prinzessin auf einem Holzpfahl tanzen, der in diesem

Zusammenhang wie ein Schlossturm wirkt. Als David dies sieht, rennt er mit seiner Figur in der Hand, die vorher noch das Monster war, zum Schlossturm. Das Monster springt zischend und kreischend zur Prinzessin auf den Turm, ehe es mit viel Geschrei auf einem anderen Holzpfahl landet. Doch eigentlich ist es keine Landung, sondern David macht hektische und krachende Bewegungen mit dem Monster, das dann wieder krachend auf den Schlossturm springt, den David nicht als solchen erkennt. Auch die Prinzessin kommt in seinem Spiel nicht vor, und als ein paar Jungen vorbeilaufen und laut »Ein Feuerdrache!« brüllen, rennt David zu diesen, ohne wirklich Kontakt aufzunehmen. David wirkt von Explosionen und Eindrücken getrieben. Es scheint genau die Frequenz der Explosionen zu sein, die seine Bewegungen und Handlungen antreiben. In seinem Spiel sucht er über Augen oder Sprache keinen Kontakt zu anderen Kindern. Die anderen Kinder wirken verunsichert. Manche lachen, andere gehen ihm aus dem Weg. David bleibt in diesen Momenten allein.

Meine Beratungstätigkeit wird in der Regel von Kitas angefragt, die sich mit der Betreuung eines Kindes überfordert fühlen. Für die Beratung mit einer Marte-Meo-Videointeraktionsanalyse, die in der Kita stattfindet, müssen sich die Eltern schriftlich einverstanden erklären. Sie sind nicht die Beauftragenden, und einzelne begegnen dem Elterngespräch, das zusammen mit einer pädagogischen Fachkraft stattfindet, mit der Sorge, ihr Kind könnte durch sein besonderes Verhalten nicht in der Kita tragbar sein. Auch wenn ich den Eindruck nach meinen Beobachtungen nicht teile, ist die Sorge in Davids Fall nicht unberechtigt. Daher nehme ich die Mutter und auch die Erzieherin in ihrer Sorge sehr ernst. Bei der gemeinsamen Betrachtung der Videos versuche ich jedoch die Reduzierung auf Davids destruktives Verhalten aufzulösen. Die Begrenzung auf ein auffälliges Verhalten und die Ausblendung der anderen Anteile wie Freude, Humor, Spontaneität und Interesse werden den Kindern nach meiner Erfahrung nämlich nicht gerecht. Wir schauen uns zunächst die kurze Szene an der Garderobe an und ich betone Davids freudiges und erwartungsvolles Warten auf den anderen Jungen. Er zeigt hier sehr wohl sein Interesse an anderen Kindern, seine grundsätzliche Lust, Zeit mit diesem Jungen verbringen zu wollen, und die Bereitschaft und Kompetenz zu warten. Seine Mutter wirkt zufrieden und beschreibt eine Szene aus dem Supermarkt, in der David genauso geduldig gewartet habe. Sie schließt in ihren Beschreibungen an ihre emotionale Verbundenheit zu ihrem Sohn an.

Dann schauen wir uns die zweite Szene an, in der David den anderen Jungen, auf den er so geduldig gewartet hat, mehr und mehr in seinem intensiven Spiel aus den Augen verliert. Als die Mutter die gespielten Explosionen mit der Playmobil-Figur sieht, sagt sie: »David ist *süchtig*!« Nun bricht es regelrecht aus ihr heraus und sie spricht über ihre Überforderung als alleinerziehende Mutter. Sie macht keinen Hehl daraus, dass David zu Hause sehr, sehr viel am Handy ist. Sie habe auch kaum anderes Spielzeug, da er dafür kaum Interesse zeige, außer gelegentlich das Hüpfen mit den Playmobil-Figuren. Ich greife das Wort »Interesse« der Mutter auf, da uns das Wort »Sucht« nicht weiterbringt. Zunächst einmal bedarf es bei einer Sucht, wie zuvor beschrieben, bestimmter Kriterien. Darüber hinaus schränkt uns das Wort ein, denn dann bedarf es möglicherweise einer Behandlung und es scheint wenig Möglichkeiten zu geben, als Eltern selbst aktiv zu werden. Das Wort »Interesse« ist dagegen positiv besetzt und ein aktives Wort, das viel Raum lässt, darüber zu sprechen. David zeigt Interesse an anderen Kindern, verliert dieses jedoch häufiger aus den Augen, da sein Interesse für die Geschichten und Spiele, die er sich zu Hause auf dem Handy anschaut, zu groß ist.

Seine Mutter sagt dazu: »Ich glaube, ich muss ihm das wegnehmen, doch David wird dann einen großen Aufstand machen und herumschreien!« Sie spricht im Anschluss über ihre Angst vor den Nachbar*innen, von denen sich jetzt schon einzelne beschwerten: »Ich habe es schon einmal versucht, konnte es aber nicht durchhalten!« Neben der Sorge, wie andere reagieren könnten, ist diese Hilflosigkeit vieler Eltern auch an eine Angst vor dem Kind gebunden: Es ist die Angst, später von dem Kind nicht mehr richtig geliebt zu werden.[89] In den meisten Fällen wünschen sich Kinder – ohne es zu formulieren – jedoch starke Eltern, die Präsenz zeigen, Position beziehen, daraus Entscheidungen treffen und dafür geradestehen.[90] Ich unterstreiche daher, wie richtig ihr Versuch war, David in diesem Alter das Handy zu entziehen, und wie gut es ist, dass sie dies auch schon ohne unsere Hilfe erkannt hat. Wir vereinbaren, es erneut anzugehen, und organisieren Spiele und Spielzeuge aus der Kita, die sie ihm stattdessen anbieten soll. Als wir uns dann verabschieden, mischen sich in ihren Gesichtsausdruck Skepsis und Zufriedenheit: Sie wirkt zufrieden, da sie Unterstützung und Solidarität erfährt, und skeptisch, weil sie nicht weiß, wie David auf die Entscheidung reagieren wird.

Als ich sechs Wochen später wieder in die Kita komme, bittet mich die Leitung direkt ins Büro und zeigt mir ein Video, das sie von David gemacht hat. In diesem wunderbaren Film spielt David mit zwei Mädchen das Brettspiel *Zicke Zacke Hühnerkacke*. Ich bin schwer beeindruckt, denn während er ein Huhn vorrückt, nimmt er Blickkontakt zu den Mädchen auf. Diesen triangulären Blick, der eine Einladung an die Mädchen darstellt und so viel heißt wie: »Seht ihr, was ich mache?«, hatte er zuvor mit seinen Figuren vermissen lassen. Doch dieses Spiel folgt anderen Regeln und Gesetzmäßigkeiten, auf die sich David nun wie von Wunderhand auch einlassen kann. Die Kita-Leitung erzählt mir im Anschluss, wie gut es schon seit ein paar Wochen mit David laufe und dass es kaum noch diesen schubsenden Goliath gebe, wenn er sich über etwas ärgert. Er folge nicht mehr dem Regiebuch eines Computerspiels. Während sie mir sichtlich erleichtert weitere positive Ereignisse schildert, kommt Davids Mutter ins Büro. Sie lächelt mich an und wirkt entspannt. Nach einer kurzen Begrüßung schauen wir gemeinsam nochmals die Szene zu

Zicke Zacke Hühnerkacke an und ich frage sie, wie sie das geschafft hat. Sie verkündet sichtlich stolz: »David kriegt kein Handy mehr, wirklich null Handy!« Er habe allerdings zwei Tage gebraucht, um schließlich mit anderen Sachen zu spielen. David konnte so auch in der Kita verbleiben.

Das destruktive Nein

Bei einem bestimmten Konsumverhalten lässt sich durchaus von einer Art Kipppunkt sprechen, ab dem das Bedürfnis, am Smartphone oder mit der Konsole zu spielen, alle anderen Aktivitäten in den Schatten stellt. Trotz vieler anderer Angebote scheint es für Kinder wie David dann nur noch ein Thema zu geben. In der Kita, die ich gerade besuche, beobachte ich beispielsweise fünf Jungen, die am Tisch sitzen und *Ninjagos* malen. Natürlich ist es positiv, dass sie ihre Themen über das Malen zum Ausdruck bringen und ihre Gedanken oder Gefühle mit anderen teilen. Manche dieser Jungen bringen hiermit jedoch leider auch ihre Langeweile zum Ausdruck und den Wunsch, lieber zu Hause an der Konsole zu spielen. Es ist wiederum positiv zu bewerten, dass Kinder wie Lasse weiter in die Kita gehen, da sie hier einen analogen Ort vorfinden, an dem es viele Angebote gibt. Den Eltern von Pascal, den wir an anderer Stelle noch kennenlernen werden, ist es hingegen nicht gelungen, ihren Sohn in die Kita zu bewegen, da es für ihn dort keine Möglichkeit gibt, *Fortnite* zu spielen. Pascal spielt zu Hause viel am Computer, was aus seiner Perspektive normal ist, da es sein Vater, seine Mutter und sein Onkel auch tun. Auch andere Eltern berichten, wie mühsam es ist, ihr Kind in die Kita oder Schule zu bewegen, weil die Attraktivität des Spielens an der Konsole oder am Handy weitaus größer ist. Wenn es für diese Kinder den analogen Raum der Kita nicht mehr gibt, ist ihr Wohl eindeutig gefährdet.

Wenn bei Eltern, deren Kinder regelmäßig digitale Medien nutzen, dann plötzlich der Eindruck entsteht, ihr Kind könnte möglicherweise Schaden nehmen, beginnen viele mit unreflektierten Grenzsetzungen: »Leg doch mal das Ding weg!«, »Hör auf zu daddeln!« etc. Sie versuchen wieder die Kontrolle darüber zu bekommen, was auf diese Weise jedoch zum Scheitern verurteilt ist. Es gibt immer wieder Streit und teilweise heftige Konflikte. In der Folge scheuen sich die Eltern davor, das Thema wieder anzusprechen. Doch immer wieder, wenn sie das Gefühl einholt, der Medienkonsum ihres Kindes könnte ein angemessenes Maß überschreiten, versuchen sie zu intervenieren. Oft machen Eltern das natürlich genau dann, wenn das Kind gerade einmal wieder »daddelt«, wie sie das nennen. Durch diese Haltung, die aus Unsicherheit und Unwissenheit darüber entsteht, was das richtige Maß ist und ob hier nicht etwas aus dem Ruder läuft, erhalten Kinder für ihr Spielen skeptische Blicke und negatives Feedback. Dabei sind sie auf eine positive Resonanz, die mit Worten oder zustimmenden Emotionen verbunden ist, besonders in den ersten Lebensjahren angewiesen, um ein positives Selbstbild und somit Selbstbewusstsein aufzubauen.

Wir sollten uns zunächst bewusst machen, dass auch dieses »Daddeln« – oder positiv ausgedrückt: Spielen – eine Handlung des Kindes ist und in vielen Fällen sogar eine Identifikation mit dem elterlichen Vorbild darstellt. Wenn wir immer wieder die Handlung des Kindes – also die Aktion, über die es sein aktuelles Selbst ausdrückt – negativ bewerten, werten wir unser Kind ab. Wenn Kinder allerdings in dem, was ihnen wichtig ist, abgewertet werden, reagieren sie mit Unverständnis, Aggression und Rückzug. Wird der Bedeutungshunger, also das Grundbedürfnis nach Anerkennung und Wertschätzung, nicht gestillt, suchen sich Kinder Ersatzreize. Diese finden sie dann im grenzenlosen Konsum digitaler Medien. So kann bei älteren Kindern und Jugendlichen auch die Bedeutung von Influencer*innen zunehmen, da diese im Gegensatz zu den nervenden Eltern schließlich das gleiche Interesse teilen. Hier entwickelt sich jener Teufelskreis, der der Gamingindustrie mit ihren ausgeklügelten Belohnungssystemen in die Hände spielt. Wenn die positive Verbindung zu den Eltern schwindet, ist die Sogwirkung der digitalen Medien, die Dopamin ausschütten und dem Kind zunächst wieder gute Gefühle vermitteln, groß. Wir sprechen von einem *destruktiven Nein*, also einem Nein, das

- das Kind nicht verstehen kann, da alle um das Kind herum etwas tun, was es selbst nicht tun soll.
- seinem geliebten Computerspiel ohne logische Erklärung unachtsam eine Absage erteilt.
- kein Ja zum Kind beinhaltet, da das Kind keine Momente erlebt, in denen es für seine Aktivitäten eine positive Aufmerksamkeit erfährt.
- keine klaren Absprachen oder Regeln enthält, die dem Kind die Möglichkeit geben, sich mit seinem Spiel in einem abgesteckten Zeitraum zu beschäftigen, der mit einem »Ja, jetzt darfst du!« belegt ist.
- ein Kind sich in seiner gesamten Persönlichkeit abgewertet fühlen lässt.

> »Seit den Sommerferien wurde alles schlimmer, und meine Eltern fingen an, mir überhaupt nicht mehr zu glauben und zu vertrauen. Das war schrecklich. Sie waren nur noch streng und aggro, dabei war ich ja selbst gestresst und wusste nicht weiter! Ich konnte an nichts mehr denken als daran, dass meine Kumpels gerade *Brawl Stars* oder *Fortnite* spielten und ich nicht. – Ich musste ständig lügen, weil sonst alles noch schlimmer geworden wäre.«[91]

So lautet eine Reaktion eines Kindes nach einem destruktiven Nein. – Bis auf Pascal sind alle Kinder, die ich in diesem Buch beschreibe und die einen zu intensiven Medienkonsum betreiben, noch nicht einmal im Grundschulalter und teilweise sogar noch weit davon entfernt. Die gute

Nachricht ist: Wir haben in der Kita und im Elternhaus noch viele Möglichkeiten, die Kinder auf ihrem Weg zu begleiten. Wir können jedoch davon ausgehen: Je früher sie sich zu lange und intensiv mit Medien beschäftigen, desto gravierender wirkt sich dieser Konsum auf ihre Entwicklung aus. Und je länger sie diesem Medienkonsum ausgesetzt sind, desto schwieriger wird es, ihnen einen angemessenen Umgang zu vermitteln. Georg Milzner, der viele Jugendliche, die zu viel an ihrem PC spielen, in seinen Therapiestunden begleitet, sagt: »Wer zu diesem Zeitpunkt noch nicht eingreifen möchte, hat schlechte Karten.«[92] Seine Aussage bezieht sich jedoch auf Kinder, die bereits in der 9. Klasse sind und von denen die meisten sehr wahrscheinlich erst im Grundschulalter Zugang zu digitalen Medien hatten.

DIE FRÜHEN JAHRE

Wenn Eltern ein Kind bekommen, gibt es in diesem Moment nichts Wichtigeres, Großartigeres, Berührenderes, als dieses neue Wesen in Empfang zu nehmen. Dieses einzigartige Ereignis einer Geburt verändert die Eltern und katapultiert sie in einen Zustand, der sie ganz und gar bei ihrem Baby sein lässt. Die Fachärztin, Neurologin und Entwicklungspsychologin Mechthild Papoušek konnte mittels videogestützter Beobachtung nachweisen, wie Eltern aller Kulturen auf der ganzen Welt intuitiv auf eine charakteristische Weise auf die Signale ihres Säuglings reagieren. Wir sprechen vom Phänomen der *intuitiven Elternschaft*, wenn Eltern gegenüber ihrem Säugling eine Oktave höher sprechen oder ihr Gesicht immer wieder ins Gesichtsfeld des Neugeborenen bringen, um es somit beruhigen zu wollen.[93] Durch die feinnuancierte Interaktion, bei der Eltern auf seine Signale reagieren, helfen sie dem Säugling, innere Spannungszustände zu regulieren und immer wieder zu einem Gefühl von Entspannung zu kommen.[94] Zu diesen intuitiven Handlungen gehört beispielsweise das Wiegen sowie besänftigende Reden. Eltern streicheln ihr Kind, reden ihm zu oder singen, wenn es schreit, trinkt oder einschlafen soll. Über diese gemeinsam gemachten Erfahrungen von Nähe in einem wechselseitigen Resonanzerleben mit seinen Eltern erfährt der Säugling Sicherheit und Bindung:

> »Ob wir uns an einen warmen, kontinuierlichen Körper kuscheln und anschmiegen und in den Arm genommen werden, ob wir einem An-

> deren in die Augen sehen und von ihm angeblickt werden, ob wir uns an ihm festhalten und von ihm gehalten werden – all diese Selbsterfahrung in der Gemeinschaft mit einem Anderen gehören zu den in höchstem Grad sozialen Momenten unseres Erlebens, einfach deshalb, weil sie nur dann auftreten können, wenn sie durch das Verhalten oder die Anwesenheit eines anderen Menschen ausgelöst oder lebendig gehalten werden.«[95]

Wir können auch sagen, wir stellen eine Verbindung zum Kind her, über die es Schritt für Schritt unsere Gefühle, Interessen, Bedürfnisse, Gestik, Mimik und Sprache lernt. Diese Anpassungsleistung der Eltern an die kleinsten Signale – was ein Zwiegespräch ist –, spielt nachweislich die entscheidende Rolle bei der Ausbildung der neuronalen Vernetzung sowie der kognitiven und emotionalen Kompetenz des Kindes.[96] Dieser Dialog, der oft auch ohne Worte auskommt und mit dem Austausch von Berührungen und Emotionen begleitet wird, schafft eine tiefgreifende Rückversicherung des Babys gegenüber sich selbst und erschafft die Möglichkeit der emotionalen Selbstregulation, die heute immer mehr Kindern schwerfällt. Neben dem Gefühl von Verbundenheit legt dieser frühe wechselseitige Dialog zwischen Eltern und Kind den Grundstein für die kognitive, sprachliche und sozial-emotionale Entwicklung unserer Kinder.[97] Durch die vorsprachliche Interaktion lernt der Säugling, dass es nicht nur seine Sicht auf die Welt gibt, sondern dass auch andere Menschen, vor allem die, mit denen er sich verbunden fühlt, eine gegebenenfalls andere Sicht auf die Dinge haben.[98] Doch auch für den Säugling gibt es zunächst einmal nichts Wichtigeres als den direkten und unmittelbaren Austausch mit seinen Eltern. Säuglinge sind hochmotiviert und kommen mit der Erwartung auf die Welt, den Kontakt zu ihren Eltern aufrechtzuerhalten. Sie suchen Blickkontakt, wollen ihre Eltern riechen und fühlen.[99]

Aufmerksamkeitsräuber

Doch schon diese intuitive, zuverlässige und feinnuancierte Zugewandtheit bekommt heutzutage feine Risse, wenn wir bereits auf den Neugeborenen-Stationen Mütter beobachten, die in Gegenwart ihres Säuglings mit ihrem Handy beschäftigt sind, während es gestillt wird. Dieser Trend setzt sich bei einigen Eltern, wie wir alle beobachten können, dann auch fort. Väter und Mütter sind mit ihrem Handy beschäftigt, während sie ihre Kinder durch den Park schieben, aber leider auch, während ihr Kind immer wieder versucht, den Blick seiner Eltern zu erhaschen. Babys sind grundlegend neugierig und nun sehen sie, wie ihre Eltern sich immer wieder hoch konzentriert mit dem Handy beschäftigen. Daraus entsteht ein großes Interesse für diese Geräte, doch sind andere Angebote da – von seinen Eltern oder anderen Menschen –, zieht der Säugling immer diesen Kontakt mit diesen komplexen sensorischen Reizen vor. Beschäftigen sich seine Eltern jedoch ständig mit dem Smartphone, kommt die emotionale Zuwendung und das, was Babys eigentlich evolutionär zu erwarten hätten, zu kurz. In diesen Momenten erleben sie eine soziale Deprivation.[100]

Das Handy ist unser ständiger Begleiter geworden, 75 % der Deutschen entfernen sich innerhalb eines Tages nicht weiter als 1,5 Meter von ihrem Handy. Dabei ist uns gar nicht bewusst, das unser Smartphone nicht nur Strom frisst, sondern auch unsere Aufmerksamkeit zieht, auch wenn wir es nicht aktiv nutzen. 500 Studierende der Stanford University in Kalifornien wurden zu einem Aufmerksamkeitstest aufgefordert. Eine Gruppe der Studierenden musste das Smartphone ausgeschaltet in einem Spind lassen, eine weitere Gruppe durfte es ausgeschaltet im Rucksack mit in den Prüfungsraum nehmen und eine letzte Gruppe hatte es ausgeschaltet neben sich auf dem Tisch liegen. Letztere hatte bei den Testaufgaben eindeutig die größten Probleme, die besten Ergebnisse die, die ihre Geräte draußen gelassen hatten.[101]

Das heißt, allein die Anwesenheit dieses Geräts zieht Aufmerksamkeit, ohne dass es uns bewusst ist. Was ist denn dann, wenn wir das Handy auch noch aktiv nutzen? Unser Gehirn ist nicht in der Lage, unsere Aufmerksamkeit ausreichend hoch auf mehrere Dinge gleichzeitig zu richten. Natürlich können wir mehrere Dinge zwar gleichzeitig tun, doch wie schon erwähnt brauchen wir doppelt so lange und machen doppelt so viele Fehler.[102] Bei der Begleitung und Fürsorge von Säuglingen und Kleinkindern sollten wir nicht dieses Risiko eingehen, indem wir ständig und unreflektiert das Handy oder Tablet nutzen. Die negativen Folgen der Smartphonenutzung der Eltern verbunden mit einer Abnahme des Blickkontakts und einem Rückgang des sprachlichen Austauschs zwischen Eltern und Kind werden bedeutsamer, je jünger das Kind ist.[103] Die schlechten Testergebnisse derjenigen Gruppe, die lediglich ihr ausgeschaltes Handy neben sich auf dem Tisch liegen hatten, sind schließlich ein Beleg dafür, wie viel Aufmerksamkeit unsere Endgeräte allein schon im Ruhezustand ziehen.

Zu ähnlichen Belegen kamen Forscher*innen in England, deren 74 Proband*innen zum Ausdruck brachten, dass sie in Gesprächen eine Beeinträchtigung von Nähe, Vertrauen und Verständnis spürten, wenn das Handy zwischen ihnen auf dem Tisch lag und permanent Aufmerksamkeit abzog.[104] Gerade in den ersten Lebensmonaten gehört dem Neugeborenen so oft wie möglich unsere ungeteilte Aufmerksamkeit. Wir sollten diese Stressoren, denen wir uns durch dieses Verhalten aussetzen, meiden und uns wieder die Bedeutung der »Bemutterung« bewusst machen, die für das Kind letztlich eine haltgebende Umgebung und eine Basis für die Bewahrung des Urvertrauens darstellt.[105] Spiegelung und Regulierung der Emotionen sind wichtige Elemente der Interaktion zwischen Eltern und Kind und tragen maßgeblich zur Entwicklung der sozioemotionalen Kompetenz des Kindes bei.[106] Es hat Auswirkungen auf die Fähigkeit zur Emotionsregulation, wenn die Signale des Säuglings nur unzureichend wahrgenommen und gespiegelt werden. Wenn die Qualität dieses feinfühligen

Dialogs leidet, erschwert das die Erfahrung von Kontingenz und Kausalität. Das kann sich ungünstig auf die Selbstwirksamkeit des Säuglings auswirken und zum unsicheren Bindungsmuster führen.[107]

In der Bahnhofshalle versucht ein etwa 8 Monate altes Kind, das in einem Buggy sitzt, seine Mutter durch Hin- und Herwippen sowie mit Blicken und Tönen dazu zu animieren, doch endlich zu ihm zu schauen. Doch Mama tippt sichtlich gestresst etwas in ihr Smartphone, bis sich das Kind schließlich weinend abwendet. Diese Szene, die letztlich durch einen älteren Herren, der plötzlich hinter seiner Zeitung auftaucht und sich mit schnalzenden Tönen und einem Lächeln dem Kind zuwendet, Entspannung erfährt, erinnert an das berühmte *Still Face Experiment*. Bei diesem Experiment hatten Forscher wie Edward Tronik und T. Berry Brazelton Mütter, die gerade noch mit ihrem Kind in Interaktion waren, dazu aufgefordert, mit einem plötzlich regungslosen Gesicht nicht mehr auf ihr Baby zu reagieren. Die Babys gerieten in großen Stress und versuchten mit Strampeln, Armbewegungen und schließlich Weinen die Zuwendung ihrer Mutter wiederzubekommen. Bei manchen Babys kam es zu Übererregungen, die sie selbst nicht regulieren konnten. Diese Kinder wendeten sich schließlich mit einem hoffnungslosen Blick ab, beendeten also den Versuch, weiter Blickkontakt aufzunehmen, und reagierten schließlich mit einem inneren Rückzug. Eltern, die abgelenkt auf ihr Handy schauen, reagieren anders auf ihr Kind, als es die Natur vorgesehen hat. Dabei suchen Kinder die Spiegelung ihrer Gefühle über Worte und Emotionen.[108] Vor diesem Hintergrund scheint es logisch, dass die Qualität der Verbindung zum Kind leidet, wenn Eltern immer wieder nicht für ihr Kind erreichbar sind. Dem Kind fehlt die Intensität der ungeteilten Aufmerksamkeit und es reagiert möglicherweise mit Verunsicherung, Ängsten und Rückzug. Auch bei eigentlich sicher gebundenen Säuglingen kann ein Stresserleben zum Beispiel dadurch entstehen, dass der rückversichernde Blickkontakt beim sozialen Referenzieren nicht besteht, weil die Aufmerksamkeit vom Smartphone absorbiert ist.[109]

Der *präverbale Dialog*, also die Sprache, über die wir mit unserem Körper in der Lage sind zu kommunizieren, hat eine fundamentale Bedeutung für die Zufriedenheit und Sicherheit von Kindern. Der französische Psychomotoriker Bernard Aucouturier spricht vom tonisch-emotionalen Dialog und die Begründerin der Marte-Meo-Videointeraktionsanalyse Maria Aarts, die diesen Dialog über 40 Jahre beobachtet und analysiert hat, spricht vom Social Dance. Wenn wir diesen Dialog in seiner besonderen Qualität für die Bindungserfahrung des Kindes leben wollen, verlangt dies die aktuelle Aufmerksamkeit für uns selbst und das Kind. Ablenkungen durch digitale Medien, denen Eltern immer wieder ausgesetzt sind – oder besser: denen sie sich aussetzen –, stellen die korrekte Interpretation der kindlichen Signale infrage und können Auswirkungen auf eine situative Über- bzw. Unterstimulation des Säuglings haben. Vor allem die Regulation von Emotionen hat hier ihren Ursprung und verlangt eben diesen feinnuancierten Dialog, zu dem wir nicht in der Lage sind, wenn wir gestresst sind oder wieder einmal versuchen, zwei Dinge gleichzeitig zu tun. Die Wahrscheinlich ist sehr hoch, dass eine Antwort der Eltern zeitverzögert stattfindet und sich eine echte Spiegelung und Regulierung des emotionalen Befindens des Säuglings unzureichend abzeichnet. Der präverbale Dialog benötigt, um ein hinreichendes gegenseitiges Verstehen zu erzeugen, eine Kontinuität im Erleben. Die Intensität und die damit verbundene Qualität bauen sich durch Zeiträume ungeteilter Aufmerksamkeit auf. Wenn diese immer wieder durch den Blick auf das Smartphone unterbrochen wird, ist es so, als würden uns in einem Gespräch unter Erwachsenen ganze Sätze verloren gehen und als wären wir nicht in der Lage, unser Gegenüber wirklich zu verstehen.[110] Auch der Elternratgeber SCHAU HIN gibt dazu präventive Hinweise:

> »Da die Jüngsten erste Medienerfahrung passiv erleben, liegt es in der Verantwortung der Eltern, darauf zu achten, ob das Baby unruhig wird, und für ausreichend Ruhe zu sorgen. Wichtig ist, dass Medien

nicht das direkte Miteinander stören und zum Beispiel vom Stillen oder Füttern ablenken.«[111]

Empathie will (vor-)gelebt sein

Das Bild von der Welt und dem eigenen Selbst entsteht im wechselseitigen Kontakt mit anderen. Vor diesem Hintergrund sollten wir uns bewusst machen, welche Bedeutung die zwischenmenschliche Interaktion mit ihrer ungeteilten Aufmerksamkeit für den Selbstbildungsprozess des Säuglings und für seine intakte innere Welt darstellt. Wie beschrieben stellt die Erfahrungen der frühen Kommunikation, die viel über Gestik und Mimik stattfindet, eine intensive Verbindung zum Säugling her, die das Kind ab dem 8. oder 9. Monat dazu veranlasst, uns in sein Erleben mitzunehmen, indem es auf Gegenstände zeigt und »Da!« sagt. Es fordert uns aktiv zur Kommunikation auf oder folgt dem Blick von Mama und Papa. Es zeigt so: »Ich bin bei dir, weil du die Monate vorher immer bei mir warst.« Genau dieses Verhalten zeigen autistische Kinder nicht, da sie von sich aus von Geburt an nicht hinreichend mit ihren Eltern in einen wechselseitigen Dialog gehen können, obwohl sich die Eltern intensiv darum bemühten. So zeigen autistische Kinder auch keine Empathie, denn wir kommen nicht mit Empathie auf die Welt.

Die 3-jährige Lisa und ihr 4 Jahre alter Bruder Nick beobachten, wie ihre Mutter ein Überraschungsei zu den Äpfeln in den Obstkorb legt. Nun fordert diese Nick auf, kurz das Zimmer zu verlassen, um während seiner Abwesenheit das Überraschungsei in der Brotbox zu verstecken, was die 3-jährige Lisa aufmerksam beobachtet. Die Mutter fragt Lisa: »Was meinst du, wo Nick das Überraschungsei suchen wird?« Die Antwort ist verblüffend, denn Lisa zeigt auf die Brotbox und sagt: »Bei dem Brot!« Wie die meisten 3-Jährigen kann auch Lisa noch nicht die Perspektive von anderen einnehmen. Wenn wir jedoch das Experiment umdrehen und Nick die gleiche Frage stellen, wird er wohlmöglich lächeln und sagen, dass seine Schwester das Ei im Obstkorb suchen wird, da sie ja nicht mitbekommen hat, dass ihre Mutter das Ei nun in der Brotbox versteckt hat.[112] Dieses Beispiel zeigt eindrücklich, dass sich Empathie im Laufe des kindlichen Reifungsprozesses entwickelt und wie wertvoll und somit wichtig die frühe Interaktion mit dem Säugling und Kleinkind ist, damit seine innere Vorstellungskraft reift und es in einem zwischenmenschlichen Reifungsprozess lernt, sich in die Bedürfnisse und Gefühle von anderen hineinzuversetzen. Kinder, denen die Erfahrung fehlt, dass ihre Eltern auf ihre Gefühle eingehen, werden es vermutlich schwerer haben, da die Spiegelneuronen, die Mitgefühl ermöglichen, nicht hinreichend darin stimuliert wurden:[113] »Spiegelneuronen entwickeln sich nicht von allein, sie brauchen immer einen Partner.«[114]

Die Begleitung und Erziehung ihrer Kinder fordert Eltern neben Job und Organisation des Familienalltags auf eine besondere Art und Weise heraus. Nicht selten führt das Zusammenleben mit kleinen Kindern neben Glücksgefühlen, für die die kleinen Geister mit ihren Entwicklungsschritten sorgen können, auch zu stressigen oder sorgenvollen Momenten. Hier dient das Spiel mit unseren Kindern dazu, Zeiträume zu schaffen, in denen wir uns von unserem Alltag lösen und uns anderen Gesetzmäßigkeiten stellen. Rahmen oder Regeln für solche Zeiträume ergeben sich später, wenn die Kinder etwas älter sind, aus bestimmten Spielregeln oder Anleitungen. Doch schon zu Beginn der Eltern-Kind-Interaktion entspringen sie eben genau aus diesen so wertvollen interaktiven Momenten mit dem Säugling. Das Neugeborene zeigt von Beginn seines Lebens an ein großes Interesse an anderen Menschen. Es möchte seine Eltern, Großeltern oder Geschwister aber nicht nur sehen, sondern auch hören und mit ihnen spielen. Es freut sich, wenn sich ihre Gesichter ihm immer wieder zuwenden, dabei mit ihrer Mimik spielen und langsam ihre Stimme anheben. Aus diesem interaktiven Spiel heraus entwickeln sich zunehmend Varianten, die einen Versuch darstellen, einen gewissen Spannungsbogen oder – wir könnten auch sagen – eine Art Verbundenheit aufrechtzuerhalten.[115] So bedecken Eltern schon früh das Gesicht ihres Säuglings behutsam mit einem Tuch, um es im nächsten Moment wieder zu lüften. Eltern begleiten ihr Tun hier mit Tönen, die einen gewissen Spannungsbogen erzeugen, um den Säugling auf diesen besonderen Moment vorzubereiten, wenn ihr Gesicht wieder im Blickfeld erscheint. Sie übertreiben in diesen Spielen in ihrem mimischen, körperlichen und sprachlichen Ausdruck, doch aufgrund der ungeteilten Aufmerksamkeit, die in diesen Momenten vorherrscht, passen sie sich intuitiv an die noch begrenzten kommunikativen Fähigkeiten ihres Kindes an.

In einer *Gemeinsam Wachsen Gruppe*, die ich besuche, spielt eine Mutter, die aus Afghanistan kommt, mit ihrer 1,5-jährigen Tochter Verstecken. Sie bedeckt wie beschrieben ihr Kind mit einem leicht durchsichtigen Seidentuch und beginnt sofort zu lächeln, wenn ihre Tochter leicht den Kopf in ihre Richtung dreht. Im gleichen Moment lüftet sie das Tuch mit einem sanften »Huiiii!«, und das kleine Mädchen macht einen ähnlichen Ton, den die Mutter wie in einem Zwiegespräch wiederholt. Doch sie wiederholt nicht nur den Ton, sondern auch das Versteckspiel mit dem Tuch mit leichten Nuancen, um eine Art Spannungsbogen zu halten. Ähnliches kennen wir von dem Spiel »Der Schornsteinfeger geht die Treppe hoch, klingeling, klopfet an, guten Tag, kleiner Nasenmann«. Beim Fingerkrabbel- oder Guck-guck-Spiel bewirkt die Interaktion ein Selbsterleben von hoher Erregtheit voller Freude und Spannung und vielleicht auch mit einer Spur von Angst. Diesen Gefühlszustand, der in regelmäßigen Zyklen anschwillt und wieder abklingt, könnte das Kind in diesem Alter allein niemals erreichen, weder in der zyklischen Verlaufsform noch in der Intensität oder Einzigartigkeit. Objektiv gesehen handelt es sich um eine gemeinsame Schöpfung, in der das Wir, das Selbst und das Andere intensiv erlebt werden.[116]

Vor dem Hintergrund der Beschreibungen des renommierten amerikanischen Psychologen Daniel Stern nutze ich diese Spiele auch immer wieder, um Kontakt zu autistischen Kindern aufzubauen. Bohdi ist in Indien geboren, 3 Jahre alt und zeigt keinen Blickkontakt oder das Bedürfnis, mit anderen in Kontakt zu treten. Bei einem Hausbesuch beobachte ich ihn eine ganze Weile, bevor ich ein kleines Nilpferd mit den Worten »Eins, – Zwei, – Drei, – Vier, – Hopp!« und dieser gewissen Vorhersehbarkeit auf ihn zu bewege. Genau in dem Moment, als die Nasenspitze seinen Bauch berührt, lacht Bohdi auf und fordert mich durch eine zarte Bewegung seines Körpers nach vorn sowie durch seine Mimik auf, dieses kleine Spiel zu wiederholen. Seine Eltern freuen sich über diese Reaktion, und ihre Enttäuschung, die sie gerade noch erlebt hatten, weil er sonst gar nicht auf Ansprache reagiert, ist für einen Moment in den Hintergrund getreten. Dann setzt sich Bohdis Mutter direkt neben ihn aufs Sofa und nimmt seine linke Hand. Sie wandert mit ihren Fingern in einem ähnlichen Rhythmus und Tempo wie vorher das Nilpferd Bohdis Arm hinauf, bis sie ihn leicht unter der Achsel kitzelt. Doch sie läuft mit ihren Fingern nicht einfach Bohdis Arm hinauf, sondern sie ist dabei für seine Initiativen aufmerksam, die er über seine Augen zeigt. In beiden Beispielen zeigt sich, dass diese frühkindlichen Spiele in allen Kulturen ihre Bedeutung haben und die Spielidee sich in der Interaktion mit dem Kind entwickelt: »Bei diesen Spielen geht es darum, einen Rhythmus zwischen dem Erwachsenen und dem Kind herzustellen, gepaart mit einem kleinen Überraschungseffekt.«[117]

Auch andere Spiele wie das Guck-guck-, Versteck- oder Fangspiel werden auf der ganzen Welt von Eltern und Kindern gespielt. Bis zu einem Alter von einem Jahr geht die Initiative für dieses Spiel überwiegend von den Eltern aus. In den folgenden Monaten übernimmt jedoch das Kind zunehmend die aktive Rolle, und mit etwa 2 Jahren beginnen die Kinder, sich aktiv zu verstecken.[118] Etwa mit dem Beginn der Mobilität, die mit dem zunehmenden Gefühl von Autonomie verbunden ist, erlebt das Kind dann auch die Angst, die Eltern verlieren zu können. Vor diesem

Hintergrund drehen sich viele Kinder um, wenn sie sich krabbelnd von ihren Eltern entfernen. Um das 2. Lebensjahr versteckt sich das Kind immer an der gleichen Stelle, um auch wirklich von Mama oder Papa gefunden zu werden. Doch die kleinen Geister entwickeln auch Spiele jenseits des eigenen Versteckspiels, die diese Verlustangst symbolisieren und ihnen letztlich behilflich sind, diese Ängste zu überwinden.

So lässt die kleine Frida, die in der Krippe noch Schwierigkeiten hat, ihre Eltern gehen zu lassen, im Spiel immer wieder eine Flasche hinter eine Kiste fallen und schaut die Erzieherin an, die mit den Worten »Oooh, schon wieder ist die Flasche weg!« reagiert. Ein anderes Kind, das sich mittlerweile an dem Spiel beteiligt, nimmt die Flasche weg, woran sich die beiden Kinder gemeinsam erfreuen, und die Erzieherin sagt: »Und wieder da, die Flasche!« Ohne es zu wissen, arbeitet Frida an ihrer Objektpermanenz, also an der Kompetenz zu wissen, dass Gegenstände auch weiter existieren, wenn man sie gerade in diesem Moment nicht sehen kann. Mit diesem Spiel, das sich letztlich auch mit Verstecken und Fangen abwechselt, gelingt es Frida in der Folge, besser ihre Eltern gehen zu lassen, da sie diese Erfahrung auf die Existenz übertragen kann, wenn diese wie jeden Tag gegangen sind.

Das Vater-Mutter-Kind-Spiel ist ein Spiel, in dem sich die Kinder ihre Eltern in Abwesenheit herbeifantasieren, um die Abwesenheit besser aushalten zu können. Beim Verstecken und Weglaufen geht es hingegen auch um die Überprüfung, ob das Kind weiter wichtig ist, von seinen Eltern ausreichend wahrgenommen wird. So laufen Marie, Max und Tarek immer mal wieder weg, wenn sie von ihren Eltern aus der Kita abgeholt werden sollen. Sie bringen hiermit ihr inneres Bewegtsein zum Ausdruck. In dem Moment, in dem Kinder ihre Eltern sehen, wird ihnen erst bewusst, dass sie über einen längeren Zeitraum ohne sie waren, und sie laufen in der Hoffnung davon, von den Eltern gefangen und geherzt zu werden: »Zeig mir, dass ich dir wichtig bin, obwohl ich viele Stunden ohne dich sein musste!«

Kompensation: Der 6-jährige Tarek sorgt in der Kita immer wieder für Konflikte, indem er andere Kinder scheinbar grundlos schlägt. In meiner Beobachtung wird deutlich, dass er sich anscheinend viel mit digitalen Medien beschäftigt, da er eine Sprache verwendet, die dort ihren Ursprung hat. Ein junger Erzieher, der sich selbst gut mit digitalen Medien auskennt, bestätigt sofort meinen Eindruck und kann die Spiele aufzählen, die in Tareks Leben eine große Rolle zu spielen scheinen. Im Elterngespräch berichtet die alleinerziehende Mutter, dass sie aus beruflichen Verpflichtungen fast den ganzen Tag, auch wenn Tarek am Abend zu Hause ist, im Homeoffice ist und sie es ehrlich gesagt genießt, dass Tarek sich nach der Kita mit dem Tablet beschäftigen kann. Sie ist genervt davon, dass ihr Sohn mit seinen 6 Jahren immer wieder Weglaufen oder Verstecken spielen will. Da es auch viel Streit zwischen den beiden gibt, rege ich an, dieses Weglaufen oder Verstecken als ein Spiel zu begreifen, in dem Tarek versucht, einen kooperativen Kontakt zu ihr herzustellen, auch wenn sie es zunächst gar nicht als kooperativ erlebt. Als der Mutter die Bedeutung des Spiels deutlich wird, kommen ihr die Tränen und ihr wird auch klar, dass es keine oder kaum Zeiträume von Übereinstimmung gibt. Sich dem Angebot ihres Sohns gegenüber kooperativ und spielerisch zu zeigen und ihn zu fangen oder intensiv zu suchen, wenn er sich versteckt, kann der Einstieg in eine Kommunikation der Verbundenheit sein, die ansonsten so nicht geteilt werden kann. Aus diesem Gefühl von Verbundenheit erhält ein Kind nicht nur eine Verbundenheit zu seinen Eltern, sondern auch zu ihren Vorstellungen, Gewohnheiten und den Regeln, die sie setzen, wie wir noch ausführlicher lesen werden. Insbesondere körperbetonte Spiele wie Verstecken und Fangen, die weltweit auf sehr ähnliche Weise gespielt werden, sind keine erdachten Spiele, sondern aus den Empfindungen entstanden, sich der Existenz des Gegenübers rückzuversichern. Auf weitere Körperspiele, bei denen es Kindern darum geht, sich stärker ihrer selbst bzw. bestimmten Unsicherheiten und Ängsten gegenüber rückzuversichern, komme ich noch zu sprechen.

Der Realität den Rücken kehren: Das Zusammenleben mit Kindern war auch schon vor dem Einfluss digitaler Medien durch häufige Handlungsabbrüche geprägt. Ein Kind sucht genau in dem Moment Aufmerksamkeit, in dem wir uns gerade einer anderen Aufgabe widmen wollen, oder wir fordern es auf, sich auf das Essen zu konzentrieren, während es gerade aufmerksam einen Käfer beobachtet, der die Wand entlangkrabbelt. Dann gibt es noch die Momente, bei denen die Vorstellungen davon, wann was zu passieren hat, schon sehr früh auseinander gehen können, sodass wir uns nach Momenten der Übereinstimmung und Verbundenheit sehnen. Nun sind es genau die zuvor beschriebenen Momente des Miteinanderspielens, die die Qualität haben, der Alltagsrealität den Rücken zu kehren, um eine Übereinstimmung zum Kind und somit eine tiefe Verbundenheit herzustellen. Wenn es diese Übereinstimmung zu selten gibt, diese frühe Kommunikation an Momenten der inneren Verbundenheit fehlt, kann sich das auf die innere Welt, die Autonomieentwicklung, das Spiel und Explorationsverhalten eines Kindes auswirken.[119]

Das gemeinsame Spiel bietet einen optimalen Erfahrungsraum, indem ein Kind lernt, wie man im gemeinsamen Aufmerksamkeitsfokus kooperiert, auch wenn es gegensätzlich handelt, wie beim Spiel mit dem Turm:[120] Mama oder Papa bauen den Turm auf – das Kind stößt ihn um. Es zeigt damit, dass es verschieden von seinen Eltern existiert, durchaus andere Vorstellungen hat. Da diese Handlung aber ein Spiel ist, das auch seine Eltern genießen, da sie es mit ihm zum wiederholten Male und mit Leidenschaft sowie ungeteilter Aufmerksamkeit spielen, geht es allen dabei gut. Vielleicht liegt hierin die besondere Qualität des Spiels. Es ist jenseits der Realität – oder sollte es zumindest sein – und stellt so eine Chance dar, den Turbulenzen des Alltags zu entfliehen.

Der Gelegenheit Raum geben: Der renommierte Kinder- und Jugendpsychiater Karl-Heinz Brisch, der sich intensiv mit dem Thema frühkindlicher Bindung beschäftigt, beschreibt eine Szene, die er im Zug beobachtet hat. Ein etwa 3-jähriges Mädchen, das ihrem Vater gegenübersitzt, packt einen Koffer aus, aus dem sie etwas Spielzeug sowie ein paar Buntstifte holt. Im Anschluss fragt sie ihren Vater, der mit seinem Smartphone beschäftigt ist: »Wollen wir malen?«, worauf dieser nicht reagiert. Das kleine Mädchen wiederholt ihre Frage: »Papa, wollen wir malen? Hast du auch Lust zu malen?« Keine Reaktion. Doch nach einer Weile gibt der Vater seiner Tochter sein Smartphone und sagt: »Schau mal, hier kannst du spielen!«, worauf das Mädchen das Smartphone zur Seite schiebt und entgegnet: »Willst du wirklich nicht malen?« Der Vater öffnet allerdings unbeirrt ein Spiel auf dem Smartphone, dem sich das Mädchen irgendwann dann auch widmet, jedoch ohne dass der Vater in der Folge daran Anteil nimmt. Brisch sieht hierin eine verpasste Chance, in der ein Kind seinen Vater zum Spiel einlädt, aber letztlich möglicherweise lernt: Wenn ich in irgendeiner Form mit Papa in Beziehung sein will, dann geht das nur über das Smartphone.[121]

Vor allem die Momente, mit denen wir mit unseren Kindern warten oder reisen, sollten wir nutzen, um in Kontakt zu sein. Es ist eine wichtige Zeit, die nie wieder kommt und deren Kostbarkeit wir uns oft nicht hinreichend bewusst sind. Ebenfalls im Zug beobachte ich gerade eine junge Mutter, die ihrem etwa 1,5-jährigen Sohn ein Buch vorliest bzw. sich dieses mit ihm anschaut. Sie hält mit einer Hand das Bilderbuch und hat die andere Hand am Bauch ihres Sohnes, der auf ihrem Schoß sitzt. Der Junge blättert, während seine Mutter ihn ganz ruhig und aufmerksam beobachtet. Dann zeigt er auf etwas im Buch und schaut seine Mutter an, die mit den Worten »Aaah, ein Feuerwehrauto!« antwortet. Der Kleine schaut nun für einen Moment erneut auf das Feuerwehrauto, als wenn er das Wort in sich nachklingen lässt, bevor er auf etwas anderes zeigt, was mir aus meiner Perspektive verborgen bleibt. »Ahhh, ein Müllauto!«, sagt die Mutter, während ihr Sohn in die Richtung schaut, in die er gerade gezeigt hat. Wieder ergibt sich der Eindruck, als lasse er das Wort »Müllauto« in sich wirken, während er wahrscheinlich auf das orangefarbene Auto schaut. Dann blättert er mit seinen kleinen Fingern einige Seiten weiter, bis er ein Flugzeug entdeckt, darauf zeigt und von Mama die Worte »Ein Flugzeug!« erhält.

In dieser wunderbaren Szene folgt die Mutter den Initiativen ihres Kindes und gibt ihm das Gefühl, wichtig zu sein und gesehen zu werden. Durch das benennen der Objekte, auf die der Junge zeigt, macht er die Erfahrung der Selbstwirksamkeit und bekommt Worte und Bedeutungen für die einzelnen Objekte im Buch. Die Mutter benennt nicht nur die Objekte, sondern geht auch emotional zu den einzelnen Bildern in Resonanz. Hierdurch spürt ihr Kind eine Gemeinsamkeit voller Geborgenheit und Sicherheit.[122] Während der Kleine weiter im Buch blättert, nimmt sich Mama zurück und wartet ab, bis er die nächste Seite aufschlägt. Sie gibt ihm hier Raum und macht ihn somit zum Akteur, der über die Art und Weise entscheidet, wie das Buch betrachtet wird. »Immer wieder weisen Forscher*innen darauf hin, wie wichtig es von Anfang an für die Entwicklung des Selbst ist, die Erfahrung zu machen, eine handelnde Person zu sein, d.h. etwas zu bewirken, zu verursachen.«[123]

Irgendwann sagt die Mutter: »Oh, ich habe etwas Hunger. Ich nehme mir mal einen Keks!« Ihr Sohn schaut sie daraufhin an und sie fragt ihn, der offensichtlich noch nicht sprechen kann: »Möchtest du auch einen?« Er nickt und Mama sieht dieses Nicken als Aufforderung oder Ja an, um ihm nun auch einen Keks zu geben. Dann zeigt der Junge nach draußen, als wir gerade an einer Kirche vorbeifahren, und natürlich sagt Mama: »Jaaa, eine Kirche!«

Diese Mutter ist gerade wirklich im Hier und Jetzt. Sie ist wirklich anwesend und schenkt ihrem Kind ihre ungeteilte Aufmerksamkeit, ohne sich dabei selbst zu vergessen. Als sie über ihren Hunger und den Keks spricht, benennt sie ihre eigenen Bedürfnisse und Handlungen, ohne dabei die feinen, kommunikativen Initiativen ihres Sohnes zu übersehen. Auch wenn zwischen den beiden etwa 30 Jahre Altersunterscheid sind, ist es ein Dialog auf Augenhöhe, in dem beide in ihren Möglichkeiten vom Gegenüber wahrgenommen werden. So gibt es auch viele Übereinstimmungen, durch die sich ein gegenseitiges Verständnis entwickelt. Nach meiner Erfahrung schafft die Mutter hier durch diese ungeteilte Aufmerksamkeit im öffentlichen Raum, in der es nur ihren Sohn, das Buch, den Keks, sich selbst sowie das Rauschen des ICE zu geben scheint, die Grundlagen für eine gute Verbindung zu ihrem Kind. Neben den Selbstwirksamkeitserfahrungen, die ihr Sohn hier macht, erarbeitet sie die Grundlage für Kommunikation und Verstehen, die ihr in Momenten, in denen sie ihn begrenzen muss, helfen werden, ebenfalls verstanden zu werden.

> »Vorlesen und Geschichten erzählen, das wünschen sich Kinder von ihren Eltern. So können sie gemeinsam in Fantasiewelten eintauchen und das erzählte weiterspinnen. Geschichten werfen Fragen auf und bieten Anlass zum Gespräch, laden zum Nachdenken ein und regen zum Weiterdenken an.« [124]

Das Vorlesen und Erzählen von Geschichten regt die innere Welt eines Kindes an, da es eigene Vorstellungen entwickeln muss, wie die Protagonist*innen aussehen oder auch die Landschaft, in der die Szene spielt. Wir kennen alle die Enttäuschung oder Irritation, die wir erleben, wenn wir ins Kino gehen und die Verfilmung eines Buchs anschauen, das wir gelesen haben. Kinder verbringen gerade im Rollenspiel viel Zeit in dieser inneren Welt und sind so in der Lage, Erlebtes oder Gehörtes weiterzuentwickeln oder zu verändern.

Rituale leben: Wenn wir uns die eben geschilderte wunderbare Szene vor Augen führen, die jetzt für mich ein Ende nimmt, da die Mutter mit ihrem Sohn aussteigen muss, können wir uns fragen, ob diese Kommunikation durch ein Gespräch mit anderen oder durch ein Handy unterbrochen oder gestört werden muss. – Nein, auf keinen Fall! Denn wenn wir ehrlich sind, ist eine Kommunikation auf Augenhöhe, bei dem alle sie selbst sein können, ein menschliches Grundbedürfnis und wertvolles Gut auch zwischen Erwachsenen. Die Kommunikation mit nicht anwesenden Personen, auch via Videocall, kann nicht in der gleichen sensiblen, einfühlsamen und regulierenden Art und Weise stattfinden. Zwischenmenschliche Austauschprozesse brauchen im doppelten Sinne absolute Präsenz.

Natürlich ist die Kommunikation mit beispielsweise der guten Freundin, die auch gerade Mutter geworden ist, in Momenten, in denen wir uns mit dem Kind oder den Kindern allein fühlen, sehr wichtig. Natürlich erleben wir diese Kommunikation mit einem Erwachsenen da eher auf Augenhöhe als mit unserem Kind, das noch nichts zu verstehen scheint und dessen Verhaltensweisen, wie zum Beispiel Quengeln, anstrengend und oft nicht zu verstehen sind. Hier fühlt sich genau die Kommunikation über WhatsApp mit Freund*innen, Müttern, Vätern, die Freud und Leid teilen, als die Übereinstimmung an, die wir dann suchen. Da kann das Pling des Handys wie eine Erlösung klingen und das ist auch verständlich, menschlich, okay. Doch es scheint mir klug und reflektiert, diese beiden Kommunikationslinien sauber voneinander zu trennen, um kurz- und langfristig unserem Kind, unseren Freund*innen, unseren Partner*innen und uns selbst wirklich gerecht zu werden. Nicht alles auf einmal, sondern eins nach dem anderen. Multitasking geht immer mit dem Verlust von Aufmerksamkeit einher.

Diese Momente haben wir als Eltern, aber auch unsere Kinder schon sehr oft erlebt, beispielsweise wenn wir kochen, während wir das Baby im Tragetuch mit uns führen. Diese Momente gehören zwangsläufig dazu, doch wir sollten die Anzahl dieser Multitaskingmomente mit dem Säugling nicht noch erhöhen, wenn es sich um Aktivitäten handelt, die wir verschieben können. Ein paar Monate später sitzt das Baby sogar vielleicht schon im Hochstuhl oder liegt auf dem Fußboden und genießt es, in Gegenwart seiner Eltern zu sein und sich mit einem Löffel, Tuch oder Töpfen zu beschäftigen, während diese kochen oder die Spülmaschine einräumen. Wenn ein Kind als Neugeborenes immer wieder Momente der ungeteilten Aufmerksamkeit erfahren konnte und somit sicher gebunden ist, erlebt es jetzt allein die Anwesenheit der Eltern, die immer mal wieder zu ihm herüberschauen, um ein Gefühl der Geborgenheit vermitteln, als ausreichend. Doch es ist weiter sehr wichtig, Momente zu schaffen, in denen das Kind diese ihm vertraute, ungeteilte Aufmerksamkeit erhält. In einer Gesellschaft, die geprägt ist von Aktivitäten, Terminen, Verpflichtungen und dem regelmäßigen Blick aufs Handy, sollten wir das Bedürfnis unserer Kinder nach Geborgenheit nicht aus den Augen verlieren. So ist es zwingend nötig, Zeiträume zu schaffen, die frei sind vom Blick aufs Handy oder anderen Aktivitäten.

In meinem Buch *Von der Ohnmacht zur Handlungskompetenz* schlage ich ein Ritual mit einer Wasserkaraffe vor.[125] Dabei geht es eigentlich um Familien, deren Kinder große Probleme damit haben, sich selbst zu regulieren: Man nimmt sich ein Karaffe Wasser, setzt sich zum spielenden Kind und trinkt das Wasser aus. Der Wasserpegel in der Karaffe hat hier die gleiche Funktion wie eine Sanduhr und signalisiert dem Kind: Solange Wasser in der Karaffe ist, sind Papa oder Mama ganz für mich da, denn auch das Handy ist an diesem Ort der Entwicklungsbegleitung ein Tabu. In den meisten Familien ergeben sich solche Momente von allein und es ist wichtig, sich der Qualität dieser Zeiträume bewusst zu werden. Jedes Kind genießt es, wenn wir uns immer mal wieder Zeit nehmen und uns ihm uneingeschränkt zuwenden.

Ich bewundere dein Spiel: Aus der zugewandten und haltenden Beziehung der Eltern zu ihrem Säugling entsteht das Vertrauen in sich selbst sowie die Fähigkeit, innere Bilder aufzubauen und in ihnen zu denken. Aus diesen inneren Vorstellungen entsteht später auch die Fähigkeit zum symbolischen Spiel und somit die Qualität des kreativen und schöpferischen Handelns.[126] Das Einfühlen ist letztlich auch eine wichtige Grundlage, um mit anderen Kindern innere Bilder zu teilen, was besonders in gemeinsamen Rollenspielen deutlich wird. Das Rollenspiel oder symbolische Spielen hilft Kindern, den Interessen und Regeln, die ihm noch fremd sind, ein Stück zu entfliehen. Das symbolische Spiel dient der Selbstregulation, denn das Kind muss sich darin nicht der Wirklichkeit anpassen, sondern es passt die Wirklichkeit an seine Vorstellungen an.[127] Hier lernen Kinder ein hohes Maß an sozialem Verstehen und erwerben die Fähigkeit, sich gut selbst regulieren zu können – eine Fähigkeit, die autistischen Kindern und denen, die nicht sicher gebunden sind, oft fehlt. Autistische Kinder sind nicht sicher gebunden, da sie die Zuwendung ihrer Eltern nicht hinreichend in sich aufnehmen können.

Kinder genießen es, wenn wir sie beim Spielen aufmerksam beobachten und Worte für ihre Handlungen finden. Ab etwa 3 Jahren suchen sie auch Momente, in denen sie für sich allein spielen und sich im Spiel dem Einfluss der Eltern entziehen können, um eigenen Gedanken und Fantasien nachzugehen, genießen die Aufmerksamkeit ihrer Eltern jedoch weiterhin. In den Momenten jedoch, die wir mit unseren Kindern teilen, sollten wir auch wirklich präsent sein: »Wenn Eltern mit ihren Kindern spielen, sollten sie sich ganz auf das Kind und das Spielen fokussieren und möglichst vermeiden, gleichzeitig noch etwas anderes zu tun – davon profitiert dann auch das zukünftige Spielverhalten der Kinder.«[128]

Robin sitzt mit seiner Mutter und Jan, einem befreundeten Kind, auf dem Boden und sie spielen *Memory*; ein Spiel, in dem Robin, der die Diagnose Autismus hat, seine besondere visuelle Auffassungsgabe ausspielen kann. Er deckt eine Giraffe auf und ruft laut: »Ich habe eine Giraffe!« Seine Mutter reagiert auf seine Handlung jubelnd mit nach oben gerissenen Armen: »Jaaaah, eine Giraffe!« Robin schaut sie daraufhin kurz an und seine besondere Verbundenheit zu ihr wird deutlich. Als sie dann fragt, wo die zweite Giraffe ist, reagiert er nicht, sondern sagt: »Jetzt ist Jan dran!« Nach Jans Aufdecken, der das Spiel richtig umsetzt, greift Robin wieder zu derselben Karte wie beim ersten Mal und wiederholt fast identisch seine Worte von eben: »Ich habe eine Giraffe!« Er schaut dabei sofort seine

Mutter in der Erwartung an, sie wieder jubeln zu sehen. Sie tut ihm den Gefallen und jubelt erneut über seinen Erfolg, die Giraffe gefunden zu haben. – Es ist schön zu beobachten, wie Robins Mutter ihn zwar immer wieder dazu auffordert, auch die zweite Karte zu suchen, was dieser jedoch jedes Mal verneint, sich aber trotzdem über das Aufdecken der Giraffe freut. Robin scheint es genau auf diesen Moment anzukommen, denn hier spürt er eine absolute Verbundenheit zu seiner Mutter. Dieser Moment ist für ihn ein wunderbares Erlebnis. Er steht in einem deutlichen Kontrast zu vielen Auseinandersetzungen, die es mit ihm gibt, wenn er Erwartungen, die an ihn gerichtet werden, nicht erfüllt. Der Mutter von Robin ist es unabhängig von diesem Beispiel gelungen, die Aufmerksamkeit ihres Sohns zu gewinnen und ihn Stück für Stück aus seiner Selbstbezogenheit zu lösen, da sie sich immer wieder aktiv zu seinen Interessen und Initiativen in Beziehung setzt. Das Spiel mit der Giraffe und die Art und Weise, wie Robin es jenseits der Regeln immer wieder für sich einfordert, erinnert an klassische Spiele von Kleinkindern, bei denen diese ihre Eltern durch ein deutliches »Nochmal!« immer wieder zur Wiederholung auffordern. Eltern und pädagogische Fachkräfte entgehen manchmal jedoch solchen Versuchen autistischer Kinder, gerade wenn sie noch sehr zaghaft sind und nicht so deutlich gezeigt werden wie bei Robin. Während ich allerdings Robins Mutter beobachte, bin ich mir ziemlich sicher, dass sie auch die zaghaften Momente wahrgenommen und darauf reagiert hat. Durch ihre Reaktion – und das zeigt sie in diesem Beispiel sehr deutlich – macht sie die kommunikativen Initiativen ihres Sohnes größer und gibt ihnen mehr Bedeutung.

Das kindliche Spiel

Vom Symbol zum Rollenspiel: Eine besondere Qualität von Kindern scheint die Fähigkeit zu sein, Gegenstände verwandeln und ihnen eine andere

Funktion zuteilen zu können. Da dient ein länglicher Legostein als Löffel, um den Teddy zu füttern, oder ein Bauklotz verwandelt sich in ein Handy, das ans Ohr gehalten wird. Kinder müssen hier jedoch über die Fähigkeit verfügen, sich das Handy in seiner Abwesenheit vorstellen zu können. So schiebt Julius ein kleines Feuerwehrauto am Boden entlang und macht dabei Töne, die deutlich machen, wie sich dieses Fahrzeug mithilfe des Motors bewegt. Als ein Erzieher sagt: »Aaah, ein Feuerwehrauto!«, schaut Julius kurz hoch und antwortet dann: »Ja, es brennt – Tatü-Tata, Tatü-Tata!«, und schiebt das Auto in Windeseile zu einer Holzkiste, die ihm nun als Haus zu dienen scheint. Er macht am Auto eine kurbelnde Bewegung und ruft: »Wasser marsch!«, als er den Brand löscht. Während dieses engagierten Spiels nimmt er immer wieder Blickkontakt zum Erzieher auf, als wolle er sagen: Siehst du, was ich tue? Eine wesentliche Bedeutung dieses Spiels liegt darin, verschiedene äußere und innere Eindrücke des Lebens auszudrücken und zu bearbeiten. Im Spiel wird die kindliche Fantasie mit der Realität in Verbindung gebracht und auch verändert. In dieser intensiven Auseinandersetzung zwischen innerer und äußerer Welt reifen Kreativität und Vorstellungskraft.[129] Beim Rollenspiel spielen Kinder hingegen beispielsweise ein Tier, eine Ärztin oder sind Vater, Mutter oder Kind. Hier steht in der Regel die Rolle im Vordergrund und nicht der Gegenstand, wie beim symbolischen Spiel. Gerade im Rollenspiel lassen sich für Kinder innere Konflikte verarbeiten, indem sie Dinge so verändern, dass ihr inneres Weltbild wieder passt: »Das Spiel und die darin vorkommenden Geschichten sind der Schlüssel zur Seele und eröffnen neue, kreative Räume des Denkens.«[130]

Körpererfahrung: Vielen autistischen Kindern, die ihren Körper nicht gut spüren und sich nicht gut zu anderen Kindern in Beziehung setzen können, geht es wie folgt:

> »Über den Körper vollzieht sich die Fühlungsnahme mit der Welt. Der Mensch erfährt und begreift die Welt über seinen Körper, nimmt sie

> über seine Sinne wahr und in sich auf, wird über seinen Körper in ihr tätig. Der Körper ist Bezugs- und Orientierungspunkt in der Welt: Hier bin ich und dort ist der andere. Verliert der Mensch den Bezug zu seinem Körper, verliert er sein Gefühl für sich selbst und steht der Welt entfremdet gegenüber.«[131]

So läuft Hugo wie ein Fremder durch die Kita und interessiert sich nur für visuelle Reize und Objekte – Menschen ignoriert er. Als sich die pädagogischen Fachkräfte jedoch immer wieder zu seinen intensiven Bewegungen wie Laufen, Rutschen und Springen in Beziehung – oder noch besser gesagt: in Resonanz – setzen, beginnt er irgendwann dabei zu lächeln. Schon 4 Wochen später reagiert Hugo mit dem triangulären Blick und 3 Monate später versucht er selbst die Resonanzmomente zu provozieren, indem er nicht mehr ziellos wegläuft, sondern sich dabei umdreht und überprüft, ob ihm auch wirklich jemand folgt. Dieses Fangen beginnt er in der Folge sogar mit anderen Kindern zu teilen, für die er jetzt auch erlebbar wird. Dieses Spielen hat wie beschrieben eher psychomotorische Bedeutung: Kinder spielen mit der Nähe und Distanz zu anderen Kindern oder Erwachsenen, sie gehen über den Körper in Resonanz zu anderen und andere zu ihnen. Fangen ist eines der Spiele der Rückversicherung über den Körper in Bezug auf den Kontakt und die Bedeutung für andere.

Es gibt weitere Spiele mit dem Körper, die alle Kinder auf der ganzen Welt spielen, über die sie sich versuchen rückzuversichern. Denn wenn ein Kind auf die Welt kommt, wirkt das erste Mal die Schwerkraft auf den kleinen Körper ein und das Kind zeigt durch den Moro-Reflex eine Reaktion auf seine Angst vor dem Fallen. Durch die Zuwendung der Eltern, indem sie es auf dem Arm halten und ihm somit Halt geben, sowie sogenannte tonisch-emotionale Resonanzen verliert das Kind zunächst dann auch die Angst vor dem Fallen. Wenn es sich jedoch später (oft ab dem 6. bis 8. Monat) mittels Robben, Rollen oder Krabbeln von den Eltern fortbewegt, taucht diese Angst vor dem Fallen wieder auf, da das Kind in diesen Momenten auf sich allein gestellt ist und die Nähe zu seinen Eltern nicht direkt spürt. Kinder fangen dann unbewusst – manchmal auch zusammen mit ihren Eltern – an, Spiele zu spielen, um ihre Angst vor dem Fallen zu überwinden. So werfen Eltern ihre Kinder hoch und fangen sie wieder auf, spielen *Hoppe, Hoppe, Reiter* oder Kinder lassen sich beim Laufen lernen gern plumpsen oder lieben es, in dieser Zeit eine schiefe Ebene hoch und runter zu laufen. Noch etwas später kommt das Springen und Rutschen hinzu und letztendlich das Sich-fallen-Lassen.

Die meisten Spiele mit dem Körper, wie Drehen, Klettern, Rennen oder durch Tunnel Krabbeln, sind sensomotorische Spiele, bei denen es darum geht, sinnliche Erfahrungen in unterschiedlicher Qualität zu machen. Über diese Spiele strukturiert sich auch das eigene Körperbild und die Beziehung zu den Beschaffenheiten von Materialien. Kinder lernen über ihre motorischen Aktivitäten nicht nur, ihre Geschicklichkeit zu verbessern, sondern auch eine Beziehung zu sich selbst sowie zur personellen und dinglichen Umwelt aufzubauen.[132] – Nachdem ich etwa 2 Stunden im Hotel gesessen und diese Zeilen geschrieben habe, klemmen meine Gedanken ein wenig. Ich mache einen Spaziergang und mir fallen genau die letzten beiden Sätze ein. Das häufige Sitzen vor dem Bildschirm, ob jung oder alt, kann sich nicht nur auf unseren Körper auswirken, es hält auch nicht die gleichen Eindrücke bereit, die wir in der Bewegung sammeln können. Denn während ich nun in Hamburg durch die Ditmar-Koel-Straße Richtung Hafen spaziere, liegt etwas Salzwasser in der Luft, und als ich ein Schiffshorn höre, kann ich das Schiff, obwohl ich nur von Häusern umgeben bin, doch vor meinem inneren Auge sehen.

Vom Spiel mit der Bewegungslust zur Schulreife: In der von Jean Piaget beschriebenen sensomotorischen Phase entdecken Kinder die Welt durch das Experimentieren nur mit dem Körper. Der komplette kindliche Reifungsprozess verläuft über die Lust an der Bewegung zur Lust am Handeln und letztlich zur Lust am Denken. Wenn man kleinen Kindern in der Krippe eine Geschichte vom Tiger erzählt, so geht dabei bei einzelnen noch der Mund auf und zu, weil sie bei der Geschichte so sehr mitfühlen, dass sie noch glauben, sie seien der Tiger. So verhält es sich auch, wenn das Krippenkind den Tiger spielt. Das Kitakind kann dagegen schon sagen: »Ich spiele den Tiger!«, und das Schulkind sagt: »Ich werde den Tiger spielen!« Dieser Prozess der inneren Distanznahme von der Bewegung über die Handlung zum Denken nennen wir *Dezentrierung*. Das Schulkind kann sagen: »Ich denke, also bin ich!« Die Dezentrierung können wir als die Kompetenz beschreiben, sich selbst handelnd zu sehen, also ein Bild, eine innere Repräsentation der eigenen Handlung zu haben. Den meisten Kindern, für die ich zur Beratung gerufen werde, ist dies nicht oder nur schwer möglich. Sie schöpfen die Erfahrung des Selbst nicht aus der eigenen Selbstwirksamkeit, sondern überwiegend aus dem Bedürfnis, vom Gegenüber gesehen zu werden. Da dies natürlich weder zu Hause noch in der Kita kontinuierlich möglich ist, entstehen aus ihrer existenziellen Suche nach Aufmerksamkeit viele Konflikte. Die Fähigkeit, das eigene Handeln beobachten zu können, heißt auch, eine Distanz gewinnen oder herstellen zu können zu einem rein emotionalen Welterleben.[133] Eine Grundvoraussetzung hierfür ist, sich in Bewegung wie in Bewegungslosigkeit bewusst erleben und sehen zu können.

Nun können wir uns die Frage stellen, ob es möglich ist, diese Grundkompetenzen zu entwickeln, wenn sich der Körper von Kindern wenig bewegt und sie eher auf Bilder schauen, die sich bewegen. Meine spontane Antwort: Nein, und die Berichte, die ich aus Schulen höre und die durch zahlreiche Studien untermauert werden, bestätigen diese Annahme. Vielen Kindern fällt es schwer, im Unterricht sitzen zu bleiben und sich auf einen Inhalt zu konzentrieren, mag er auch noch so gut von Lehrer*innen vorbereitet sein. So berichtete mir eine Lehrerin vom Vorlesen einer Weihnachtsgeschichte und stellte eine deutliche Veränderung heraus: Die meisten Kinder konnten dieser Geschichte nicht folgen und mussten immer wieder durch unterschiedliche Interventionen zur Geschichte zurückgeholt werden. Es waren dieselben Kinder, die noch im Morgenkreis von den Spielen und Filmen berichteten, die sie am Wochenende gespielt oder geschaut hatten. Es war gerade Winter und wen wundert es: Sie hatten überwiegend Medien konsumiert. Für das Verhalten der Kinder, das sie bei der Weihnachtsgeschichte zeigten und für das sie selbst natürlich nichts können, kann es freilich unterschiedliche Gründe geben. Manche Kinder können noch nicht sagen: »Ich denke, also bin ich!«, sie müssen sich immer wieder bewegen, um sich selbst zu spüren, anderen fällt es möglicherweise schwer, der Geschichte über innere Bilder zu folgen, da sie es gewohnt sind, sich Geschichten oder Handlungen eher über äußere Bilder zuzuführen. Am besagten Tag waren die Lehrerinnen zum Glück zu zweit und eine ging nur herum, um die Kinder wie eine Souffleuse über Berührungen und Töne wieder zur Geschichte zurückzuholen.

SPIELE, FILME, GAMES UND SOCIAL MEDIA

Ich möchte im Folgenden vor allem digitale Spiele analogen Spielmaterialien gegenüberstellen und einen Versuch unternehmen, die unterschiedlichen Qualitäten herauszustellen. Natürlich ist es hier nicht möglich, beide Bereiche in ihrer Komplexität zu erfassen. Da Kinder auch Filme und oft auch schon früh Social Media nutzen, werde ich auch darauf eingehen und auch Nutzer*innen der Generationen Z (1999–2010) und Alpha (2011–2025) von ihren Erfahrungen berichten lassen.

Wie bereits beschrieben hat die fein abgestimmte *Eltern-Kind-Interaktion* einen großen Einfluss auf die Entstehung von inneren Bildern. Interaktionen und Spiele, die zwischen Eltern und Kleinkind stattfinden und die von vielen Affekten und emotionalen Resonanzen begleitet werden, hinterlassen Gedächtnisspuren, auf die das Kind in seinem Spiel auf kreative Weise zurückgreift. *Innere Bilder*, die sich im kindlichen Spielverhalten oft über das symbolische Spiel oder das Rollenspiel ausdrücken, sind ein wichtiges Medium, um sich selbst regulieren zu können und einen Ausgleich zu schaffen. Das Kind findet ein emotionales Gleichgewicht, da es sich im Spiel nicht an die Realität anpassen muss, sondern eine Welt und Handlungen erschafft, die sich an die eigenen Vorstellungen, Bedürfnisse und Empfindungen anpassen.

So sagt der 2,5-jährige Jakob immer wieder »Fluzeuk«, während er mich interessiert anschaut und auf ein Flugzeug zeigt, das er in der Krippe auf einem Bild an der Wand sieht. Nun finden die Erzieherinnen gerade jedoch nicht das Spielzeugflugzeug, um es ihm, der davon gerade so fasziniert ist, zur Verfügung zu stellen. Doch Jakob braucht es gar nicht, er breitet augenblicklich seine Arme aus und macht mit seinem Mund die Turbinen eines Flugzeugs nach, während er durch die Krippengruppe geht – oder in seiner Vorstellung fliegt. Er spielt ein Ereignis nach, das noch in ihm arbeitet, denn er ist am Vortag mit seinen Eltern in einem »Fluzeuk«, wie er sagt, aus dem Urlaub nach Hause geflogen. Dieses *Flugzeug-Spielen* ist eine Möglichkeit, die Ereignisse, die das Kind noch aktuell beschäftigen, auszudrücken und zu verarbeiten. Es ist ein Spiel, das keinen Regeln folgt, sondern sich aus den Eindrücken ergibt, die noch am Tag vorher auf Jakob eingewirkt haben. Er braucht für dieses Spiel auch nur seine Arme, die die Flügel symbolisieren, seine Beine, damit sich das Flugzeug durch den Raum bewegen kann, und seinen Mund, mit dem er das Geräusch der Turbinen simuliert. Es hat ihm auch niemand gesagt, wie er dieses Flugzeug nachspielen kann, die Idee zu diesem Spiel entsteht aus den Eindrücken, die sich in seinem Körper als innere Bilder abbilden und die Jakob wie selbstverständlich mit seinem Körper ausdrückt. Es ist eine Möglichkeit, sich jenseits der Sprache auszudrücken, die wiederum anderen Kindern in der Kita die Chance gibt, Anschluss herzustellen.

So wie bei Lisa, die ihre Puppe in ein kleines Tuch gehüllt durch den Raum trägt. Möglicherweise trägt sie ihre Puppe so, wie sie sich von ihren Eltern getragen fühlt, und stellt auf diese Weise eine Verbindung zu Anna her, die sich ihrem Spiel anschließt. Anna weiß sofort, wie man dieses Spiel spielt, da es auch Teil einer Alltagsrealität mit ihren Eltern ist. Hier befinden sich die Kinder im gleichen Bedeutungsraum, spielen mit ihrer inneren Welt und es braucht nur leichte Absprachen, oft auch ohne Worte, um zu wissen, wie ihre nächste Handlung aussieht. Lisa und Anna bringen ihre Puppen zu Bett. In diesen Aktivitäten, in denen Blicke, Worte, Gefühle, Bewegungen und Eindrücke miteinander geteilt werden, sehe ich den größten Unterschied zu Computerspielen. Jede Geste von Anderen, jede eigene Bewegung löst wieder einen neuen

Eindruck aus und bereichert die innere Welt des Kindes, die nicht nur Jakobs Flugzeug, sondern – um es mit den Worten William Blakes zu sagen – der Seele des Kindes das Fliegen lehrt.[134] Spiele ich, so bin ich, so ereigne ich mich, denn der Mensch ist nur da ganz Mensch, wo er spielt.[135] So erlebt sich das Kind beim Spiel mit Bauklötzen oder Lego als Konstrukteur*in und kann sagen: »Schau her, was ich gebaut habe!« So kann es im Spiel mit Playmobil und Puppen eine Geschichte erzählen und sich die Welt über den Reichtum an inneren Bildern so gestalten, wie es möchte. In diesem Spiel stellt das Kind immer eine Verbindung zwischen der äußeren Realität und seiner inneren Welt her. In der Art und Weise, wie es sein Spiel aktiv gestaltet, reichert es mit seinen eigenen Konstruktionen, Bildern oder Geschichten seine innere Welt, seine Kreativität an.

Spielzeug – Zeug zum Spielen

Für ihr Spiel und ihre Auseinandersetzung mit der Welt nutzen Kinder verschiedene Gegenstände und Spielzeuge. Schon die Kleinsten, die Küchenschränke ausräumen, um mit Töpfen, Bechern, Kochlöffeln zu spielen, machen hier unterschiedlichste Erfahrungen. Nur durch ein solches Hantieren lässt sich das Ursache-Wirkung-Prinzip erlernen. Wir müssen Gegenstände um uns herum bewegen, damit wir sie in ihrer Gesamtheit erfassen. Aktives Handeln ist also sehr entscheidend dafür, ob man etwas *begreift*.[136] Gegenstände haben wegen ihrer unterschiedlichen Materialeigenschaften und Größen ein jeweils anderes Gewicht. Der Ton des Holzlöffels, der auf den Boden fällt, hat eine andere Klangfarbe als der Deckel des Kochtopfs. Kinder lernen so die unterschiedlichsten physikalischen und mathematischen Eigenschaften kennen, und da sie ihr Spiel mit einer gewissen Ernsthaftigkeit und Konzentration betreiben, verinnerlichen sie sehr früh spezifische Eigenschaften der Gegenstände.[137] Wenn ein Kind einen Topf begreift, also mit seinen Händen berührt, und immer wieder den Deckel auf diesen Topf legt, hat es später weniger Mühe, sich in Mathematik den Mantel eines Zylinders (Topf) vorzustellen, der mit seiner kreisförmigen Grundfläche (Deckel) geschlossen werden und in dessen Inneren es Wasser füllen kann, das letztlich die Masse des Volumens darstellt. Doch nicht immer ist ein Deckel ein Deckel, ein Kochlöffel ein Kochlöffel, ein Tisch ein Tisch, denn Kinder sind in der Lage, diese Objekte zu *verwandeln*. Je weniger symbolischen Charakter ein Gegenstand hat, desto leichter fällt es Kindern, ihm eine eigene Symbolik zu verleihen. Ein Stock kann ein Schwert, ein Spazierstock, ein Pfeil oder ein Taktstock zum Dirigieren sein. Ein Spielzeug wie ein Feuerwehrauto, das auch noch Tatü-Tata macht, lässt sich schwieriger verwandeln. Das bedeutet: Je weniger symbolische Aussage ein Gegenstand oder Spielzeug hat, desto mehr sind Kinder dazu angeregt, ihre eigene Fantasie zu entwickeln.

Leider findet dieser Zusammenhang in der Spielzeugindustrie wenig Berücksichtigung und es kann aufgrund der technischen Entwicklung alles so dargestellt werden, wie es Kinder irgendwo gesehen haben. Wir können mit Lego-*Ninjago*-Baukästen Figuren anhand einer Bauanleitung genauso darstellen, wie wir sie vom Bildschirm kennen. Der Neurowissenschaftler Henning Beck und der Sozialpsychologe Harald Welzer sind der Auffassung, die heutige Lego-Welt beschränke sich vorwiegend auf das Nachbauen von Vorgegebenem und nehme den Kindern so Möglichkeitsräume der eigenen Kreativität. Wir bauen etwas, was in den Köpfen anderer entstanden ist. Statt Kreativität zu fördern, nehme man Kindern so ihre Neugier und Möglichkeiten, nach vorn zu denken und sich selbst aus Einzelteilen neue Modelle zu überlegen.[138] Das gilt im Übrigen für viele digitale Angebote und einige Computerspiele. Nun hören Kinder auch in einem Buch und in einem Hörspiel eine von anderen erdachte Geschichte, doch in jedem Kinderkopf entsteht ein etwas anderes Bild. Wie schon gesagt wissen wir alle, wie groß die Enttäuschung sein kann, wenn ein Buch, das wir gelesen haben, verfilmt wird und unsere eigenen inneren Bilder korrigiert oder zerstört werden.

Es gibt jedoch auch Computerspiele, deren Welten zwar in den Köpfen anderer entstanden sind, die jedoch viel Raum lassen, darin zu handeln und neue eigene Konstruktionen und Welten aufzubauen. Ob die Ideen für diese kreativen Konstruktionen eher von inneren oder äußeren Bildern gespeist werden, hängt sicherlich vom Alter der Kinder ab. Natürlich können auch Filme unsere innere Welt anreichern, besonders wenn uns die Geschichte berührt. So bauen Kinder und Jugendliche auch bei *Minecraft* Gebäude aus *Harry-Potter*-Filmen oder Landschaften aus dem Film *Herr der Ringe* nach. Doch fürs Computerspielen braucht es eine gewisse Reife, die ein Kitakind noch nicht erreicht hat. Auch in der Kita spielen Kinder Figuren nach, die ihnen in Filmen begegnet sind, und reichern diese Bilder mit ihren eigenen inneren Bildern an. Doch sehe ich zunehmend Kinder, die Figuren nachspielen, deren Handlungsrepertoire sehr eingeschränkt ist. Nach meinem Eindruck liegt es daran, dass diese oft sehr jungen Kinder sich zu oft und immer wieder die gleichen Eindrücke über YouTube-Shorts (Kurzfilme) zuführen. Laut miniKIM-Studie haben 14 % der 2- bis 5-Jährigen ein eigenes TV oder Tablet, 18 % nutzen täglich Streaming-Dienste und 12 % täglich Videoportale wie YouTube.[139] Bei der Beobachtung dieser Kinder entsteht, wie zuvor bei Till und Pit beschrieben, der Eindruck, dass diese äußeren Bilder, die sie sich über Medien zuführen, eine Dominanz gegenüber eigenen inneren Bildern entwickelt haben. Wenn man mit diesen Kindern, die oft erst 3, 4 oder 5 Jahre alt sind, oder ihren Eltern spricht, wird deutlich, dass sie sich fast täglich Videos auf dem Handy oder Tablet anschauen. Insbesondere die häufige Beschäftigung mit Shorts, die wenig Geschichten oder Handlung abbilden, kann zu einer Verarmung an inneren Bildern führen.

Im ICE sitzt ein etwa 3,5-jähriger Junge mit seinen Eltern am Nachbartisch und malt. Er ist dabei sehr aktiv, engagiert und redselig. Die vielen Fragen, die er stellt, um sein Wissen zu erweitern, scheinen den Eltern nach einer Stunde etwas zu viel zu werden. Sie holen ein Tablet heraus, stellen YouTube-Kids ein und platzieren das Endgerät vor ihrem Sohn. Auf dem Tablet laufen dann diese manchmal niedlich, manchmal grob anmutenden Filmchen. Sie laufen jedoch ohne Ton, während der Junge auf vier weiteren kleinen Fenstern andere Filmchen anklicken kann. Den Ton haben die Eltern ausgestellt, um die Fahrgäste und sich selbst nicht zu stören. Der kleine Junge, der vom eigenständigen Malen auf das Betrachten von Bildern ohne Ton reduziert wird, wirkt wie erstarrt. Nur gelegentlich schnellt der Zeigefinger der rechten Hand vor, um einen Film zu wechseln oder zu starten. Die Eltern nutzen die Gelegenheit jedoch nicht für ein Gespräch, sondern um ebenfalls Medien zu konsumieren. – Das Malen oder die zuvor beschriebenen Spiele, in denen sich Kinder im analogen Raum bewegen, unterscheiden sich grundlegend von den Möglichkeiten, die Kinder in diesem Alter am Bildschirm vorfinden. Es fehlen ganz substanzielle Erfahrungen, wie sich Gegenstände anfühlen, riechen, anhören, wiegen oder sich bei Bewegung in Größe und Form verändern. Darüber hinaus fehlt im passiven Konsum dieser Kurzfilme die innere Anteilnahme, das konstruktive Gestalten sowie das anteilnehmende Feedback von Eltern, anderen Kindern oder anderen Erwachsenen.

Auch wenn es mittlerweile eine sehr, sehr große Bandbreite an Lernspielen für Kinder gibt, bleibt der Umgang mit diesen Spielen in gewisser Weise – und im wahrsten Sinne des Wortes – einseitig. Das heißt, wir schauen ja nur von vorn, auch nicht von der Seite und schon gar nicht von hinten auf diesen Bildschirm, und die verschiedenen Perspektiven, die uns oder in unserer Betrachtung Kindern angeboten werden, kommen aus der Angebotspalette der Erfinder*innen. Auch ist die Auseinandersetzung mit diesem Medium oft auf taktile Erfahrungen mit den Fingerkuppen, visuelle und akustische Eindrücke reduziert. Riechen, Schmecken und propriozeptive Erfahrungen, die uns beispielsweise ein Gefühl für das Gewicht eines Gegenstands vermitteln, kommen in diesen Lernspielen nicht vor. Wir haben es mit durchaus kreativen und zum Teil sehr gut durchdachten Spielen zu tun, die trotzdem nicht alle Sinne ansprechen können. Die evolutionäre Ausstattung unseres Gehirns ist so angelegt, dass seine Verarbeitungsmethoden archaisch sind und auch im digitalen Zeitalter leichter lernen, wenn wir Gegenstände wirklich anfassen können. Wir könnten auch sagen: Auf einem Bildschirm fehlt die Verkörperung des Denkens.[140] Der menschliche Körper ist gerade bei Kindern der erste Bezugspunkt zur Welt, über ihn stellen sie den Bezug zur Umwelt her, werden in ihr tätig und nehmen die Welt mit ihren Sinnzusammenhängen in sich auf.[141]

Im Gegensatz zu klassischen Unterhaltungsspielen haben Lernspiele oder Programme, die es für jede Altersklasse gibt, das Ziel, Wissen auf spielerische Weise zu vermitteln. Zwei dieser Spiele stelle ich kurz vor:

Die magische Bretterbudenburg: Dieses Spiel erhielt 2023 den deutschen Computerspielpreis. Der liebevolle Zeichenstil des interaktiven Bilderbuchs überzeugt, auftauchende Texte sind unvertont und können so von Eltern oder auch älteren Kinder gelesen werden. In dieser Geschichte ziehen drei Geschwister los, um das Huhn Berta zu finden. Bei ihrer Suche stolpern sie über die Bretterbudenburg, in der die Kinder Instrumente und magische Räume vorfinden. Im Laufe der Geschichte gibt es durchaus Action, die jedoch nicht ängstigend ist. Es herrscht eine ruhige Atmosphäre vor, die manch anderen Computerspielen fehlt. Die Tatsache, dass hier der deutsche Computerspielpreis verliehen wurde, zeichnet die Bemühungen der Entwickler*innen und auch der Jury aus, nach dem pädagogisch Wertvollen zu schauen. Wenn ein Kind die *Bretterbudenburg* oder eine ähnliche Geschichte jedoch aus einem Bilderbuch vorgelesen bekäme oder dieses gemeinsam betrachtet würde, hätten wir nach meiner Einschätzung einen noch größeren pädagogischen Nutzen, da die dabei stattfindende Interaktion das Tempo der Erzählung oder Betrachtung vorgibt. Bei einem echten Bilderbuch würden sich die

Kinder auch besser an Text oder Bilder erinnern als auf dem Computer. Wir wissen bei einem Buch später noch ganz genau, wo etwas gestanden hat oder abgebildet war: oben links, in der Mitte etc. Dies hängt mit der räumlichen Struktur zusammen, die sich beispielsweise beim Tablet ständig verändert. Deshalb fällt es uns schwerer, uns zu erinnern.[142] Zudem ist ein Buch ein in sich geschlossenes System, in dem uns keine anderen Infos und Apps ablenken können.

Winterfest: Das Bundesministerium für Bildung und Forschung hat dieses Computerlernspiel gefördert, das auch mit dem »Serious Games Award 2011« in Gold bedacht wurde. Spielende müssen der sprechenden Ratte Alex helfen, wieder nach Hause zu finden, indem sie unterschiedliche Aufgaben lösen, beispielsweise eine Rechnung zu schreiben. Ziel des Spiels ist somit, Kinder beim Schreiben, Lesen oder Rechnen zu unterstützen. Die hohe Motivation, etwas spielend zu lernen, resultiert bei diesem Spiel daraus, dass die Kinder dem Helden Alex helfen wollen. Auch beim *Winterfest* haben die Spieleentwickler*innen pädagogisch wertvolle kognitive und soziale Aspekte einfließen lassen. Aber: Wenn wir uns als Eltern im Internet auf die Suche nach weiteren Computerlernprogrammen begeben, so verlaufen wir uns – und ebenso unsere Kinder – schnell in einem Angebotsdschungel. Es handelt sich in der Regel um Spiele mit einer sehr farbenprächtigen, virtuellen Welt, die von diesen visuellen Eindrücken sowie sich wiederholenden Tönen dominiert wird. Bei vielen dieser Spiele kann die hohe Reizdichte, die den grellen Farben, schnellen Bild- und Perspektivwechseln sowie sich wiederholenden, monotonen und intensiven Geräuscheffekten geschuldet ist, eine schädliche Wirkung haben.[143] Mit kleinen Kindern hat die Computerspielindustrie eine große und noch unreflektierte Zielgruppe für sich entdeckt. Sie macht diese Spiele so bunt, so vielfältig und so interessant, dass Kinder sozusagen fast magisch angezogen werden. Weiter arbeitet die Computerspielindustrie mit bestimmtem Tricks. Wenn wir im Internet beispielsweise nach »Computerspiel Winterfest« suchen, kann es passieren, dass wir zunächst auf das gleichnamige Spiel von *Fortnite* stoßen, das ein sogenannter Koop-Survival-Shooter ist, also ein kooperatives Abenteuer- oder Überlebensspiel, bei dem ich in Kooperation mit einer Waffe gegen andere kämpfe.

Computerspiele

Der Markt ist mittlerweile voll von Spielen für Kinder und Jugendliche, doch es wird Eltern wahrlich nicht leicht gemacht, etwas zu finden, was wirklich geeignet ist. Die Altersfreigabe gibt hier lediglich den Hinweis der Unbedenklichkeit, aber keine Information über eine tatsächliche Eignung. Also scheint es für Eltern der beste Weg zu sein, die Spiele selbst einmal anzutesten und auf sich wirken zu lassen. – Ihre ersten Erfahrungen mit Filmen und digitalen Spielen machen 2- bis 5-Jährige laut aktueller miniKIM-Studie mit durchschnittlich 3,3 Jahren. Nach Erzieher*innenangaben ist *Paw Patrol* mit 17 % einer der Lieblingsfilme der 2- bis 5-Jährigen, gefolgt von *Peppa Wutz* (11 %). Die beliebtesten Spiele sind das Jump 'n' Run-Spiel *Super Mario* (15 %), die Haustier-App *Talking Tom* (3 %) und das Open-World-Spiel *Minecraft* (2 %). In der Folge führe ich einzelne dieser Filme und Spiele auf und beschreibe weitere Spiele, deren Namen wir häufig in Kitas hören.

Peppa Wutz: Kinder aus der ganzen Welt schauen die Filme mit dem kleinen fröhlichen 4-jährigen Schweinemädchen im roten Kleid. Sie schauen dabei zu, wie Peppa ihren Alltag bewältigt oder die Welt kennen lernt. Die Abenteuer des rosa Schweinchens orientieren sich sehr nah an der Lebenswelt der Kinder. Peppa hat einen 2-jährigen Bruder, der George heißt, jedoch Schorsch genannt wird. Das kleine Schweinchen macht sich auch mal über den Papa lustig, sagt Schimpfwörter, wenn es sich aufregt, und räumt nicht gern auf. Peppa lernt Fahrradfahren, geht zum Spielplatz, zum Zahnarzt und fährt in den Urlaub. Mit dem

Schweinchen und seiner Welt können sich die Kinder gut identifizieren. Die Geschichten haben ein zufriedenstellendes Erzähltempo, das Kinder nicht so schnell überfordert. Sie sind jedoch häufig nach dem gleichen Erzählmuster gestrickt und zeigen klassische Rollenklischees. So kocht die Mama und passt auf die Kinder auf, während der Papa arbeitet oder etwas repariert.

Paw Patrol: Bei dieser computeranimierten TV-Serie, die es auch als Spiel gibt, geht es um sechs Hundewelpen, die zusammen mit dem 10-jährigen Ryder schwierige Aufgaben lösen. Ryder ist der Anführer, Retter und Lehrer seiner Fellfreunde. Die Hunde besitzen unterschiedliche Eigenschaften, die sich immer wieder als nützlich herausstellen, wenn sie zu einem Rettungseinsatz müssen. Sie arbeiten bei der Feuerwehr oder als Pilot, können Schrauben drehen oder sind von der Polizei. Mit ihren Spezialausrüstungen und ihren Spezialfahrzeugen werden ihre Einsätze in den fortschreitenden Staffeln ungewöhnlicher und es kommt zu Begegnungen mit Ufos oder es geht in die Arktis. Die Filme sind eine einzige Actionshow, in der Elemente wie Abenteuer, Teamarbeit und Problemlösungen kombiniert sind. Die sehr ansprechenden bunten Bilder vermitteln durchaus positive Botschaften. *Paw Patrol* bietet Kindern einige Lernkonzepte wie Zählen oder Sicherheitserziehung an, von denen diese profitieren können, und hat eine Anziehungskraft, sodass sich viele Kinder darin verlieben. Für kleine Kinder kann die TV-Serie sehr überfordernd sein, da vieles sehr schnell abläuft und Entspannungs- und somit Verarbeitungsmomente zu kurz kommen können. Das Hauptproblem für viele Eltern liegt jedoch in der Merchandisestrategie der Entwickler*innen. Der Erfinder Keith Chapman hat schon während seines Studiums Kinderspielzeug vermarktet. Er ist auch der Schöpfer von *Bob der Baumeister* und hat nach eigenen Schätzungen 5 Mrd. Dollar Gewinn damit gemacht. Da Mädchen auf Bob nicht so gut reagieren wie auf kleine süße bunte Hunde mit großen Augen, hat Chapman die süße, aber fast ausschließlich männlich besetzte Hundestaffel ins Leben gerufen.[144] Seine Vermarktungsidee geht auf, denn weder Serie noch Spiel hören am Bildschirm auf, sondern die Kinder fordern unter anderem *Paw-Patrol*-Becher, -Teller, -Taschen, -Zahnbürsten, -Schlafanzüge etc.

Peppa Wutz oder *Paw Patrol* sind durchaus für Kinder geeignet. Sie führen ihnen jedoch eine sehr einseitige, von klassischen Rollen dominierte Sicht der Welt vor Augen. Wenn es denn der Bildschirm sein muss, sind für Kinder eher Formate wie die *Sendung mit der Maus* zu empfehlen. In dieser Sendung werden aktuelle Themen und Lernkonzepte differenziert, in unterschiedlichen Darstellungsformen und mit verschiedenen Figuren und Menschen altersübergreifend gezeigt.

Mario Kart: Nintendos wohl bekanntestes und auch populärstes Spiel ist sicherlich *Mario Kart*. Bei diesem Autorennen können Kinder – übrigens ohne Altersbeschränkung – mit Super Mario oder anderen fiktiven Figuren spannende Rennen absolvieren, die durch sehr bunte und kreativ gestaltete Landschaften oder virtuelle Welten führen. Auch hier haben wir ein sehr reichhaltiges Angebot an visuellen und akustischen Eindrücken, die sich schnell über den Bildschirm bewegen bzw. aus den Lautsprechern ertönen. Es sind beeindruckend verführerische Welten, durch die sich die virtuellen Rennen schlängeln. Ja, es sind nicht nur die Autos in Bewegung, sondern auch die Rennstrecken machen schlängelnde Bewegungen. Dieses Spiel hat, wie eben eine klassische Carrera-Bahn, wegen seines Wettkampfcharakters einen hohen Aufforderungscharakter und es ist für Kinder sicherlich nicht immer leicht, einen Absprung zu schaffen.

Alex (21): Für mich war *Mario Kart* mit 7 Jahren der Einstieg ins Computerspielen, bevor dieses Spiel bei mir dann irgendwann von *Minecraft* abgelöst wurde. Bei *Minecraft* hat mich vor allem diese scheinbar endlose Welt und die Freiheit, sich darin zu bewegen, sehr interessiert. Dann natürlich das konstruktive Spielen, das

> Häuserbauen und Arbeiten, um Rohstoffe zu erhalten. Man musste immer etwas tun, wie sich um Essen zu kümmern, um sein Überleben zu sichern. Ich habe *Minecraft* auch oft für mich allein gespielt, doch es hatte für mich auch eine sehr soziale Komponente, denn eigentlich habe ich durch das Spiel erst ein paar Freunde kennengelernt, die ich vorher nicht hatte. Die haben untereinander gern Fußball gespielt, ein Spiel, das ich nicht mochte. Doch bei *Minecraft* haben sich unsere Interessen getroffen und ich war darin auch richtig gut.

Minecraft: Bei diesem sehr bekannten Spiel haben sich die Entwickler*innen – wie mittlerweile bei einigen anderen Spielen auch – an Lego orientiert, denn Lego hat einen hohen Beliebtheitsgrad unter Kindern, weil es das natürliche Grundbedürfnis des Kindes, gestalten zu wollen, anspricht. Ab dem 6. Lebensjahr kann ein Kind *Minecraft* spielen, bei jüngeren Kindern sollten die Eltern dabei sein.[145] Bei *Minecraft* geht es zu Beginn darum, sich in eine wunderbare und faszinierend weite Landschaft zu begeben, die aus verschiedenen Blöcken und Klötzen besteht. Es geht zunächst vor allem ums Bauen von Behausungen und Gebäuden sowie um die Erkundung einer recht eckig wirkenden Welt. In dieser für Kinder wirklich beeindruckenden Welt können die Spieler*innen selbst auf unterschiedliche Form gestalterisch tätig werden, indem sie beispielsweise Erdblöcke abtragen oder Bäume zerlegen. So gewinnen sie Rohstoffe oder besorgen sich Nahrung, die das Überleben sichert. Wenn jedoch die eckige Sonne untergeht, kommen kleine eckige Monster zum Vorschein, die Jagd auf die Spieler*innen machen. Die Kinder können sich rasch eine Behausung bauen, um sich vor den Monstern zu schützen. Wenn Kinder *Minecraft* spielen, kommt es auf den Spielmodus an: Es gibt einen Kreativ- und Abenteuermodus, der noch recht harmlos daherkommt, im Überlebens- und Hardcoremodus bekommt man es dann neben den Monstern auch mit Zombies und Aliens zu tun. In zahlreichen

YouTube-Videos stellen Blogger ebenso zahlreiche Minecraft-Mods vor. Einige dieser Blogger bedienen sich dabei einer martialisch anmutenden Sprache und beschreiben damit, wie sich die Monster mit Alienwaffen, zum Beispiel einem Grimmreaker (engl. Bezeichnung für den personifizierten Tod), einem Schallgewehr, Lasergewehr oder einem nuklearen Todesstrahl erledigen lassen. Wenn man Hunger bekommt, lassen sich mit diesem Waffenensemble auch harmlose eckige Kühe schlachten. Diese Darstellung und die besondere Art der verbalen Umnutzung vermitteln dem konstruktiven und kreativen Spiel allerdings einen eher destruktiven Charakter.

> **Marlon (12):** Ich bin jetzt in der 7. Klasse und habe mit *Minecraft* begonnen, als ich 7 Jahre alt war. Als ich 11 war, habe ich auch schon mal *Fortnite* gespielt. Ich spiele das immer mit Freunden zusammen. Ohne Freunde spiele ich eigentlich gar nichts am Computer. Ich habe auch eine zeitliche Begrenzung und höre dann nach 2 oder maximal 3 Stunden auf. Es ist total blöd aufzuhören, wenn man so mitten in einer Runde ist. In meiner Klasse spielen die meisten Jungen und ungefähr die Hälfte der Mädchen, die spielen oft *Roblox* oder sind nur so am Handy. Manche aus meiner Klasse spielen auch schon *GTA*. Ich spiele aber auch Handball und bin bei der Freiwilligen Feuerwehr. Wenn ich mich entscheiden müsste, Gamen oder Feuerwehr, gehe ich lieber zur Feuerwehr, da dort auch meine Freunde sind.

> **Daniel (21):** Ich habe angefangen *Minecraft* zu spielen, als mich ein paar Freunde gefragt haben: »Komm, spiel doch mal mit! Wir bauen da was.« Das wirklich Faszinierende darin war für mich, dass man frei ist und mit anderen zusammen etwas bauen kann. Man bekommt Lust und möchte zum Beispiel Hogwarts aus *Harry Potter* oder Welten aus *Herr der Ringe* nachbauen. Ich habe Freunde,

die können da Stunden reinstecken, um diese Welten nachzubauen. Ich bin nicht so geduldig. Das war bei *Minecraft* darum nie so das Problem für mich, mich darin zu verlieren. Ich hatte das eher bei anderen Spielen wie *Fortnite*. Da stand jedoch nie das Rumballern im Vordergrund. Natürlich gehört es schon irgendwie dazu, die auftauchenden Gegner oder Monster zu besiegen, damit die einem das Gebaute nicht zerstören. Doch das scheint für viele nicht der Hauptzweck zu sein.

Lukas (9): Für mich steht eindeutig das Bauen im Vordergrund, auch dass man Rohstoffe wie Holz oder Eisen abbauen muss, um damit etwas zu bauen. Die Monster sind wie so lästige Fliegen, die man loswerden will, um sein Projekt fortzuführen.

Daniel (21, heute Erzieher in einer Kita): Für die Kinder im Hortbereich spielt Gamen eine sehr, sehr große Rolle und der Großteil beschäftigt sich aktuell mit Spielen wie *Roblox*, *Brawl Stars* und *Minecraft*. Wenn man sie dann fragt, was sie heute gern machen würden oder sich wünschen, dann geht es da viel ums Zocken. Bei kleineren Kindern habe ich den Eindruck, dass viele die YouTube-Shorts von wenigen Sekunden schauen, die gibt es auch bei TikTok. Die spielen die Games nicht selbst, sondern schauen Shorts über *Minecraft* oder auch ein kurzes *GTA*-Highlight-Video. Das weiß ich von mir selbst, dass das sehr auf die Aufmerksamkeit und Konzentration geht. Es ist bei Mädchen auch ein Thema. Da beobachte ich, dass der Anteil derjenigen, die das nicht schauen, größer ist als bei den Jungen. Von den Mädchen im Hort spielen aktuell gerade einige *Roblox*.

Roblox: Eines der zurzeit beliebtesten und auch zunächst kostenlos erhältlichen Spiele ist *Roblox*. Mit 25,5 Millionen Nutzer*innen im Monat überholte es 2017 sogar YouTube. Bei diesem Spiel können virtuelle Welten erschaffen werden, die sehr kantige Strukturen abbilden und deren Figuren auch sehr stark an Lego erinnern. Wie bei fast allen Computerspielen gibt es viele visuelle Eindrücke, die es zu verarbeiten gilt. Es finden sich auch Chatfunktionen, doch hier besteht das Risiko, dass Minderjährige durch Cybergrooming gezielt manipuliert werden. Kinder können während des Spiels trotz Sicherheitsvorkehrungen von fremden Spieler*innen eingeladen werden. Auf *Roblox* treiben so Erwachsene ihr Unwesen, die auf der Suche nach »Boys« oder »Girls« sind, die sie aus sozialen Netzwerken kennen.[146] Die Spielanforderungen sind eher gering, wenn man sich durch die virtuelle Welt klickt. Man sammelt Münzen, tauscht Haustiere aus oder rückt auch schon mal gegen einen Gegner ins Feld. Die Kinder erhalten, nachdem sie sich kostenlos eingeloggt haben, einen Avatar, den sie nach ihren Wünschen und Vorstellungen umgestalten können. Hier kann es jedoch teuer werden: In der eigenen *Roblox*-Währung kosten 10.000 RoBux um die 110 Euro, mit denen sich dann Ausrüstungen oder Kleidung, die den Avatar aufwerten, kaufen lassen. Eltern können und sollten auch über eine bestimmte Funktion diese Käufe deaktivieren. Bei *Roblox* können die Spieler*innen auch eigene Spielmodi erstellen, was den Aspekt der Kreativität erhöht, aber gleichzeitig das Risiko in sich birgt, das Modi entstehen, die beispielsweise rassistische Aussagen beinhalten. Bei *Stiftung Warentest* wurde das Spiel als inakzeptabel eingestuft: »Wir fanden ein rassistisches Spiel, indem es darum geht, ›böse Juden‹ zu töten. Auch stießen wir auf rechtsextreme Spielernamen und Spiele mit IS-Flagge als Schaubild.«[147] Nun gibt es Programme der Hersteller, die von Nutzer*innen eingestellte Inhalte scannen sollen, um Missbrauch zu vermeiden. Vor diesem Hintergrund finde ich es ehrlich gesagt inakzeptabel, dass dieses Spiel so noch an Kinder vertrieben werden darf. Die USK hat das Spiel ab 12 Jahren freigeben. Es enthält wuchtige Gewaltdarstellungen, die realistisch wirken können oder vordergründiges Spielthema sind.

Lasse (5): Du musst mal mit mir nach Hause kommen, ich habe dort etwas richtig Geiles! *Ben 10*! **Sein Gamepartner lachend:** Das ist eine Serie – die ich nicht gucken darf!

Ben 10: Der 10-jährige Ben ist Held dieser Zeichentrickserie, in der er sich dank eines außerirdischen Geräts in 10 verschiedene Aliens verwandeln kann. Mit den Kräften dieser monströs aussehenden Aliens versucht er Verbrechen zu bekämpfen und die Welt zu retten. In den Videos wie auch Spielen verwandelt sich der zunächst smart aussehende Junge in schrecklich unmenschliche Wesen, die eher wie das Böse aussehen und immer wieder auf eine ähnliche Weise hüpfend jeden Feind plattmachen, der sich ihnen in die Quere stellt. Für das Spielen von *Ben 10* wird ein Alter von 6 Jahren empfohlen. Wenn man sich den 10-jährigen Ben anschaut, könnte man zunächst den Eindruck gewinnen, dass es sich um ein »Kinderspiel« handelt, doch wenn man genauer hinschaut, wird eine gewisse monotone, stumpfe Brutalität deutlich und es drängt sich die Frage auf, ob es irgendeinen Grund geben sollte, dieses Spiel zu spielen. Oft erzeugen die bunten Bilder vieler Computerspiele einen verharmlosenden Eindruck, der sich bei genauerem Hinschauen relativiert.

> »Ich beugte mich über das Handy und sah auf die bunte Grafik von *Brawl Stars* mit seinen lustigen Cartoonfiguren, die mit fantasiereichen Superkräften wie fliegenden Koffern, Schneebällen, Bären, Fledermäusen oder Schrott in Teams in dreiminütigen Spielrunden gegeneinander antraten. Niedlich und harmlos, dachte ich. Der Name ›Brawls‹ – englisch für Schlägerei, Krawall – hätte mich eigentlich stutzig machen können.«[148]

Elias (12): Ich spiele gern *Minecraft*, weil man da so gut konstruieren kann, doch auch gern *Brawl Stars* oder auch mal *Fortnite*. *Brawl Stars* spiele ich meistens am Handy und *Minecraft* am Computer.

Bei *Brawl Stars* finde ich es gut, dass man da auch gewinnen kann, und natürlich ist es dann auch nicht so toll, wenn man dann aufhören muss. Ich spiele alle Spiele mit meinen Freunden und in der Woche, also wenn ich auch noch Hausaufgaben machen muss, kann ich eine Stunde spielen. Am Wochenende oder in den Ferien ist das mehr. Dann darf ich 1,5 Stunden. Wenn ich mich entscheiden soll zwischen Tischtennis oder Zocken, dann würde ich mich glaube ich eher fürs Zocken entscheiden.

Anna (14): Mein Lieblingsspiel ist *Minecraft*, weil ich da in der Welt etwas bauen kann. Ich spiele das oft allein. Auf Social Media bin ich auf Insta, TikTok oder Snapchat. Auf Insta teile ich mit meinen Freundinnen Reels. In der Schule oder bei Nachbarn spiele ich auch manchmal *Brawl Stars*, weil es mir dann Spaß macht, mit mehreren im Team zu spielen. Da macht der Wettbewerb Spaß, obwohl wir da als Team meistens verlieren. Es fällt mir nicht so schwer, mit dem Spielen aufzuhören, wenn mir etwas anderes einfällt, was ich machen kann.

Brawl Stars: Dieses Spiel hatte 2021 über 100 Mio. Downloads. Durch seine cartoonartige Optik wirkt es auf Kinder und auch auf Eltern verspielter, kindgerechter und nicht so real wie beispielsweise *Fortnite*. Allein oder in Teams bekämpfen sich die Spieler*innen mit den spezifischen Waffen der Spielfiguren und Superattacken. Ziel ist es, als erstes Team zehn Juwelen zu sammeln und diese vor den Gegner*innen zu verteidigen. Beim »Showdown« kämpfen die Spieler*innen allein oder in Zweierteams gegeneinander, wer als Letztes übrig bleibt, gewinnt. Für gewonnene Runden erhalten die Spieler*innen Belohnungen, zum Beispiel in Form von Münzen oder Juwelen. Mit diesen werden »Brawlboxen« gekauft, die Verbesserungen für die Spielfiguren, weitere Münzen oder neue, stärkere »Brawler« enthalten können. Kritiker*innen sehen in diesen Überraschungskisten (»Lootboxen«) eine Form des Glücksspiels, das Kinder noch nicht durchschauen können. Kritisch ist dazu, dass die Boxen über In-App-Käufe mit realem Geld erworben werden können. Hier kommt es vor, dass manche Kinder – oft dann zur Überraschung ihrer Eltern – recht hohe Summen ausgeben. Eltern können die Kauffunktion zwar ausschalten, ein Hinweis darauf ist jedoch nicht unbedingt auf Anhieb zu finden. Man kann sich dazu auch auf Plattformen wie SCHAU HIN die nötigen Informationen holen, denn viele solcher Spiele arbeiten mit versteckten Tricks und vermeintlichen Schnäppchen, wie zum Beispiel auch bei den Juwelenkäufen bei *Brawl Stars.*

Fortnite: Dieses Spiel ist eines der beliebtesten Computerspiele, bei dem es darum geht, von 100 Mitspieler*innen als Letzte*r am Leben zu bleiben. Es ist demnach ein Survival-Shooter, bei dem man mit den anderen 99 Kontrahent*innen beispielsweise auf einer Insel landet und zunächst Rohstoffe sichert, damit man ein Fort oder Schutzwälle bauen kann, um sich vor Angriffen zu schützen. Sich vor anderen zu verstecken, andere zu suchen oder sich etwas zum Schutz vor anderen zu bauen, sind wichtige Bestandteile des Spiels. Man muss jedoch ständig auf der Hut sein, und da sich die Spielfläche im Laufe des Spiels immer weiter verkleinert, kann man letztlich nur die Konfrontation mit den Kontrahent*innen im Kampf suchen. Die Gefahr oder das Bedenkliche in diesem Spiel ist, dass Waffengewalt oft zwingendes Mittel ist, um zum Sieg zu kommen. Gleichzeitig können die Spieler*innen ihre Figuren durch eine virtuelle Währung, die sich durch Siegerpunkte ergeben, mit sogenannten Skins optisch aufwerten. Es ist also doppelt wichtig, zu gewinnen: zum einen, um nicht zu sterben, zum anderen, um sich mit der Zeit auch optisch von anderen abzuheben. Da die virtuelle Währung nur sehr langsam verdient werden kann, ist die Verlockung für viele groß, sich durch reale Währung mit Skins zu versorgen, um nicht als »Default«, also Standard, beschimpft zu werden. Die USK hat *Fortnite* ab 12 Jahren freigegeben und der Spieleratgeber NRW empfiehlt für *Fortnite: Battle Royale* ein Mindestalter von 14.

Alex (21): Ich spiele eigentlich gern *Fortnite*, doch da packt mich auch der Ehrgeiz, richtig gut sein zu wollen und zu gewinnen. Da entsteht ein gewisser Druck, wenn 100 Leute mitspielen. *Fortnite* ist manchmal auch anstrengend, da auf der Bildschirmoberfläche viele Inhalte abgebildet werden. Wenn ich, aus welchen Gründen auch immer, keine Möglichkeit habe zu spielen, ist bei mir nur das Bedürfnis da, ich würde jetzt gern spielen, aber nie das Gefühl, ich muss. Bei manchen Spielen war es für mich jedoch schwer aufzuhören, da ich unbedingt solange spielen wollte, bis ich gewonnen hatte. Wenn man häufiger und viele verschiedene Spiele spielt, entwickelt man eine Art intuitives Gefühl bei einem neuen Spiel und entdeckt Gelegenheiten, Gefahren oder Zusammenhänge sehr schnell. Manchmal tauchen jedoch auch im Alltag Eindrücke auf, wie beispielsweise ein Lichtpunkt, die einen für einen Moment wieder in das Spiel holen, obwohl man vielleicht gerade auf dem Schulweg ist. Auch bei meinen Freunden bestand die Lust zu zocken auch nur, wenn sie mit anderen zusammenspielen konnten. Also bei denen steht das Soziale, das Miteinanderspielen noch mehr als bei mir im Vordergrund. Manche Spiele wie *Ghost of Tsushima*, die ich heute wegen den ästhetischen Bildern gern spiele und die man nur allein spielen kann, würden die nie spielen. Grundsätzlich finde ich, kann man sich durchs Gamen Kompetenzen wie Reaktions- und Bedienungsfähigkeiten aneignen.

Daniel (21): Ich war sehr süchtig nach *Fortnite*, habe auch ganz andere FPS-Shooter gespielt, bis zu 10 Stunden am Stück. Ich habe die Spiele nicht gespielt, weil ich da andere töten kann, es hat eher etwas mit Wettbewerb zu tun. Ich spiele kein Spiel, wo ich sinnlos durch die Gegend laufe, um irgendwelche Aliens niederzumetzeln. Im Vordergrund steht der Wettbewerb mit anderen Online-Spielern. Ich persönliche kenne auch niemanden, der diese Spiele

> spielt, bei dem das Töten im Vordergrund steht. Gerade in der Anfangszeit war es cool, mit meinen Freunden bei *Fortnite* ein Team zu bilden und gegen andere Teams zu kämpfen, die auch zusammenspielen. Das Einzige, was für mich darunter gelitten hat, war das persönliche Aufeinandertreffen, doch wir haben uns ja eben im Chat getroffen. Ich kenne Menschen, die beim Zocken total aggressiv werden, doch die spielen dann *FIFA*.

Spiele wie *Minecraft* oder *Fortnite* sind auch deshalb so faszinierend, da sie eine scheinbar endlose Welt abbilden, in der man sich frei bewegen kann, auch wenn überall Gefahren lauern können. Es lässt sich wirklich alles darstellen und der Kreativität der Schöpfer*innen dieser Welten sind keine Grenzen gesetzt. So gibt es bei *Elite Dangerous* die Möglichkeit, sich auf die ferne Reise in die Milchstraße zu begeben und unzählige Planeten zu entdecken, auf denen noch niemand war. Dies kommt dann – mit eindeutig weniger Anstrengung – einem Gefühl nahe, das Bergsteiger*innen oder Polarforscher*innen hatten, die Gegenden erklommen oder erkundet haben, wo vor ihnen noch kein Mensch war. Es ist sehr faszinierend, aus einer bequemen Situation in eine scheinbar unendliche Welt einzutauchen und sich darin bewegen und auch Einfluss nehmen zu können und etwas zu verändern; ebenso bestehen zu können, wenn man von Monstern oder anderen Wesen attackiert wird.

Bei den Kindern und Jugendlichen, mit denen ich gesprochen habe, stand zunächst immer die soziale Komponente, sich zum Spielen virtuell zu treffen, im Vordergrund. Auch haben alle das Bedürfnis nach Freiheit, etwas gestalten zu können und den Wettbewerbscharakter hervorgehoben und niemand das Interesse, spielerisch zu töten oder Gewalt ausüben zu wollen. Nun waren die meisten der Befragten in einem Alter, in dem sie schon über ein Reflexionsvermögen und eine innere Distanz zu diesen Spielen verfügen. Diese Distanz schien bei den Befragten nur verloren zu gehen, wenn die Spielzeit sehr hoch war und Eindrücke aus den Spielen plötzlich in ihrem realem Leben auftauchten. Ob das häufige und intensive Gamen mit Freund*innen, mit denen man sich über Stunden nur im Chat und nur verbal-emotional austauscht, einen Einfluss auf das Sozialverhalten hat, lässt sich hier nicht beantworten.

Nun hatten alle Befragten ein mehr oder weniger stabiles soziales Umfeld. Das Risiko, sich über die Spiele oder Shorts im Internet zu verlieren, ist natürlich bei kleinen Kindern und Kindern, die unter einem Aufmerksamkeitsdefizit durch ihre Umwelt leiden, eher gegeben. Hier stellt sich für mich die Frage, warum die Computerindustrie und auch bestimmte Blogger*innen nicht müde werden, das Internet mit gewaltverherrlichenden Spielen, Moderationen, Kommentaren und Filmen zu fluten. Nach meinem persönlichen Empfinden sind bestimmte Inhalte niemandem zu empfehlen, da sie weder das Individuum noch unsere Gesellschaft nachhaltig bereichern.

GTA: In diesem Open-World-Spiel, das erst ab 18 Jahre ist, schlüpft man in die Rolle von Kriminellen. Vor diesem Hintergrund besteht die Hauptaufgabe darin, Widersacher*innen zu beseitigen und Verbrechen zu begehen. Man kann in diesem Rollenspiel in einer virtuellen Welt ein zweites Leben führen und auch Tennis oder Golf spielen. Aber um sich solche tollen Hobbys leisten zu können, muss man Überfälle durchführen und dabei Leute erschießen. Diese kriminellen Handlungen bestehen jedoch nicht nur aus roher Gewalt, sondern auch aus Planung und Taktik. Doch auch in Bezug auf Gewalt können in diesem virtuellen Spiel in einer überzogenen Darstellung einer amerikanischen Lebensweise Grenzen ausgetestet werden. Wie kann ich es anstellen, die stärksten Waffen zu erhalten? Doch die Grenzen werden emotional nicht erlebbar, denn zu cool wirken die Charaktere, die sich durch eine zwar emotional kalte, doch realistisch nachgebildete Großstadt bewegen. Die Spieler*innen können auch Nachtclubs besuchen oder Prostituierte an Straßenecken durch betätigen der Hupe zum Mitfahren einladen.[149]

Wir können davon ausgehen oder es zumindest hoffen, dass die meisten Kinder und Jugendlichen für diese gewaltverherrlichenden Formate nicht empfänglich sind. Doch es gibt Kinder, wie der 7-jährige Pascal, der regelmäßig mit *GTA* in Berührung kommt und schon als Kind eine große Bereitschaft und Kompetenz zeigt, Gewalt gegenüber seinen Mitschüler*innen auszuüben. Hier möchte ich zunächst an die Aufsichtsbehörden appellieren, die nach meiner Auffassung etwas präzisier hinschauen müssen, was sie als geeignet akzeptieren. Der beste Weg für Eltern ist – und das kann man nicht häufig genug erwähnen –, die Spiele ihrer Kinder selbst zu spielen, um sich einen Eindruck zu verschaffen. Das gilt übrigens auch für Filme auf YouTube, YouTube Kids und sonstigen Social-Media-Plattformen. Viele dieser Clips oder Shorts stellen aufgrund ihrer Bildfrequenzen oder zu vielen verschiedenen visuellen Eindrücken eine Überforderung für das noch kleine Kind und sein zentrales Nervensystem dar. Hier spielt natürlich das Alter der Kinder und die Spieldauer eine entscheidende Rolle.

Da wir Eltern es alle genießen, wenn sich unsere Kinder auch mal allein beschäftigen, damit wir in Ruhe unseren Tätigkeiten nachgehen können, machen wir beim Thema Zeit aber auch gern einmal eine Ausnahme. Kinder wissen an diesem Punkt ganz gut, wie sie ihre Eltern dazu bewegen können, ihnen noch etwas Zeit einzuräumen. Doch sie lernen auch sehr schnell andere Wege kennen, wie sie lästige Einstellungen in irgendeiner App verändern und Spielzeiten verlängern oder Passwörter ändern können. Ulrike Wolpers schreibt über ihren damals allerdings schon 10-jährigen Sohn: »Immer wieder überschritt er seine erlaubte Mediennutzungsdauer, nahm heimlich das Handy seiner Schwestern, wenn das eigene konfisziert war, versuchte Passwörter auszuspähen.«[150] So berichten viele Eltern davon, dass ihre Kinder immer wieder Absprachen umgehen oder bereits über technische Fertigkeiten verfügen, um sie auszutricksen. Gefährlich wird es dann, wenn der Druck der Kinder wächst – der Druck, spielen zu müssen, um unbedingt ein bestimmtes Level zu erreichen oder weil es die Freund*innen auch alle tun und die Angst groß ist, abgehängt zu werden. Dieser Druck kann so groß sein, dass Kinder regelrecht eine kriminelle Energie entwickeln, um ihr Ziel zu erreichen.

> »Ich konnte es kaum aushalten. Ich griff nach jedem internetfähigen Gerät, das mir in die Finger kam, und versuchte ins Internet zu kommen. Ich nahm mir unerlaubt Handys von meiner Mutter oder meinen Schwestern, obwohl mir fast schlecht war vor Angst. Ich besorgte mir den Schlüssel für den Tresor. Ich musste ständig lügen, weil sonst alles noch viel schlimmer geworden wäre.«[151]

Kinder lernen hier schnell, eine Altersbegrenzung, wenn es diese denn gibt, mit einem Click zu umgehen oder finden andere kreative Möglichkeiten, ihr Ziel zu erreichen. So gelang es auch einem 14-Jährigen, eine Power-Point-Präsentation zu basteln, die seine Eltern schließlich davon überzeugte, *GTA*, das erst ab 18 Jahren freigegeben ist, spielen zu dürfen.[152]

Einige Kinder spielen, bevor sie in die Grundschule kommen, tatsächlich schon Spiele, deren Altersbegrenzung bei 12 oder in einzelnen Fällen bei 18 Jahren liegt. Entweder sind sie schon so geschickt darin, die Altersbegrenzung zu umgehen, oder ihre Eltern halten eine Altersbegrenzung vielleicht für nicht angemessen. In manchen Elterngesprächen wird außerdem deutlich, dass Eltern, ältere Geschwister, andere ältere Verwandte etc. digitale Spiele nutzen, in denen es sogar um die Glorifizierung von Kriminalität geht. Auch wenn viele Spiele nur für Erwachsene erlaubt sind und in den Händen Minderjähriger nichts verloren haben, so geben dann auch die meisten, meist männlichen Teenager an, schon einmal *GTA* gespielt zu haben. Beispielsweise erzählt auch der bereits kurz erwähnte Pascal, auf den wir später nochmals zu sprechen kommen, im Stuhlkreis der 1. Klasse, dass er am Wochenende *GTA* gespielt hat.

Übrigens: Bei Beratungsanfragen aus Kitas zu Verhaltensbesonderheiten, die auf das Thema Medienkonsum zurückzuführen sind, geht es in meinem Kontext zurzeit nur um Jungen. Aus diesem Grund beschreibe ich in diesem Buch nur Jungen, obwohl sich Mädchen genauso viel mit digitalen Medien beschäftigen. Die Präferenzen in Bezug auf die Freizeitaktivitäten von Mädchen und Jungen im Alter von 2 bis 5 Jahren zeigen sich nämlich laut miniKIM-Studie 2020 wie folgt:[153]

- Fernsehen: Mädchen 60 %, Jungen 47 %
- Ansehen von Sendungen/Videos auf kostenfreien Videoportalen: Mädchen 44 %, Jungen 33 %
- Nutzung eines Handys/Smartphones: Mädchen 23 %, Jungen 14 %

Auch in der DAK-Längsschnittstudie 2022 wurde deutlich, dass es bei der Nutzungsdauer digitaler Medien insgesamt gesehen keinen wesentlichen Unterschied zwischen Jungen und Mädchen gibt. Mädchen verbringen jedoch deutlich mehr Zeit mit Social Media, Jungen haben beim Gamen die Nase vorn. Diese Tendenz bestätigt sich in einer Studie des Berufskollegs am Wasserturm in Nordrhein-Westfalen, bei der 456 Schüler*innen zwischen 15 und 18 Jahren befragt wurden. 25 % der Jungen spielen bis zu 3 Stunden in der Woche, doch weitere 25 % mehr als 14 Stunden in der Woche. Bei den Mädchen sind es 75 %, die bis zu 3 Stunden spielen, und lediglich 3 % geben an, mehr als 14 Stunden zu spielen. Bei den Jungen liegt bei der Beschäftigung mit digitalen Medien das Gamen von Egoshootern (30 %) oder Sportspielen (32 %) vorn, während 61 % der Mädchen sich eher für Unterhaltung interessieren. Mädchen nutzen zu 71 % das Smartphone, Jungen eher die Konsole oder den Computer.[154]

Social Media

Kinder bewegen sich zunehmend auf Social-Media-Plattformen wie TikTok, Snapchat oder Instagram. Hier treten sie mit Freund*innen, aber auch anderen auf unterschiedlichsten Ebenen in Kontakt. Es geht oft darum, den angesagtesten Trends zu folgen oder zu schauen, was Freund*innen und Influencer*innen so machen. Die Kinder und Jugendlichen erstellen zudem selbst Bilder oder Videos von sich und teilen diese mit anderen, meist mit einer gewissen Spannung verbunden, wie die anderen darauf reagieren.

Chrissi (15) und Martha (14) nutzen am häufigsten Snapchat, damit sie mit anderen kommunizieren können. Bei TikTok oder Instagram kommunizieren sie eigentlich nicht mit Leuten, sondern schauen sich eher etwas an, doch eher nicht gezielt, sondern dem Algorithmus folgend, der berechnet, woran man Interesse hat. Martha ist davon genervt, dass einem »ein Random-Video angezeigt wird. Wenn man da drauf geht, kriege ich nur noch solche Videos mit dem gleichen Inhalt«. Ronja (23) hält dagegen: »Da werden einem aber auch manchmal gute Vorschläge zur gesunden Ernährung gemacht.« Durch Influencer*innen, die sich häufig mit Individualität und Selbstliebe beschäftigen, holen sich Kinder und Jugendliche Anregungen und Inspirationen. Das Erstellen eigener Posts kann die Kreativität fördern, regt die Auseinandersetzung mit diversen Formen sich auszudrücken an. Dies führt zwangsläufig zu einer Auseinandersetzung mit der eigenen Identität. Es besteht jedoch auch durchaus das Risiko, klassischen Schönheitsidealen nachzueifern, die eigene Identität aus den Augen zu verlieren und sich den medialen Körperbildern anpassen zu wollen. Da Kinder und Jugendliche in ihrem eigenen Körperbild noch nicht gefestigt sind, kann sich dieses Nacheifern negativ auf die Wahrnehmung des eigenen Körpers auswirken.

> **Ronja:** Wenn ich zu viel auf Instagram bin, dann kriege ich schon das Gefühl, ich muss die perfekten Haare und ganz viel Skincare haben. Ja, den perfekten Körper halt und sich gut ernähren, da werden einem dann nur schöne Menschen angezeigt. Wenn ich dann rausgehe und mir die Leute draußen angucke oder im Fit-

nessstudio, dann merke ich, es ist nur maximal 1 % der Bevölkerung, die so krass aussehen und diesem Ideal entsprechen.

Chrissi: Ja, ich würde auch sagen, wenn es einem nicht so gut geht, also wenn man an sich selbst zweifelt, es einem mal mies geht, dann nutzt man so eine App, um sich abzulenken, weil es auch irgendwie so einfach ist. Dann werde ich irgendwie mehr beeinflusst durch irgendwelche Sachen.

Martha: Ja, man kriegt da in den Reels schon viel von anderen mit und ich denke dann auch über mein Leben nach und ich müsste dann vielleicht auch mehr Sport treiben, weil die das tun.

Ronja: Ja, ich bin so erst auf die Idee mit dem Fitnessstudio gekommen.

Es ist klug und sehr wichtig, wenn Eltern ihre Kinder auch in diesen sozialen Netzwerken begleiten, um ebenfalls ein Gefühl dafür zu entwickeln, welche Möglichkeiten die Kinder hier haben, aber auch, wo Risiken liegen. Es ist für Eltern wichtig zu wissen, was auf den verschiedenen Plattformen passiert. Natürlich brauchen Kinder und Jugendliche auch ihre Privatsphäre, vor allem, wenn sie mit ihren Freund*innen kommunizieren. Es ist jedoch ratsam, von Beginn an Regeln zu vereinbaren, was die Heranwachsenden selbst von sich preisgeben und was besser privat bleibt.

Martha: Man kann sich da ja auch schützen und auf privat oder nur für Freunde veröffentlichen klicken.

Ronja: Ich und meine Freunde machen das nur mit Posts aus dem Urlaub. Ich würde das nie mit einem Video machen, wie ich meine Haare mache.

In sozialen Netzwerken herrscht ein anderes Nutzer*innenverhalten als beim Gamen. Die Kinder schauen nicht so gezielt und werden auch mit Inhalten konfrontiert, die sie gar nicht suchen. Auf TikTok und Instagram werden sie oft in kurzer Zeit mit einer Flut von Bildern und Eindrücken konfrontiert. Sie können so über Chats mit Aussagen, Kommentaren oder Aufforderungen von Fremden in Kontakt geraten, können auf Hasskommentare stoßen oder selbst Opfer von Beleidigungen und Mobbing werden. In Deutschland geben mehr als 60 % der minderjährigen TikTok-Nutzer*innen an, immer wieder auf Inhalte zu stoßen, die bei ihnen Ekel oder Unwohlsein verursachen. In sogenannten Snuff-Videos werden real wirkende Szenen von Morden, Suiziden oder anderen Gewaltszenen gezeigt: »In einer scharfen und ungefilterten Videoaufnahme sieht man, wie ein Mann mit einem Skalpell kastriert wird. – Die Schreie des Mannes lassen annehmen, dass er nicht narkotisiert ist.«[155] Forscher*innen der Ludwig-Maximilians-Universität fanden heraus, dass etwa 30 % der Challenges auf TikTok potenziell schädlich sind.

Venice (15): Die Erwachsenen wissen doch gar nicht, was so alles verschickt wird. Früher hatte man manchmal Alpträume, aber eigentlich habe ich mich jetzt daran gewöhnt.[156]

Martha: Wenn ich etwas sehe, was mich richtig verstört, dann klick ich auf »nicht interessiert«!

Chrissi: Wenn die Leute mich direkt kontaktieren über den Chat oder so, kann man die halt blockieren.

Ronja: Ja, ich guck mir diese Snuff-Videos auch auf keinen Fall an oder schicke das auch nicht an Freunde weiter, doch bei den Jungs sieht das etwas anders aus.

Chrissi: Bei mir ist das auch so, die Jungs finden eh erst einmal alles lustig und wollen mir das dann zeigen. Auch bei Sachen, die andere Menschen verletzen, veralbern die das dann und machen Witze drüber.

Ronja: Ich kann mir solche Videos gar nicht anschauen, weil ich da so mitfühle, doch das haben einige Jungs irgendwie gar nicht so.

Chris (14): Unsere Gruppe besteht eigentlich nur aus Memes und GIFs, die sind zwar oft widerlich, ist aber egal, macht ja jeder.[157]

Eltern sollten mit ihren Kindern darüber reden und ihnen Möglichkeiten aufzeigen, wie sie am besten auf unangemessene Nachrichten reagieren. Diese Gespräche sind sehr wichtig, um mit Kindern auch über solche Nachrichten zu sprechen, die Verschwörungstheorien oder Fake News enthalten. Denn Kinder müssen lernen, Respektlosigkeit, extremistisches Gedankengut und Hetze zu erkennen.

Martha: Manche Eltern stellen auch krasse Videos ins Netz, wo sie ihren Kindern ein Ei auf dem Kopf zerschlagen.

Ronja: Ja, das ist gerade so ein Trend.

Martha: Die sind zwar die Erziehungsberechtigten, doch die Tochter sagt vielleicht in ein paar Jahren, ich wollte das gar nicht.

Durch Sicherheitseinstellungen in den jeweiligen Netzwerken kann ein sichereres Umfeld für junge Surf-Anfänger*innen geschaffen werden, in dem sie ausschließlich mit ihren Freund*innen Informationen, Filme, Stories oder Bilder tauschen können. Neben solchen Sicherheitseinstellungen bietet jedoch eine vertrauensvolle Beziehung zu den Kindern und Jugendlichen den besten Schutz. Eine wichtige Grundlage ist, die sozialen Netzwerke und vor allem die Beschäftigung damit nicht zu verurteilen, sondern das Interesse immer wieder zu teilen, damit sich die Kinder nicht aus Unsicherheit oder Scham den Eltern gegenüber verschließen.

Chrissi: Es ist manchmal toll, weil man das Gefühl hat, so up to date zu sein. Doch eigentlich überwiegt das Negative. Bei Snapchat kann ich das eigentlich gut kontrollieren, doch bei Insta oder TikTok hat man gefühlt nie ein Ende. Und es fällt mir schwer, davon abzukommen. Ich habe nie ein gutes Gefühl, wenn ich mein Handy dann weglege.

Ronja: Ja, das geht mir auch oft so!

Chrissi: Ich bin zwar nicht komplett down, doch manchmal ganz komisch drauf. Dann plötzlich habe ich schon wieder mein Handy in der Hand, einfach weil ich gerade nix zu tun habe.

Ronja: Ich habe noch nie das Gefühl gehabt, wenn ich ein Buch gelesen hab, ich habe meine Zeit verschwendet. Aber bei Insta denke ich, krass, haste wieder komplett deine Zeit verschwendet! Das ist aber nur, wenn ich in diesem Videowahn scrolle. Das Positive ist bei mir auch, so up to date zu sein. Ich habe da alle meine Rezepte her und koche dadurch ganz viel.

Chrissi: Beim Buchlesen passiert mir oft einfach zu wenig, dass wird schnell langweilig. Manchmal habe ich das auch schon bei Serien, da brauche ich irgendwie noch mein Handy. Irgendwas muss immer passieren.

Martha: Am besten kann ich am Strand lesen, da kann ich richtig lange lesen, wo nix anderes ist, doch wenn ich andere Möglichkeiten habe, lese ich nicht.

Chrissi: Es gibt auch Videos, so für die Schule, so wie Simpleclub, die haben echte Vorteile, doch nur so zur Unterhaltung, da kann man schlecht aufhören. Wie oft ich dann auch »Limit ignorieren« drücke. Oh mein Gott!

Ronja: Zocken macht man viel bewusster. Das Handy ist dagegen einfach immer da und macht viel mehr süchtig.

Chrissi: Beim Zocken hat man auch eher Kontakt mit anderen. Es gibt mittlerweile auch Videos, wo einem jemand erklärt, wie man aus dem Rausch rauskommen kann.

Die zunehmende Nutzung sozialer Netzwerke mit zum Teil verstörenden Einflüssen sowie der Kommunikation in Chatrooms birgt das Risiko in sich, dass das Einfühlungsvermögen abnimmt.[158] Schulleiterin und Niedersachsens Digitalbotschafterin Silke Müller fragt sich, ob die oft eher gelassene Reaktion der Kinder eher gut oder besorgniserregend ist, weil sie als Hinweis auf einen zunehmenden Grad an Verrohung und Empathielosigkeit gesehen werden kann.[159] Wir können im Chatroom nicht über den Körper miteinander in Resonanz gehen, was für unser emotionales Verständnis jedoch grundlegend ist:[160] »Um neuronale Kapazitäten für die emotionale Intelligenz anzulegen, ist es eine wichtige Voraussetzung, reale Menschen zu treffen. Chatrooms allein reichen dafür nicht aus.«[161] Diese realen Menschen müssen vor allem wir Eltern, aber auch pädagogische Fachkräfte in Kitas und Schulen sein, die sich präsent und anwesend zeigen, um die Kommunikation und Auseinandersetzung mit den Kindern und Jugendlichen zu suchen. In diesen

Auseinandersetzungen muss auch couragiert diskutiert und gestritten werden können, um bestimmte Schlüsselqualifikationen wie Respekt, Toleranz, Verständnis und Gemeinschaft miteinander zu teilen.[162]

Lernen durch Chatten und Gamen

Wenn wir uns oft mit ein und demselben Medium oder Thema beschäftigen, verbessert sich in der Regel unser Wissen in diesem Bereich. Ab einem Alter von 7 bis 9 Jahren, wenn zunehmend das Denken- und Verstehenwollen eine Rolle spielt, fangen Kinder an, sich möglicherweise die Frage zu stellen, wie diese Computerlandschaften entstehen, in denen sie sich bewegen. So würde der 8-jährige Tom, dessen Interesse über das reine Zocken hinausgeht, am liebsten seine »eigene Minecraft-Welt gestalten, nicht Stein für Stein, wie es das Spielsystem vorsieht, sondern gleich im großen Stil, mit fertigen Gebäuden und ganzen Landschaften. ›Wie programmiert man sowas?‹«[163] Er will einen sogenannten *Minecraft Mod* selbst erstellen, um sich seine eigene Welt zu erschaffen. Manche Computerspielehersteller bieten hierfür sogar Online-Programmierkurse für Kinder an, die ihr Wissen erweitern wollen. Tom will später mal Programmierer werden, um eigene Computerspiele entwickeln zu können. Auch Alex hatte dieses Bedürfnis und hat sich daher mit dem Programmieren beschäftigt. Er hat keinen Kurs besucht, sondern sich autodidaktisch Kompetenzen angeeignet, die ihn vieles, was auf dem PC passiert, besser verstehen lassen. George ist der Auffassung, die Kenntnisse am PC können sich auch durch den gemeinsamen Austausch mit Freund*innen erweitern, wenn man an eigene Grenzen kommt, da könnten ihm seine Kumpels manchmal Hinweise geben, wie sie ein Problem gelöst haben. Eine aktive Auseinandersetzung mit dem Medium und die Motivation, selbst kreativ und aktiv darauf einzuwirken und Dinge zu verändern, ist ein wesentlicher Schlüssel, um am Computer lernen zu können.

Bei einem Experiment der Ruhr-Universität in Bochum schnitten Personen, die viele Stunden am Computer spielen, bei einer Lernaufgabe besser ab als Personen, die keine Videospiele spielen. Bei diesen Lernaufgaben ging es darum, Spielkarten mit Wetterwahrscheinlichkeiten zu verknüpfen. Die Studie, bei der sich jede Gruppe aus 17 Personen mit einem Durchschnittsalter von 26 Jahren zusammensetzte, ergab, dass Videospieler*innen besser darin sind, Situationen schnell zu erfassen, neues Wissen zu generieren und Wissen zu kategorisieren.[164] Andere Studien mit jungen Erwachsenen zeigen einen Zusammenhang zwischen der Nutzung von Action-Video-Spielen und einer Verbesserung der selektiven räumlichen, zeitlichen und objektzentrierten Aufmerksamkeit.[165] Nun sollten wir uns von diesen Aussagen nicht dazu verführen lassen, unseren Kindern möglichst viel Zeit am Bildschirm einzuräumen. Hier ist es dringend erforderlich, Bildschirmzeiten und Regeln zu beachten, auf die ich in den folgenden Kapiteln noch näher eingehe.

Die Beschäftigung mit digitalen Medien scheint allerdings recht unproblematisch zu sein, wenn Kinder ein bestimmtes Alter und somit Entwicklungsalter erreicht haben und es genügend analoge Zeiträume oder Pausen gibt. Ich teile die Faszination, die sich in den Weiten der zum Teil fantastischen Darstellungen einzelner Computerspiele abbilden. Ich sehe auf der anderen Seite das Risiko, dass sich einzelne Kinder und Jugendliche darin und der Verfügbarkeit von Bildern, Filmen und News auf Social Media, die dort auf sie einströmen und die sie viel Zeit kosten, verlieren. Die Dauerberieselung, wie sie auf einzelnen Plattformen wie YouTube oder in Social-Media-Kanälen angeboten und auch genutzt wird, kann nach meinem Eindruck nämlich zu einer Überflutung mit Reizen und einer Einschränkung der Kreativität führen. Die kurzen Episoden von Filmen, die sogenannten Shorts, widersprechen dem Grundbedürfnis nach An- und Entspannung, das gerade im kindlichen Reifungsprozess eine wesentliche Rolle spielt, um Eindrücke angemessen verarbeiten zu können. Beim Menschen besteht ein Grundbedürfnis in der Kontinuität des Seins, was sich im Spiel oder in der Handlung ausdrücken kann. Unser Sein drückt sich durch Kommunikation und durch unser Wirken in der Welt aus.

Doch: »Ein Transfer im Denken, der Aufbau von Konzepten, das Lösen von Problemen – all das gelingt nur, wenn man sich selbst aktiv damit beschäftigt.«[166] So hat auch die konstruktive Handlung in einem Computerspiel eine andere Qualität für die Selbstwirksamkeitserfahrung der Kinder und Jugendlichen als das rein passive Betrachten von Bildern und Shorts. Weiter steckt im Erleben dieser Spiele mit anderen und im Teilen von im Wettbewerb erlebten Emotionen eine andere Qualität, als dies für sich allein zu erleben. Der Neurobiologe Martin Korte sagt: »Die eigentlich wichtige Frage ist aber, *was* sie gelernt haben – und ob sie in der Zeit etwas anderes verpasst haben, etwas, das sie aufgrund einer digitalen Monokultur, also einer einseitigen Beschäftigung, nicht gelernt haben.«[167] Diese Auffassung vertritt auch die Entwicklungsneurobiologin und Psychologin Nicole Strüber.[168] Sie ist der Meinung, es braucht zuerst das reale Leben, nicht die filmische oder eine digitale Version davon. Sie verweist in diesem Zusammenhang auf die Bedeutung von Rennen, Hüpfen, Springen, Streiten und Lachen, eben die echte und unmittelbare Auseinandersetzung mit anderen Menschenkindern. Wenn Kinder mit greifbaren Gegenständen spielen und dies mit anderen Kindern teilen, sind wesentliche Bedingungen für ihre kognitive, soziale und emotionale Entwicklung erfüllt. Das analoge kindliche Spiel hat mit für das Kind real greifbaren und veränderbaren Materialien einen bedeutenden Einfluss auf den Selbstbildungs- und Selbstregulationsprozess des Kindes. Zu Beginn seines Lebens ist ein Kind ständig aufgefordert, sich an eine Welt anzupassen, deren Regeln und Vorstellungen ihm zunächst fremd sind. Für sein emotionales und intellektuelles Gleichgewicht ist es darum notwendig, dass es im Spiel einen Rahmen hat, in dem es eine greifbare und sichtbare Wirklichkeit hat und durch das eigene Tun an seine Vorstellungen anpassen kann. Wenn Kinder jedoch digitale Geräte vorwiegend benutzen, um sich selbst zu regulieren, Gefühle von Langeweile oder Einsamkeit zu überwinden, besteht das Risiko, dem Gerät eine Bedeutung zu geben, der es nicht gerecht werden kann. Wir sollten uns darüber im Klaren sein, das aus Langeweile Kreativität entsteht, wenn wir Kinder etwas Material (Spielzeug, Papier, Stifte, Tücher u. a.) zur Verfügung stellen und einen Rahmen schaffen, in dem sie unsere Anwesenheit spüren. Wir müssen hier nicht mit den Kindern spielen, sondern ihnen das Gefühl geben, dass sie in unseren Augen existieren.

Strüber verweist weiter auf die elementare Bedeutung des gemeinsamen Bücherlesens oder des Spielens mit den Eltern. Denn bei diesem gemeinsamen Tun wird das Hormon Oxytocin freigesetzt, das eine beruhigende Wirkung hat und die Plastizität im Gehirn und somit die Fähigkeit von Nervenzellen, sich bei neuen Erfahrungen zu vernetzen, erhöht. In einer Familie mit mehreren Kindern bietet der Umgang mit analogen Aktivitäten wie das Bauen mit Bausteinen, das Rollenspiel mit Puppen, das Malen mit Farben oder das Betrachten und Lesen von Büchern einen wesentlichen Vorteil. Sie haben eine positive und anregende Vorbildfunktion für kleinere Geschwisterkinder, denn sie brauchen das kleinere Geschwisterkind nicht vor den Aktivitäten der älteren Geschwister zu schützen. Bei der hohen visuellen und akustischen Anziehungskraft, die Medien haben, ist es auch nicht leicht, Babys und Kleinkinder vor möglicherweise überfordernden Eindrücken zu schützen, wenn ihre älteren Geschwister in ihrer Anwesenheit Medien nutzen. Ich habe es auch nicht geschafft, meine Tochter bis zu ihrem 3. Geburtstag vor der Versuchung Fernsehen zu bewahren. Beim Großen hat das noch geklappt, beim Mittleren fast, doch die Kleine ließ sich schon mit gerade 2 Jahren nicht mehr ablenken, wenn ihre Brüder vor dem Abendessen ihr Fernsehritual starteten.[169]

Doch nochmals zu den Shorts: Beim Betrachten dieser oft handlungs- oder geschichtslosen Kurzfilme entstehen nach meinem Eindruck keine inneren Bilder. Wenn wir einen normalen Film schauen, in dem eine Geschichte erzählt wird, findet eine innere Beteiligung statt, die bei den Shorts nicht zustande kommt oder dann eine Unterbrechung erfährt, wenn sie gerade begonnen hat. Gerade Kinder sind auf innerliche Pausen jedoch angewiesen, in denen sich zunehmend eine innere Vorstellung von der äußeren Welt entwickelt. Wenn sie sich pausenlos mit äußeren Bildern und Clips von anderen beschäftigen und darin wenig eigenes Handeln vorkommt, kann diese eigene innere Vorstellungswelt nicht hinreichend reifen. Diese Kinder und Jugendlichen kopieren zunehmend das, was ihnen von medialen anderen, die sie nicht kennen, vorgelebt oder besser gesagt vorgeführt wird. Die Auseinandersetzung mit dieser digitalen Welt sollte ein Kind erst dann führen, wenn seine eigene innere Welt gut gefüllt ist: »Der größte Schaden entsteht weniger durch das, was die Kinder online sehen oder tun. Der größte Schaden entsteht dadurch, was sie verpassen, wenn sie online sind und nicht im wahren, analogen Leben.«[170]

WEGE ZUR MEDIENKOMPETENZ

Eltern sein heißt, nicht perfekt zu sein, denn die Erziehung von Kindern ist keine einfache Aufgabe. Eltern sein heißt, auch Fehler machen zu dürfen, und es ist hin und wieder mit dem Gefühl verbunden, den vielen Anforderungen, die das Leben – gerade in der heutigen Zeit – bereithält, nicht gerecht werden zu können. Nun sollen wir Eltern auch noch eine klare Entscheidung darüber treffen, wie viel Medienkonsum unseren Kindern oder uns selbst guttut. Wie viele Berührungspunkte zu digitalen Medien sollten unsere Kinder haben, um sich einerseits nicht im Sog der Digitalisierung zu verlieren und um andererseits im Bereich der digitalen Entwicklung nicht den Anschluss zu verlieren? Vielleicht ist es für Eltern zunächst eine gute Orientierung oder Beruhigung, wenn der Neurobiologe Martin Korte keine bildungspolitische Notwendigkeit sieht, digitale Medien möglichst früh zu nutzen, und sich diese Aussage mit Untersuchungen aus anderen Studien deckt.[171] Bindungsforscher*innen und Wissenschaftler*innen der Entwicklungspsychologie sind sich weitestgehend einig, dass sich Kinder in der heutigen Zeit generell zu früh mit digitalen Medien beschäftigen. Die digitalen Hauptbeschäftigungen der unter 6-Jährigen sind: Videos anschauen (73 %), Fotos anschauen (61 %), Musik hören (61 %) und Spiele spielen (51 %). Die Hälfte der Kinder nutzt dazu das Gerät ihrer Eltern, 28 % ein Familiengerät. 22 % der unter 6-Jährigen haben bereits ein eigenes Endgerät.[172] Bei den 2- bis 3-Jährigen spielen schon 3 % mit einer Spielkonsole, bei den 4- bis 5-Jährigen sind es 14 %.[173] Über die Hälfte der Kinder zwischen 6 und 13 Jahren nutzen täglich ihr Handy.[174]

Wenn Sie nun als Eltern beim Lesen dieses Buchs gerade das Gefühl bekommen, etwas aus ihrer Hand gegeben zu haben, so nutzen Sie genau diesen Moment und nehmen sie die Entscheidung darüber, was Ihr Kind konsumiert, wieder selbst in die Hand. Lassen Sie sich nicht von dem leiten, was andere machen, sondern informieren Sie sich und treffen Sie Ihre eigenen Entscheidungen. Denn es ist klug, einen gesunden und sinnstiftenden Umgang mit digitalen Medien zu finden. Klug sein ist nicht gleichbedeutend mit intelligent sein, sondern beschreibt die Kompetenz, in bestimmten Situationen angemessen zu handeln, um ein Ziel zu erreichen oder Schaden abzuwenden. Als Erwachsene können wir unsere Gedanken, Gefühle und Impulse aufmerksam überwachen und kontrollieren. Diese kognitive Steuerung, also das rationale Denken, findet im präfrontalen Kortex statt, also in den Vorderlappen unseres Gehirns. Da dieser Bereich bei unseren Kindern noch nicht hinreichend entwickelt ist, müssen sie vor für sie nicht zu erkennenden Gefahren geschützt werden.

Kinder wissen nämlich zwar schon recht früh, was sie wollen, können jedoch noch nicht überblicken, was sie brauchen. Sie werden noch überwiegend von ihrer Lust, ihren Wünschen und ihren Bedürfnissen gesteuert und sind somit den Belohnungssystemen, die bei der Nutzung von digitalen Medien eine Rolle spielen, mehr oder weniger hilflos ausgeliefert.[175] So können wir auch die Faszination und Begeisterung beobachten, mit der sich Kinder den bunten, bewegten Bildern auf den Bildschirmen hingeben. Sie wischen, tippen, können damit spielen und werden, wenn sie älter sind, chatten, recherchieren und mit Freund*innen in Kontakt bleiben. Eine Mutter berichtet, wie die Kinder heute, auch wenn sie zu mehreren sind, jede Gelegenheit nutzen, um mit digitalen Medien zu spielen: »Die spielen dann so nebeneinander. Es gibt keine Kommunikation, weil jeder für sich spielt.« Eine andere Mutter beschreibt es so: »Was auffällig ist, ist, dass so das normale Miteinander leidet, die sind wirklich in einer anderen Welt. Die bugsieren sich in diese Spiele hinein und haben den Bezug zur Realität dann teilweise verloren.« Die Kinder könnten dieses Spielen noch viel häufiger machen, doch die Eltern schränken die Bildschirmzeit ein. Darüber gibt es häufig Streit: »Wir sind anders groß geworden, wir waren viel draußen, und das ist das Neumodische, was wir noch nicht kennen. Es ist auch noch nicht so erforscht. Ich weiß nicht, welche Auswirkungen das auf meine Kinder hat.«[176] Natürlich ist dies eine subjektive Beobachtung von zwei Müttern und wir beobachten auch Kinder, die an einer Konsole miteinander spielen und dabei ihre Gefühle teilen. Auch auf dem Schulweg tauschen sich Kinder über ihre Spiele aus und blicken begeistert auf ihr Smartphone oder eben das Smartphone ihrer Freund*innen. Sie sind dabei sehr fokussiert und konzentriert, was durchaus positiv zu bewerten ist, da sie so sicherlich auch etwas lernen. Doch man erhält ebenso das Gefühl, viele Nutzer*innen digitaler Medien erschaffen sich in vielen Situationen ihren eigenen, intimen Raum, zu dem dann niemand anderes Zutritt erhält. Der sonst so typische trianguläre Blick »Schau, siehst du, was ich mache?«, über den wir vor allem von Kindern eingeladen werden, kommt dann selten bis gar nicht vor. Wie bereits beschrieben hängt dies sicherlich auch mit ambivalenten Gefühlen zusammen, die Eltern haben, wenn sie ihre Kinder wie hypnotisiert spielen sehen. Kinder spüren diese Emotionen, die im Raum sind, und erhalten so schnell das Gefühl, etwas zu tun, was nicht so sehr geliebt wird wie andere, analoge Spiele.

Hier wirken mehrere Faktoren parallel. Kinder erhalten weniger Anerkennung beim Spielen mit digitalen Medien, da viele Eltern sich im digitalen Dilemma bewegen und ihre Bewunderung verweigern. Möglicherweise liegt hier im Umkehrschluss ein Grund, warum sich Kinder beim Spielen mit digitalen Medien weniger in Beziehung zu ihren Eltern setzen. Die mangelnde Anerkennung dieser Aktivitäten führt auch dazu, dass sich Kinder mit ihren Endgeräten zurückziehen, um nicht den eher skeptischen Blicken der Eltern ausgeliefert zu sein. Hier reicht ihnen dann die Faszination, die die vielen bunten Bilder oder bestimmte Spiele in ihnen auslösen. Die von der Medienindustrie ausgeklügelten Systeme sind sehr erfolgreich darin, Kinder und Jugendliche an diese Aktivitäten zu binden.[177] So kommt es bei Pit, Till und Lennart, für die das Konsumieren von Medien eine starke Sogwirkung hat, zu einer Vereinnahmung, die alle anderen Aktivitäten in den Hintergrund treten lässt:[178] »Zu groß war die Anziehungskraft des Spiels, das unseren Sohn förmlich einsog. Er schaffte es nicht mehr, das Spiel zu kontrollieren.« Lennart sagt dazu: »Ich konnte an nichts anderes mehr denken als daran, dass meine Kumpels gerade *Brawl Stars* oder *Fortnite* spielten und ich nicht.«[179] Das digitale Endgerät sollte immer als etwas zusätzliches betrachtet werden können, als ein Medium, das wir für einen Moment nutzen, und nicht als allgegenwärtiger Bestandteil des eigenen Selbst.

Absprachen und Regeln

Kinder brauchen wie im Straßenverkehr auch in der digitalen Welt eine Begleitung. Sie müssen an die Hand genommen werden und erhalten so die Möglichkeit, sich eine Medienkompetenz anzueignen. Ich meine hier nicht vordergründig die Kompetenz in Bezug auf die Bedienung digitaler Medien, sondern eher eine *Kompetenz in Bezug auf die Nutzung*: Was? Wann? Wie oft? Wie lange? Kinder brauchen hier ihre Eltern, die sie leiten und begleiten. In diesem Zusammenhang ist es wichtig, sich als Eltern Informationen einzuholen, wie viel und welche Medien ihr Kind ab welchem Alter nutzen sollte. Vor dem Hintergrund dieser Informationen, die zunächst nur Anhaltspunkte sind, sollten klare Absprachen und Regeln für das Zusammenleben mit digitalen Medien getroffen werden. Dabei ist es jedoch wichtig, die elementare Bedeutung von Kontakt und Beziehung nicht aus den Augen zu verlieren. Die Bundeszentrale für gesundheitliche Aufklärung (BZgA) gibt an, wie viel Medien ein Kind in welchem Alter nutzen sollte:[180]

- 0–3 Jahre: keine Bildschirmmedien nutzen
- 3–6 Jahre: höchstens 30 Minuten täglich in Begleitung der Eltern
- 6–10 Jahre: höchstens 45–60 Minuten täglich

Neben diesen Regeln, die uns sicherlich etwas Orientierung bieten, ist es wichtig, unser Kind in seiner Gesamtheit, mit seinen Interessen, mit seinen persönlichen Eigenschaften sowie mit seinen kindlichen Grundbedürfnissen zu berücksichtigen. Kinder

- suchen vor allem zunächst nach Verbundenheit und Geborgenheit.
- sind interessiert, möchten gestalten, sich beschäftigen und auch mal beschäftigt werden.
- suchen nach Aufmerksamkeit, um für ihr noch unreifes Selbst Bestätigung zu finden.
- brauchen und suchen auch Freiheit und zeigen das Bedürfnis nach Autonomie.
- suchen Vorbilder, und ihre größten Vorbilder sind zunächst ihre Eltern.
- möchten sich abgrenzen und sich in ihrem Sein von Erwachsenen unterscheiden.

Säuglinge kommen mit Neugierde und der Erwartung auf die Welt, sich mit den Menschen, die sie umgeben, in Beziehung zu setzen. Sie genießen diesen multisensorischen Austausch von Emotionen, Stimmen, Berührungen, Geschmäcken und Gerüchen im zwischenmenschlichen Kontakt. Natürlich reagiert ein Säugling auch mit Neugierde auf das Smartphone mit seinen Farben, Bildern, Tönen und seiner glatten Oberfläche. Es entgeht ihm auch nicht, welche Faszination und Bedeutung dieses smarte Objekt für seine Eltern hat. Doch in der Gesamtbetrachtung steht es eher im Weg, denn es behindert sein Grundbedürfnis nach Nähe und ungeteilter Aufmerksamkeit. Auch wenn die Neugierde auf digitale Medien vorhanden ist, ziehen Kinder den zwischenmenschlichen

Kontakt immer vor, wenn dieser angeboten wird. In der Kommunikation mit seinen Eltern findet eine Feinabstimmung statt, zu der das Smartphone als Gegenüber natürlich nicht in der Lage ist. Besonders im emotionalen Austausch, der mit allen anderen Wahrnehmungseindrücken einhergeht, wird ein neuronales Wachstumshormon gebildet, das ganz wesentlich die neuronale Verknüpfung der Nervenzellen fördert. Wenn dieser emotionale Dialog mit den Eltern nicht hinreichend gelebt wird, besteht die Gefahr, dass sich die neuronale Verschaltung bei Säuglingen nicht so ausbildet, wie es eigentlich erforderlich wäre.

Vor dem Hintergrund des Grundbedürfnisses nach sicherer Bindung ist es hilfreich, wenn wir als Eltern mit Säuglingen medienfreie Momente oder Zonen einführen. Es ist eine Erleichterung, wenn wir als Eltern die Zeit mit dem Säugling als medienfreien Raum oder medienfreie Zeit nutzen, um die Qualität dieses nie wiederkommenden, unmittelbaren, unvoreingenommenen, zwischenmenschlichen Kontakts bewusst zu erleben. Natürlich fühlt sich mit Babys nicht alles so rosig an, wie ich es gerade beschrieben habe, und es gibt anstrengende Momente und die Lust, sich genau dann mit jemandem auszutauschen, der schon sprechen kann. Das kann und sollte man auch tun, doch nur dann, wenn der Säugling nicht dabei ist, um Irritationen bei ihm zu vermeiden, wie das zuvor beschriebene Still-Face-Experiment unterstreicht. Es ist zudem von großer Bedeutung, auch das Stillen als einen solchen Moment zu erfassen, in dem es um die ungeteilte Aufmerksamkeit geht. Es bildet auch für Sie als Mutter ein Rahmen, der davor schützt, immer und überall erreichbar zu sein.[181]

Sollte Ihr Kind **unter 3 Jahren** sein, so ist auch hier die wirksamste Methode der Prävention, den eigenen Mediengebrauch in Gegenwart des Kindes zu unterlassen. Sie nehmen Ihrem Kind so einen wichtigen Anreiz, sich mit digitalen Medien zu beschäftigen.[182] Eltern sind nämlich die Personen, mit denen es sich am stärksten identifiziert, denen es nacheifern möchte. Der Philosoph Augustinus sagte: »Das Leben der

Eltern ist das Buch, aus dem die Kinder lesen«, und der Komiker Karl Valentin scherzte: »Kinder zu erziehen macht eh keinen Sinn, denn sie machen einem ja sowieso alles nach.«[183] Die Nachahmung ist ein wesentliches Element des kindlichen Reifungsprozesses. Kinder bewundern ihre Eltern und streben schon recht früh danach, groß zu werden – und ihre Eltern sind dabei ihr größtes Vorbild: »Handlungen, Empfindungen, Gefühle und Stimmungen, alles, was uns andere vormachen oder zeigen, wird im Gehirn des beobachtenden Menschen – gleichsam wie ein Spiegel – nachgeahmt.«[184] So gesehen hat der zweite Teil des Valentin-Zitats eine elementare Bedeutung und ist einer der wirksamsten und bedeutendsten Aspekte in der Erziehung unserer Kinder. Aus diesem Grund sollte uns klar sein, dass unser Medienverhalten einen großen Einfluss auf unsere Kinder hat. Was soll das noch unreife Kind denken, wenn die meisten Erwachsenen oder auch Jugendlichen sich immer wieder intensiv mit ihrem Smartphone beschäftigen? »Viele Erwachsene heben selbst den Blick kaum noch vom Display. Insbesondere kleine Kinder ahmen oft einfach nach, was sie von Erwachsenen vorgelebt bekommen, so auch die permanente Präsenz der Smartphones.«[185]

Die Faszination Smartphone mit seiner glatten Oberfläche und seinen bunten Bildern birgt besonders in diesem Alter das Risiko in sich, die natürlichen Entwicklungsbedürfnisse des Kindes zu hemmen. Ein australisches Forschungsteam konnte in einer aktuellen Studie, bei der mittels einer Spracherkennungstechnologie Daten von 220 Familien ausgewertet wurden, einen eindeutigen Zusammenhang zwischen Sprachentwicklungsverzögerung und Bildschirmzeit nachweisen. Denn während die Kleinen vor den Bildschirmen sitzen, interagieren sie weniger mit ihren Eltern und hören weniger Wörter.[186] Es gibt wie gesagt für diese Altersgruppe keinen bildungsrelevanten Nutzen digitaler Medien. Daher würde ich auch hier den Empfehlungen folgen und dem Kleinkind keine digitalen Medien anbieten. Doch vielleicht haben Sie auch kein direktes Angebot gemacht, sondern Ihr Kind hat sich aufgrund seines natürlichen Neugierverhaltens plötzlich und immer wieder mit dem Smartphone beschäftigt, da es ja alle tun und es immer mal wieder verfügbar ist? Wenn Sie nun eine Veränderung vornehmen wollen, so können Sie es so halten wie mit dem Glas Rotwein, das ein Kind auch nicht trinken darf. Die gleiche Haltung braucht es beim Umgang mit dem Smartphone. Natürlich ist es wichtig, dem Kind Alternativen anzubieten, und Sie werden bei den kleinen Geistern erleben, wie sie Ihre Angebote vor dem Hintergrund ihrer Neugierde gern aufnehmen und das Bedürfnis nach dem Smartphone wieder in den Hintergrund rückt.

Setzen Sie digitale Medien nicht für Ihr Kind ein, um ihm dabei zu helfen, Langeweile zu überbrücken, oder um Ihnen selbst einen persönlichen Freiraum zu schaffen. Es gibt hierfür viel interessantes Spielzeug, auch wenn es auf den ersten Eindruck nicht so wirkt, um Zeiträume zu füllen und eindeutig intensiver und nachhaltiger zu lernen. Sollten Sie Ihrem Kind schon angewöhnt haben, beispielsweise beim Autofahren ein Handy zu benutzen, so tauschen Sie dieses gegen ein Bilderbuch oder ein Spielzeug ein. In diesem Zusammenhang sei erwähnt, dass es heute immer mehr junge Leute gibt, die durch die Führerscheinprüfung fallen, und es liegt die Vermutung nahe, dass diese jungen Leute sich als Kinder beim Autofahren mit digitalen Medien beschäftigt und weniger die Handlung Autofahren ihrer Eltern wahrgenommen haben. Sie konnten auch nicht so gut ein Gefühl für Geschwindigkeit und der sich verändernden Umgebung oder sich nähernden und sich entfernenden Objekte erlernen, was unser Gehirn automatisch leistet, wenn wir aus dem Fenster schauen. Dabei gibt es während Autofahrten, die natürlich oft schrecklich lang sind, so viel zu sehen. Kleine Kinder schaffen es aufgrund ihres Neugierverhaltens recht schnell, sich auf andere Aktivitäten einzulassen, wie Tiere oder Busse zu zählen. Natürlich werden die meisten Kinder protestieren, wenn sie etwas anderes gewohnt sind, doch der Protest wird sich bald legen und ihr Kind wird in diesem Alter schnell lernen, sich wieder mit anderen Dingen zu beschäftigen.

> »Wir hatten den gerade mal Elfjährigen ans Internet verloren. – Dabei fing alles harmlos an. 2010 amüsierten wir uns noch, auch wenn mit leichtem Unwohlsein, als unser zweijähriger Sohn vergebens versuchte, ein Bilderbuch umzublättern. Er hatte versucht, die Buchseiten des Grüffelo mit einer Wischbewegung nach links zu swipen. Eine Bewegung, die er sich offenkundig bei seinen Schwestern im iPad abgeschaut hatte.«[187]

Von vielen Eltern werden Medien oft eingesetzt, um kleine Kinder zu beruhigen. Doch auch wenn sich Ihr Kind scheinbar beruhigt, stellt das Betrachten der vielen bunten Bilder eine Reizüberflutung dar. Kinder sind in diesem Alter eigentlich nicht darauf vorbereitet, schnelle Reizfolgen zu verarbeiten. Die schnellen Bilder, die mit vielen Farben, Tönen und Bewegungen dargeboten werden, sind eine Überforderung für das kindliche Gehirn. Viele Kinder schützen sich dann vor der Reizüberflutung, indem sie innerlich abschalten und so nach außen den Eindruck von Beruhigung vermitteln. Wenn wir Kinder wirklich beruhigen wollen, ist es viel wichtiger, dies über Körperkontakt oder beispielsweise über das Vorlesen einer Geschichte zu tun. Durch dieses Beziehungsangebot, bei dem das Kind die Stimme eines Elternteils hört und auch Körperkontakt hat, macht es eine ganzheitliche Erfahrung, die sich auch als neuronale Erfahrung im Gehirn abbildet. Über diese Erfahrung der Beruhigung durch die Eltern lernt das Kind, sich in der Folge auch selbst zu regulieren. Das Smartphone hat nicht die Möglichkeit, diese feinnuancierte Regulation vorzunehmen.[188] Die Schwierigkeiten von immer mehr Kindern, sich gut selbst regulieren zu können, haben hier einen ihrer Ursprünge.

Im Zusammenleben mit kleinen Kindern ist es wichtig, immer mal wieder mit ihnen zu spielen oder ein Buch anzusehen. Aber dies sollten wir auch nicht permanent tun, denn das Kind benötigt Freiräume, in denen es sich mit sich selbst beschäftigt, um sein eigenes Selbst zu entwickeln. Hier ist es klug, Material zur Verfügung zu stellen, damit das Kind die für sein Alter typischen Handlungen und Spiele umsetzen kann. Hierzu gehören beispielsweise Stapeln, Bauen, Sortieren, Kategorisieren sowie das Symbolische Spiel. Schaffen Sie bei den unter 3-jährigen Kindern, aber gern auch darüber hinaus, ein eher reizarmes Umfeld und überfrachten Sie Ihr Kind nicht mit Spielsachen. Weniger ist oft mehr, und im Mangel entsteht in der Regel Kreativität.

Auch bei Kindern im Alter **von 4 bis 6 Jahren** halte ich es für zielführend, den eigenen Gebrauch des Smartphones in ihrer Gegenwart sehr stark zu reduzieren, um ihnen ein gutes Vorbild zu sein. Für Kinder, deren Eltern Bücher lesen, bekommt das Buch eine größere Bedeutung. Wenn es Ihr Kind schon gewohnt ist, digitale Medien zu nutzen, so sollte es dies nicht allein tun, auch damit Sie als Eltern ein besseres Gefühl für den Inhalt erhalten. Wenn es um eine Reduzierung geht, weil Sie die Auffassung gewonnen haben, Ihr Kind beschäftigt sich zu viel mit digitalen Medien, ist es für das Kind leichter – und bei manchen Kindern zwingend nötig –, wenn Sie einen Ersatz schaffen. Es ist hier natürlich wichtig, sich Zeit zu nehmen, um sich mit dem Kind zu beschäftigen und beispielsweise zu malen oder analoge Spiele zu spielen. Kinder mögen es auch sehr, zusammen mit einem Elternteil fernzusehen. Sie genießen und benötigen auch die elterliche Begleitung und die Aufmerksamkeit, um Fragen stellen zu können. Doch auch für das Fernsehen gilt, als Eltern selbst Vorbild zu sein, Regeln zu vereinbaren, Zeiten festzulegen und kindgerechte Formate zu wählen.[189] Das Fernsehen sollte zudem nicht transportabel sein, sondern seinen festen Ort haben.

Bei den 4- bis 6-jährigen Kindern würde ich auch der zuvor genannten Empfehlung folgen: Es ist gut, einen kontrollierten Zugang zu Medien in dieser Altersgruppe von 30 Minuten einzuführen und einzuhalten. Dieser zeitliche Rahmen, der idealerweise etwa immer um die gleiche Zeit gesetzt sein sollte, schützt uns als Eltern davor, digitale Medien einzusetzen, um das Kind zu beruhigen, Langeweile zu überbrücken oder eigene Freiräume zu schaffen. Bestenfalls sind die Eltern an den 30 Minuten Medienzeit beteiligt. Bei einem Austausch über das Gesehene kommt Ihr Kind wieder zu ganz anderen Gedanken, bekommt eine unmittelbare Verbindung zur analogen Welt und zu viel komplexeren neuronalen Verschaltungen im Gehirn.[190]

Besonders **im Grundschulalter** nimmt der Konsum von digitalen Medien zu, da die Kinder durch das Medienverhalten anderer Kinder animiert werden, auch ein eigenes Smartphone haben zu wollen. Für viele Eltern scheint es selbstverständlicher zu werden, ihrem Kind diesen Wunsch zu erfüllen, auch um den Kindern einen sicheren Schulweg zu gewährleisten. Dabei ist es dann gerade der Schulweg, auf dem die Kinder sich mit Games oder Social Media beschäftigen. Hier entstehen regelrecht gruppendynamische Prozesse, die eine Art Sogwirkung erzeugen. Wenn wir nun den Eindruck erhalten, unser Kind könnte in diesen Sog geraten sein und sein Medienverhalten über das empfohlene Maß hinausgehen, sollten wir aktiv eine Veränderung vornehmen. Das empfohlene Maß ist 30–40 Minuten am Tag, doch wenn Ihr Kind schon in der Grundschule ein eigenes Smartphone besitzt, wird es dieses Zeitfenster möglicherweise schon auf dem Schulweg ausgeschöpft haben.

Nun sollten Sie für Ihr Kind einen Rahmen schaffen, der ihm entspricht, in Ihren familiären Alltag passt und sich an der Empfehlung orientiert. Ein Rahmen ist ein Rahmen und schützt Sie als Eltern sowie Ihr Kind davor, sich nicht im Uferlosen, Beliebigen, immer Verfügbaren und Allgegenwärtigen zu bewegen. Der Rahmen bezieht sich auch auf die Inhalte, die die Kinder schauen. Gerade bei Kindern im Grundschulalter weitet sich das Bedürfnis, ein bestimmtes Spiel haben zu wollen, durch das bei anderen Gesehene aus. In diesem Alter haben Kinder oft ein Maß an Medien zur Verfügung, das ihrem Reifegrad nicht entspricht.[191] »Eine

Faustregel könnte lauten: Je jünger die Kinder sind, desto realer sollte die Welt um sie herum sein.«[192]

Grundlagen schaffen

Alle Kinder wachsen in dieser Medienwelt auf. Sie ist zu einem großen Teil ihrer Lebenswelt geworden, in der es eine nicht mehr überschaubare Anzahl an Spielen und Social-Media-Angeboten gibt, zu denen sie unterschiedlichste Berührungspunkte erhalten. Die Aufgabe für Eltern und für uns alle als Gesellschaft muss sein, die Kinder zur Medienmündigkeit zu begleiten. Das bezeichnet die Fähigkeit, digitale Medien dosiert, aktiv, kritisch reflektiert und technisch versiert nutzen zu können. Es geht darum zu lernen, das Medium zu beherrschen, es sinnvoll einzusetzen, um nicht davon beherrscht zu werden.[193] Kinder müssen ihre Erfahrungen machen, doch da sie Kinder sind, brauchen sie auch die Begleitung ihrer Eltern. Es ist wichtig, mit ihnen zu sprechen, um bestimmte Grundlagen zu schaffen, die die Kinder vor den möglichen Gefahren oder einem unverhältnismäßigen Konsum schützen.

Im Grundschulalter möchten viele Kinder ihr eigenes Smartphone haben, weil es die anderen auch schon haben, und viele Eltern stehen vor der Herausforderung, die richtige Antwort zu finden. Natürlich ist es hier zunächst einmal wichtig, das Bedürfnis der Kinder, dazuzugehören, nicht zu überhören. Dieses Bedürfnis erzeugt sehr viel Druck auf die Kinder und kann auch an die Marke des Rucksacks, der Turnschuhe sowie an andere Symbole gebunden sein. Es ist wichtig, dieses Bedürfnis anzuerkennen und gleichzeitig seinem Bauchgefühl zu vertrauen, um nicht in ein Fahrwasser endloser Bedürfnisbefriedigung zu geraten. Es ist zudem wichtig, das Gespräch und eine echte Auseinandersetzung zu führen, die das Grundbedürfnis nach Interesse und Verbundenheit ausdrückt, auch wenn die Meinungen verschieden sind, um am Ende zu einem klaren Ja oder Nein zu gelangen. Auf der Internetseite von SCHAU HIN gibt es hierzu eine recht gute Checkliste, die uns hilft, in einer möglicherweise emotional geführten Diskussion auf eine Sachebene zu kommen: Kinder sollten zunächst begründen, warum sie ein Smarthone benötigen und ob sie einen sicheren Umgang mit dem Internet haben. Haben sie auch schon einen sicheren Umgang mit Geld erworben und in diesem Zusammenhang auch eine Vorstellung für die Anschaffungs- und Nutzungskosten? Wissen sie bereits etwas über die Bedeutung von Privatsphäre, Passwörtern und über das Risiko, dass sich auch fremde Menschen über Werbung oder mit Fake News an sie wenden können? Wozu braucht man W-LAN, GPS oder Bluetooth und was verändert sich, wenn ich diese Funktionen nicht habe? Wenn Sie ihrem Kind diese Fragen in einem seinem Alter angemessenen, vertrauensvollen Gespräch stellen, werden Sie eher ein Bauchgefühl entwickeln, ob es schon der richtige Zeitpunkt für ein eigenes Smarthone ist.[194]

Sollten sie sich dafür entscheiden, sind die Tage vor dem Erwerb dieses neuen Objekts, das der dänische Familientherapeut Jesper Juul wegen der Aufmerksamkeit, die es braucht, etwas warnend als »Familienmitglied« bezeichnet, ein wichtiger Moment, um verbindliche Nutzungsregeln aufzustellen. Hierzu gehören unter anderem: medienfreie Zeiten wie beispielsweise die Schlafenszeit, die generelle Nutzungsdauer, Mama und Papa als Vertrauenspersonen anzusprechen, wenn es komische Nachrichten auf dem Handy gibt.

In der Auseinandersetzung, die Eltern mit ihren Kindern zum Umgang mit Medien führen, entwickelt sich beim Kind sowie seinen Eltern eine individuelle Medienkompetenz. Die Begleitung der Eltern sollte schon sehr früh beginnen und letztlich einen klaren Rahmen abbilden, in dem sich Kinder und ihre Eltern bewegen.

Umgang mit Zeit: Wenn sich ein 3-jähriges Kind ein Foto auf dem Smartphone seiner Eltern anschaut, ist es wichtig, das Kind darauf hinzuweisen, das Smartphone nach dem Betrachten wieder zur Seite zu legen. Schließlich haben wir es beim Smartphone oder Tablet im Gegensatz zum Fotobuch mit einem offenen System zu tun, bei dem das Kind schnell andere Apps aktivieren kann.[195] Absprachen in Bezug auf Zeiträume der Nutzung digitaler Medien sind eine ganz wichtige Stellschraube, um einen entspannteren Medienumgang zu finden. Bei der Festlegung klarer Zeiten haben Anbieter von Computerspielen auch mitgedacht. So bietet Nintendo Eltern eine App an, über die sich das Spielverhalten der Kinder beaufsichtigen lässt. In dieser lässt sich eine maximale Spieldauer einstellen und Kinder werden darüber informiert, wann die Zeit vorbei ist. Hier wird auch an die Eigenverantwortlichkeit der Kinder appelliert, und sollte ein Kind der Information der App nicht folgen, können weitere Einstellungen vorgenommen werden, bis hin zur Sperrung der Spielekonsole, wenn das Zeitlimit erreicht ist. Eltern erhalten in dieser App auch Informationen darüber, was ihr Kind gern spielt. Natürlich ist es gut, wenn diese irgendwann lernen, von sich heraus ein Spiel zu beenden, doch dies scheint mir in den allermeisten Fällen eine Überforderung zu sein, da Kinder beim Spielen in der Regel sehr vertieft sind und die Zeit vergessen.[196] Hier brauchen Kinder die elektronische Hilfe wie wir den Wecker am Morgen, um das Beenden des Spiels nicht zu »verschlafen«.

Umgang mit Inhalten: Ein Faktor zum Erwerb von Medienkompetenz ist auch *Medienkritik*, also die Fähigkeit, unterscheiden zu können, welches Medium geeignet ist. Hierzu gehört auch die ethische Dimension, also was ich als Eltern als Qualität akzeptiere und was ausscheidet. Kinder können erst ab 3 Jahren eine Geschichte mit bewegten Bildern angemessen in sich aufnehmen.[197] Doch auch für ältere Kinder gibt es durchaus jede Menge Inhalte, die ungeeignet sind, und es ist zwingend nötig, sie davor zu schützen. Natürlich geht die technologische Entwicklung so rasend schnell, dass Eltern nicht jede App kennen können und somit zwangsläufig den Überblick verlieren müssen. Hier scheint mir der realistischste Weg zu sein, sich mit dem zu beschäftigen, für was sich das Kind gerade interessiert. Es empfiehlt sich, Spiele oder Filme zusammen zu schauen oder selbst über einen längeren Zeitraum auf sich wirken zu lassen, um sich auch über Effekte, Bild- und Tonfrequenzen sowie mögliche verstörende Inhalte und das eigene Erleben in Kenntnis zu setzen. Durch diese Selbsterfahrung ist es vielleicht möglich, einen Eindruck oder eine Art Bauchgefühl zu entwickeln, welche Spiele oder Filme für Ihr Kind geeignet sind. Wenn Sie sich nicht sicher sind, können Sie auf die Empfehlungen von Elternratgebern wie SCHAU HIN oder FLIMMO zurückgreifen. Bei Computerspielen ist es immer wichtig, auf Altersbeschränkungen zu achten. Mit Spielekonsolen sollten Kinder nicht vor dem 6. Lebensjahr spielen und ein internetfähiges Endgerät ohne Anwesenheit der Erziehungsberechtigten nicht vor dem 9. Lebensjahr benutzen. Es heißt sogar, Kindern sollte ein unbeaufsichtigtes Internet nicht vor dem 12. Lebensjahr erlaubt werden. Doch unbeaufsichtigt heißt nicht, dass Eltern nicht wissen, was ihr Kind im Internet spielt oder sich anschaut.[198]

Umgang mit Gewalt: Kinder werden in ihrem Leben in Medien oder ihrer Alltagrealität irgendwann mit irgendeiner Form von Aggression oder Gewalt konfrontiert. Das kindliche Spiel, in dem Kinder schießen oder so tun, als würden sie sich boxen, ist eine Form, dies zu verarbeiten. Diese So-tun-als-ob-Spiele, die fast alle Kinder spielen, sind eine Gelegenheit für das Kind, sich auf symbolischer Ebene mit dem Thema Aggression zu beschäftigen und diese in Teilen auszuleben. Diese Möglichkeit besteht sicherlich auch zum Teil bei Computerspielen, auch wenn Dosis und Zeitfenster von Algorithmen bestimmt werden, die im jeweiligen Spiel programmiert sind. Auch wenn Kinder beispielsweise über eine oft cartoonartige Darstellung etwas mehr Distanz zu gewalttätigen Spielhandlungen aufbauen können, sollten Eltern mit ihnen diese Spiele besprechen. Es braucht immer wieder eine Rahmung, in der deutlich wird, was Gewalt im realen Leben bedeutet.

Teilen mit Anderen: Diese Anderen sollten bei Kindern auch immer wieder die Eltern sein. Wenn Sie als Eltern gemeinsam mit Ihrem Kind etwas schauen oder spielen, stellen Sie ein Gemeinschaftsgefühl her und drücken als Spielpartner*innen Ihr Interesse aus. So ebnen Sie sich einen Weg, sich sehr basale Medienkompetenz anzueignen, die Ihnen mehr Möglichkeiten gibt, auch mal Grenzen aufzuzeigen, da Sie Ihrem Kind sozusagen auf Augenhöhe begegnen. Das Spielen oder der Austausch über Spiele mit Freund*innen wiederum macht den Kindern Spaß und hat eine gute Schutzfunktion, um dem Sog einer Isolation vorzubeugen. Gleichzeitig ist hier auch Vorsicht geboten, da es über Chats Freundschaftsanfragen gibt, bei denen erst einmal unklar ist, wer sich dahinter verbirgt. So berichtete mir eine Mutter in einem Seminar: »Mein Sohn hatte eine Verabredung am späten Abend, bei der ihm von einem Fremden Münzen versprochen wurden.« Chatfunktionen für Freundschaftsanfragen lassen sich jedoch bei den meisten Spielen deaktivieren. Das Spiel mit den eigenen, echten Freund*innen ist in diesem Zusammenhang eine gute Erfahrung, um sich vor unechten »Freundschaftsanfragen« zu schützen. Denn gemeinsam ist man stark.

Doch das Spiel mit Freund*innen kann auch in eine Schieflage geraten, wenn der Aspekt des Wettbewerbs oder der Konkurrenz überwiegt und das Spiel seinen eigentlichen Charakter, nämlich ein Spiel zu sein, verliert. So werden Kinder auch immer wieder geärgert oder gemobbt, wenn sie ein bestimmtes Level nicht erreichen oder ihre Avatare kein tolles Outfit haben. Kinder können dann schnell unter Druck geraten, da dieses Spiel eine Art Serie ist, die kein klares Ende hat. Um ihr Zugehörigkeitsgefühl sicherzustellen, versuchen manche diese Diskrepanz durch das Kaufen von Münzen, Juwelen etc. auszugleichen. Hierüber sollten Sie mit Ihrem Kind reden, eine klare Vereinbarung treffen und im Zweifelsfall ein Budget vereinbaren. Doch aufgepasst, denn wenn andere, die sowieso schon ein höheres Level erreicht haben, keine Budgetierung haben, kommt Ihr Kind mit Ihrer Absprache unter noch größeren Druck. Hier kann der Austausch mit anderen Eltern ein Regulativ sein. Natürlich werden die Vorstellungen darüber, wie viel Gamen oder Social Media gut für Kinder ist, in der Regel nicht gleich sein, doch wenn man offen und ehrlich spricht, können eine Annäherung oder gar gemeinsame Absprache gelingen. Solche Absprachen müssen wir ja auch in anderen Zusammenhängen treffen.

Medien als geschlossenes System: Ein Buch ist ein geschlossenes System und viele Computerspiele, mit denen sich ein Kind über einen angemessenen Zeitraum hinweg beschäftigt, sind in sich auch geschlossener als die Beschäftigung mit YouTube oder Social Media. Auch wenn Ihre Kinder YouTube Kids nutzen, bewegen sie sich weiterhin in einem sehr reizvollen und offenen Rahmen, in dem es sehr, sehr viele pädagogisch nicht wertvolle Beiträge gibt.

Einen wichtigen Bestandteil nimmt auch die Medienkunde ein. Hierzu gehören das technische Wissen sowie ein Überblick über die breite Angebotspalette mit ihren Chancen und Risiken. Es ist für Kinder wichtig, Bildschirmzeiten oder Filtersysteme einzurichten, beispielsweise mithilfe eines Bildschirmcodes. Bei Social-Media-Plattformen wie Snapchat oder Instagram kann man beispielsweise über Einstellungen unter »Wer darf« festlegen, wer Nachrichten schreiben oder Stories anschauen darf und wer nicht. Weitere Infos hierzu findet man auch auf der sehr ausführlichen Internetseite von SCHAU HIN. Auf der Datenautobahn der heutigen Zeit, in der schnell vieles auf unsere Kinder einströmt, reichen diese Sicherheitseinstellungen jedoch genauso wenig aus wie allein der Fahrradhelm im Straßenverkehr. Sie sind ein zusätzliches Sicherungssystem, das uns nicht aus der Verantwortung lässt, als Eltern sehr aufmerksam und interessiert hinzuschauen, womit sich unsere Kinder beschäftigen.[199]

Wenn Sie als Eltern einen klaren Rahmen für den Umgang mit Medien nach diesen Vorgaben erarbeiten und klare Absprachen treffen, minimieren Sie Ihre möglicherweise ambivalenten Gefühle und geben sich selbst und Ihrem Kind ein Konzept, um Medienkompetenz zu erwerben.

Kinder, die diese Begleitung durch ihre Eltern erfahren, werden zu einer Generation erzogen, die diese Medienkompetenz dann in Zukunft möglicherweise wie selbstverständlich an ihre Kinder weitergeben wird.

LEITEN UND BEGLEITEN

Nun haben wir Wege kennengelernt, die uns und unseren Kindern Orientierung und Hilfestellungen bieten, einen kompetenten Umgang mit digitalen Medien zu finden. Doch wie können wir Kinder leiten und begleiten, damit sie diese Wege mit uns gehen? Ein gutes Fundament für eine gelingende Erziehung stellt eine Beziehung zum Kind dar, die durch Zuwendung, Respekt und Anerkennung des kindlichen Wunschs nach Autonomie geprägt ist. In der Beziehung zwischen Eltern und Kind geht es darum, Möglichkeitsräume zu schaffen, in denen sich jede*r selbst erleben kann. Vor dem Hintergrund einer respektvollen Beziehung geschieht in diesen Räumen oder Momenten eine Art Selbstsozialisation[200] – und zwar, ohne dass es uns im Moment des Ereignisses bewusst ist, wie uns das folgende Beispiel zeigt.

Aus Aufmerksamkeit wird Aufmerksamkeit

Joshua wird morgens mit Mamas oder Papas Handy in der Hand im Buggy in die Kita geschoben. Weder das Schieben mit dem Buggy noch die Beschäftigung mit dem Smartphone ist hier altersentsprechend. Joshua ist 4 Jahre alt und ihm eilt der Ruf voraus, sich nicht an Vereinbarungen zu halten und immer wieder in heftige Konflikte verwickelt zu sein. In der Beratungsanfrage werde ich auch mit der Vermutung konfrontiert, Joshua könnte möglicherweise autistisch sein, eine Zuschreibung, die bei den vielen Beratungsanfragen an mich eindeutig zunimmt. Joshua spielt immer für sich allein, findet nur wenige Worte und möchte sich an vielen gemeinsamen Aktivitäten wie Morgenkreis oder Frühstück nicht beteiligen. Da die Symptome, die autistische Kinder zeigen, nicht das Resultat eines genetischen Programms sind, sondern entstehen, weil das Kind sich nicht hinreichend zu seinen Eltern in Wechselbeziehung setzen kann, besteht die Vermutung, dass der zuvor beschriebene Medienumgang mehr Kinder zum Vorschein bringen könnte, die ähnliche Symptome zeigen. Die gute Nachricht ist jedoch: Kinder wie Joshua sind nicht autistisch, sondern bewegen sich in einem Umfeld, dessen Wechselwirkungsprozesse von Interaktion und Kommunikation weniger ausgeprägt sind, als sie es eigentlich sein sollten.

Als ich den Bewegungsraum betrete, sitzt Joshua auf einem Schaumgummiblock und hat einen Pezziball zwischen seinen Beinen. Als er ihn mit einem Tuch bedeckt, begleitet ihn eine Erzieherin, die ihn beobachtet, mit den überraschten Worten: »Huch, der Ball ist weg!«, worauf Joshua seinen Kopf dreht und freudig zur Erzieherin schaut. Auch die drei Mädchen, die sich bislang miteinander beschäftigt hatten, schauen jetzt zum Ort des Geschehens. Nun setzt die Erzieherin ihre Begleitung fort und fragt: »Wo ist der Ball geblieben?« Die Tatsache, dass nun alle drei Mädchen zu Joshua und seinem Versteckspiel mit dem Ball schauen und ein Mädchen sogar den Satz »Wo ist der Ball geblieben?« wiederholt, führt uns die Verbindung der Kinder vor Augen, die die Erzieherin durch ihre Präsenz hergestellt hat. Joshua nimmt das bewusst war und schaut nun die Mädchen an. Er ist in diesem Moment nicht mehr allein, da sich die anderen für seine Aktivitäten interessieren. Er macht hier gerade die Erfahrung der Selbstwirksamkeit und erhält das Gefühl, gesehen zu werden. Aus diesem Bewusstsein heraus zieht er das Tuch wieder weg und die Erzieherin sagt: »Da ist er wieder!« Dieses wechselseitige Ereignis setzt sich einige Male fort, bevor sich auch die Mädchen Bälle holen. Es wird deutlich, dass auch sie Worte zu ihren Handlungen hören wollen, um das Gefühl zu erhalten, in den Augen der Erwachsenen zu existieren. Das Spiel verändert sich und die Bälle rollen nun zwischen den Kindern hin und her; ein Spiel, das den Kindern viel Freude macht und weiter aufmerksam von der pädagogischen Fachkraft begleitet wird.

Als Berater bin ich sehr zufrieden mit dem, was ich in dieser Szene von allen Beteiligten zu sehen bekomme, und an Joshuas großen Augen, die jedem Wort, jedem Ereignis sowie einzelnen Blicken der Mädchen folgen, tritt für mich das Verdachtsmoment Autismus in den Hintergrund. Joshua geht die ganze Zeit in einen wechselseitigen Dialog, auch wenn er dafür nur wenige Worte benutzt. Als er mit dem Finger nach draußen zeigt, wo ein Auto vorbeifährt, und »Auto!« sagt, wird deutlich, dass er es liebt, wenn mit ihm kommuniziert wird. Als die drei Mädchen alle zum vorbeifahrenden Auto schauen, genießt er es sehr, hier einen konstruktiven Einfluss auf seine Umwelt nehmen zu können. Ich gehe zur Erzieherin, die sehr erstaunt wirkt, und signalisiere, dass ich sehr zufrieden bin mit dem, was ich gesehen habe. Sie scheint sich zwar zunächst zu freuen, macht jedoch sofort deutlich, dass das ein Ausnahmemoment war. Sie sagt: »Ich erlebe Joshua selten so aufmerksam und kommunikativ!« Da ich das in meiner Beratung täglich erlebe – in meinem Buch *Das Kind, das aus dem Rahmen fällt* beschreibe ich es mit dem Begriff »Sonnenscheintage« –, wundere ich mich überhaupt nicht, denn aus Aufmerksamkeit wird Aufmerksamkeit.[201] Natürlich fühlen sich die pädagogischen Fachkräfte durch meinen Besuch aufmerksam beobachtet, und ihre aufmerksame »Entwicklungsbegleitung«, was nach meiner Auffassung die eigentliche Aufgabe der pädagogischen Fachkräfte ist, nimmt zu. Sie beobachten und begleiten aufmerksamer die Initiativen und Handlungen der Kinder, und insbesondere Kinder wie Joshua merken, dass sich etwas ändert. Es stellen sich neue Selbstwirksamkeitserfahrungen ein, die sich auf das konstruktive Handeln der Kinder beziehen.

Als ich später die Videos auswerte, die ich von der Szene gemacht habe, gibt es nebenan im Bewegungsraum einen der typischen Konflikte mit Joshua. Ich begebe mich sofort wieder mit meiner Kamera in den Bewegungsraum, in dem Joshua gerade schreiend einem Mädchen hinterherrennt, das ihm einen großen Baustein geklaut hat. Als er das Mädchen gerade hauen will, sagt die Erzieherin: »Nein, nein, sag Stopp!«, woraufhin Joshua seinen Arm in Richtung des Mädchens ausfährt und »Stopp!« sagt. Als er mich daraufhin mit dem Blick »Siehst du, was ich kann!« anschaut, fühle ich mich dazu hingerissen, ihn zu bestätigen. Ich sage: »Du kannst ja Stopp sagen!«, worauf er mit etwas Stolz seine Handlung wiederholt, seinen Arm ausfährt und erneut »Stopp!« sagt. Doch damit nicht genug, Joshua wiederholt diese Geste mit dem dazugehörigen »Stopp!« ein drittes Mal und zeigt uns damit, dass er diese Regel nicht nur verstanden hat, sondern auch akzeptiert oder richtig findet. Nun ist die pädagogische Fachkraft ein zweites Mal sehr erstaunt: »Joshua akzeptiert sonst nie unsere Grenzen!«

Sie hat mit ihrer Präsenz in der vorherigen Szene, die sie durch ihre sprachliche Begleitung seiner Handlungen verdeutlicht hat, eine Grundlage geschaffen, damit ihr Nein, ihre Grenze, von Joshua verstanden und angenommen werden kann. Sie hat in dem kleinen, fein nuancierten Dialog eine Verbindung zu Joshua aufgebaut, die ihm das Gefühl gibt, eine Bedeutung zu haben und selbstwirksam zu sein. Diese Abstimmungsprozesse über Gestik, Mimik, Sprache, Muskeltonus und Emotionen, die die beiden untereinander geteilt haben und die Eltern auch in Momenten der ungeteilten Aufmerksamkeit mit ihren Kindern intuitiv teilen, können durch nichts ersetzt werden. Im übertragenen Sinne hat sie hier ein *Ja zum Kind* zum Ausdruck gebracht, das das Fundament ist, die Grenze, damit das Nein, die Grenze, besser akzeptiert werden kann. Eine Grenze, die sich aus einem echten Beziehungserleben, aus einem wechselseitigen Angenommensein ableitet, wird von Kindern viel schneller akzeptiert und verstanden, denn kooperatives Verhalten und Beziehungsgestaltung sind Faktoren, die neurologisch verankert sind.[202] Dieses wechselseitige Angenommensein fordert vor allem bei Vorschulkindern unsere Präsenz als Eltern, die durch den eigenen Gebrauch vom Smartphone, Laptop etc. und auch durch die Zunahme vom Homeoffice immer mehr infrage gestellt wird.

Es ist wichtig, von Kindern Regeln und Grenzen einzufordern, doch natürlich ist es, und das werden sicherlich alle Eltern und Fachkräfte bestätigen, nicht selbstverständlich, dass diese Regeln ohne Widerspruch eingehalten werden. Nach meiner Erfahrung durchbrechen Kinder Regeln besonders dann, wenn sie Aufmerksamkeit suchen. Ältere Kinder oder Jugendliche wollen mit ihrem oppositionellen Verhalten auch manchmal zeigen, dass sie sich von uns Erwachsenen unterscheiden. Doch dieses wechselseitige Aufmerksamkeitserleben, bei dem sich alle Familienmitglieder wirklich wahrnehmen, leidet, wenn sich einzelne mit ihrem Aufmerksamkeitsfokus im Internet verlieren.

»Mein Mann, Sophie und Franzi, ich selbst, der Hund – alle rückten in den Hintergrund. Alles schien sich nur noch um Lennarts Onlinezugang zu *Brawl Stars* und seine Zockerzeiten zu drehen, von Montag bis Sonntag, von morgens bis abends.«[203] Um hier wieder zu einer Veränderung zu kommen, ist unsere elterliche Präsenz von hoher Bedeutung. Wir können einem exzessiven Medienkonsum unserer Kinder nicht beiläufig begegnen, sondern dieses Verhalten sowie unser Kind benötigt nun unsere volle Aufmerksamkeit, um eine Veränderung zu ermöglichen. Nun ist Lennart schon 12 Jahre alt, als er sich von digitalen Spielen verführen lässt, sich zum Gamer entwickelt und sich seine Eltern viele Sorgen machen. Er hat vorher gern Handball gespielt und ist vielen anderen analogen Beschäftigungen nachgegangen. Ihm half letztlich eine konsequente Auseinandersetzung seiner Eltern mit dem Thema sowie 1,5 Jahre Therapie, in der es auch lange Zeiträume gab, in denen er keine Medien konsumieren durfte, um seine Sucht zu überwinden. »Wir wissen jetzt, wie wir virtuelle Abenteuer unserer Kinder begleiten und digitale Teufelskreise vermeiden oder unterbrechen können, indem wir uns jeden Tag Zeit nehmen und in Ruhe hinschauen, wo und wie Lennart im Internet unterwegs ist.«[204]

Auch wenn es uns nicht gefällt, wenn sich unsere Kinder mit diesen Medien beschäftigen, was wir ja interessanterweise fast ausnahmslos alle tun, und obwohl auch die gesamte Gesellschaft eigentlich einen anderen Umgang braucht, sollten wir diesem Treiben nicht mit Ablehnung oder Abwertung, sondern wie beschrieben eher mit Interesse und Aufmerksamkeit begegnen. Es ist logisch, dass beiläufige Äußerungen wie »Du und deine blöden Ballerspiele« weitere Widerstände bei unseren Kindern hervorrufen. »So richtig ernst nehmen kann ich meine Eltern dann auch nicht, wenn sie mich warnen vor irgendetwas im Internet, weil ich dann nicht weiß, ob sie es tatsächlich selber wirklich ganz genau wissen.«[205] Nur echte Auseinandersetzung und interessierte Anteilnahme führen dazu, dass der wichtigste Bestandteil des Aufwachsens – wohlwollende Aufmerksamkeit für das, was ich bin und tue – wieder zunehmen kann. Überall da aber, wo die Meinungen zum Computer zwischen Eltern und Heranwachsenden auseinanderklaffen, bekommt paradoxerweise vor allem einer mehr Aufmerksamkeit: der Computer.[206]

Verstehen und anerkennen

Zu dieser echten Anteilnahme gehört auch, sich vorzustellen, wie es Ihrem Kind gerade geht, wenn es von einem Spiel in den Bann gezogen ist, oder es selbst einmal auszuprobieren, sich von solch einem Spiel einnehmen zu lassen. Bei manchen Kindern ähnelt dieser Bann einem hypnotischen Zustand, was nichts Schlechtes sein muss, denn es kann schließlich auch sehr gut sein, mal alles andere für Momente vergessen zu können oder in den Hintergrund rücken zu lassen. Doch wenn wir uns als Eltern dann bemühen, zu unserem Kind durchzudringen, fühlt es sich nicht gut an, in dem Geschehen nur eine Randfigur zu sein.

Dieses Verhalten richtet sich in der Regel nicht gegen uns als Eltern. Es ist kein bewusstes Ignorieren unserer Autorität oder der Regeln, die wir möglicherweise aufgestellt haben, sondern ein Sichverlieren in einer anderen Dimension, in der auch das Gefühl für die äußere Zeit verloren geht.[207] Vielleicht kennen viele ein ähnliches Gefühl, wenn wir in der Welt eines guten Buchs versunken sind, und wir schätzen es dann auch nicht, abrupt aus unseren Gedanken und den damit verbundenen Empfindungen gerissen zu werden. In der Regel werden wir das auch nicht, da unsere Umwelt uns wahrscheinlich behutsam anspricht, da wir ja ein Buch lesen; eine Tätigkeit, die eine andere Anerkennung oder Achtung als der Konsum digitaler Medien erfährt. Wir sollten den Kindern hier mit einer ähnlichen Haltung begegnen, wenn sie mal wieder die Zeit vergessen haben, um die Ebene des gegenseitigen Respekts nicht zu verlassen.

Wenn wir diesem Abwesenheitsaspekt nicht mit Verständnis begegnen, sondern ihn als gegen uns gerichtet werten, besteht die Gefahr, dass wir unsere Regeln mit wenig Respekt und viel Emotionen einfordern. Durch diese Grenzsetzung begeben wir uns auf eine Konfliktlinie, hinter der Kinder unsere Worte überhören oder dann wirklich ignorieren. Natürlich ist niemand perfekt, und solche Momente kommen möglicherweise immer wieder vor, doch es ist klug, daraus zu lernen und nicht das Kind dafür verantwortlich zu machen, dass es für unsere Argumente gerade nicht offen ist. Das sind wir im Übrigen selbst als Erwachsene oft auch nicht, wenn wir Kritik entgegennehmen müssen. Und auch wenn wir diesen ganzen Grundsätzen folgen, wird es Widerstände und Konflikte geben. Hierzu gehören das Umgehen von Regeln, das Ändern von Passwörtern sowie Proteste, denen wir allesamt nicht aus dem Weg gehen sollten. Es gilt die Devise: Wehret den Anfängen – denn bei einem kleinen Kind lassen sich unsere Erwartungen besser umsetzen als bei einem Kind, das schon 10, 12 oder 14 Jahre alt ist. Wenn die Kinder später in die Pubertät kommen, sind sie oft nicht mehr unbedingt daran interessiert, was ihre Eltern tun, sagen oder gut finden. Eltern, die zu diesem Zeitpunkt noch keine Klarheit bei diesem Thema geschaffen haben, könnten Probleme bekommen.[208] Konflikte mit Jugendlichen, die sich gerade deutlich von ihren Eltern unterscheiden wollen, können eine ganz andere Dimension haben, und ganz schnell kommen sie in ein Alter, in dem sie die Entscheidungen für ihr Leben selbst treffen.

Konflikte gibt es vor allem, so ist es nun mal, wenn wir unsere Einstellung als Eltern plötzlich ändern, da wir aktuelle Informationen erhalten haben, die uns klar vor Augen führen, dass wir den Medienkonsum eingrenzen müssen. Es ist für Kinder nicht einfach zu verstehen, woher unsere Haltungsänderung plötzlich kommt. Doch wie die angeführten Beispiele zeigen, hat es sich als konstruktiv erwiesen, wenn wir unseren Kindern mit Interesse und Wertschätzung begegnen, um die Grundlage für eine gute Beziehung zu wahren. So schaffen wir ein Fundament zur Kooperation, und damit lässt sich das Einhalten von Regeln deutlich steigern.[209] Wenn Kinder Regeln oder Gesetzen folgen, sie verstehen und verinnerlichen sollen, so müssen wir Erwachsene ihnen diese Regeln erklären und natürlich auch vorleben. Wenn ich also möchte, dass mein Kind lernt, an der Ampel bei Rot stehen zu bleiben, so tue ich es logischerweise auch! Wenn ich möchte, dass mein Vorschul- oder auch Grundschulkind kein Smartphone benutzt, so tue ich es möglichst auch nicht, oder treffender formuliert – da wir ja nicht mehr ohne leben wollen –, nicht überall und immer. Wenn wir uns dem gesunden und großen Bedürfnis des Kindes nach Identifikation mit seinen Eltern bewusst sind, ist es klug, Dinge vorzuleben, die wir für sinnvoll erachten. Hier sind wir dann im Bereich der *Prävention*. Doch diese Prävention scheint den meisten Menschen in unserer Gesellschaft in Bezug auf das Thema Mediennutzung nicht gut genug zu gelingen, weil wir alle beobachten, wie kleinste Kinder an Tablets, Smartphones, Fernsehern und sogar Büchern anfangen zu wischen, da sie die Erfahrung gemacht haben, dass diese Bewegung eine von ihren Vorbildern angewandte Alltagshandlung ist.

Wenn ein kleines Kind ein Schälmesser in die Hand nimmt, spüren wir sofort die Gefahr, die von diesem Gegenstand ausgeht. Wenn dasselbe Kind jedoch mit seinen Fingern über einen Touchscreen streicht, lächeln wir. In einem Fachvortrag der Fachstelle Mediensucht sprach der Referent davon, dass uns noch das intuitive Gefühl dafür fehlt, wann wir Kindern welche Technologie in die Hand geben. Wir haben noch kein Gefühl, welche Auswirkungen der unkontrollierte Gebrauch digitaler Medien für sie hat, auch wenn Studien die Gefahren schon lange belegen. Um seine interessanten Ausführungen zu untermalen, benutzte der Referent ein Bild von einer Axt, die in einem Holzpflock steckt. Er fragte das Publikum, ab wann sie ihrem Kind die Erlaubnis erteilen würden, diese Axt zu nutzen. Die Antworten kamen prompt, und die Mehrheit sagte, ab 14, 15 oder 16 Jahren. Doch es wurde von allen betont, sie würden ihre Kinder niemals mit der Axt alleinlassen. Das heißt, bei einer Spaltaxt oder dem Schälmesser haben wir ein intuitives Gefühl dafür, welche Gefahr von dem Gegenstand ausgeht. Bevor wir nämlich eine*n Jugendliche*n – und wir sprechen hier vom Alter 14 bis 16 – mit der Axt alleinlassen, würden wir uns alle davon überzeugen wollen, dass sie*er einen sicheren Umgang damit hat. Beim Smartphone, das so schön smart und so schön glatt ist und so viele bunte Bilder enthält und das ja auch alle haben wollen, versagt allerdings genau dieses Gefühl.[210] Doch von beiden Objekten geht eine Gefahr aus, nur für das Smartphone müssen wir als Gesellschaft wie auch als Individuum erst noch ein Gefahrenbewusstsein entwickeln. Wenn sich Eltern mit ihrem Kind durch den Straßenverkehr bewegen, unterstützt sie das intuitive Gefühl der Gefahr, die von den vorbeifahrenden Autos ausgeht, darin, Vorbild zu sein und ihre Kinder im Straßenverkehr zu begleiten und anzuleiten. Wir erklären den Kindern, wo sie stehen bleiben müssen und dass wir zunächst nach links und rechts schauen. Auch beim Umgang mit digitalen Medien sollten wir uns die Zeit nehmen und unseren Kindern einen angemessenen und sicheren

Umgang vermitteln, indem wir sie darin begleiten und anleiten. Hier wird die große Diskrepanz deutlich, besonders wenn ich an die Kinder denke, die mir im Beratungskontext begegnen, die erst 3 bis 6 Jahre alt sind und trotzdem schon sehr früh und unbeaufsichtigt über einen langen Zeitraum Medien konsumieren. Es ist wichtig zu wissen, was unsere Kinder da spielen oder schauen. Und da reicht es nicht aus, als Prophylaxe für unsere Kinder lediglich Bildschirmzeiten oder Sperrfunktionen einzurichten. »Wir schicken sie sprichwörtlich mit dem Kinderfahrrad auf eine viel befahrene Autobahn und glauben, dass der TÜV-geprüfte Fahrradhelm, der teuer beschafft wurde, sie vor Unfällen bewahrt.«[211]

Die Angaben, die beim erwähnten Fachvortrag bzgl. der Axt aus dem Publikum kamen, decken sich interessanterweise ungefähr mit den Empfehlungen von Expert*innen in Bezug auf die Nutzung digitaler Medien. Kinder sollten, wie schon erwähnt – aber vielleicht ist es gut, es häufiger zu sagen –, frühestens dann ein internetfähiges Endgerät nutzen dürfen, wenn sie es sicher bedienen und mögliche Gefahren einschätzen können. Diese Fähigkeit erreichen die meisten in der Regel mit 12 Jahren. Ein nicht internetfähiges Smartphone sollte nicht vor dem 9. Geburtstag frei in die Hände von Kindern gelangen.[212] Hier sehen sicherlich die meisten, die das gerade lesen, einen Widerspruch zu dem, was sie im öffentlichen Raum erleben oder selbst mit ihren Kindern praktizieren. Die meisten Kinder erhalten ein internetfähiges Endgerät mit dem Übergang in die weiterführende Schule, also etwa mit 10. Wenn es dann auf dem Elternabend um die erste Klassenfahrt geht, nimmt die Diskussion, ob Endgeräte mitgenommen werden dürfen, sehr viel Raum ein, weil schon jede Familie eine eigene Kultur damit entwickelt hat. Einzelne Eltern argumentieren, sie möchten ihre Kinder immer erreichen können, und führen auch die Bedürfnisse der Kinder an, die beispielsweise ohne den »digitalen Teddy«, also das »Übergangsobjekt« Smartphone, nicht mehr einschlafen können.

Die richtige Haltung finden

Egal, ob es um den Zeitrahmen oder den Inhalt geht: Wir können nicht plötzlich einfach alles verteufeln, was wir vorher noch völlig in Ordnung fanden oder zumindest nicht kritisch gesehen haben. Auch wenn ich dem Medienkonsum von Kindern, wie Sie sicherlich schon bemerkt haben, durchaus kritisch gegenüberstehe, so ist dieser doch Teil der Handlung Ihres Kindes, Teil seines Interesses und somit auch ein Teil seines Selbst. In diesem Zusammenhang können beiläufige Bemerkungen wie »Lass doch mal das Daddeln!« von den Kindern als Kränkung oder Angriff erlebt werden und sich zu einem Teufelskreis entwickeln. Kinder brauchen zunächst einmal ein klares Ja und somit eine Bestätigung für das, was sie tun, um grundsätzlich das Gefühl von Wertschätzung und Anerkennung sowie die Erfahrung der Selbstwirksamkeit zu erleben. Wenn Kinder sich gekränkt oder angegriffen fühlen, gehen sie nicht selten in eine Selbstbezogenheit oder in einen Widerstand, der Rückzug heißt. Bei diesem Rückzug wird dann die Bedeutung des Endgeräts sogar zunehmen, weil das Kind hier die Anerkennung sucht, die ihm fehlt, und das Gerät genau das macht, was man ihm sagt oder eingibt.[213]

Ulrike Wolpers war verwundert, als ihr Sohn scheinbar ohne Probleme die Vorschläge seines Therapeuten abnickte: »Ich dachte, oh so einfach geht das hier auf einmal? Hatten wir nicht im Prinzip das Gleiche gemacht? Gesagt, wenn du unsere Regeln brichst, ist das Handy weg? Und jetzt auf einmal nickte der Sohn ehrfürchtig und voller Vertrauen und Zuversicht?«[214] Der Therapeut hatte gleich zu Beginn der Therapie Verständnis für Lennarts Leidenschaft gezeigt, einzelne Spiele, die Lennart spielt, gekannt und sogar selbst gespielt. Damit stellte er Nähe und Vertrauen her, was in diesem Kontext das Fundament für das Nein oder die *konstruktive Grenze* darstellt. Lennart selbst formuliert es so: »[Er] war echt freundlich, aber streng und guckte mir genau in die Augen. Es war echt hart, seinem Blick auszuweichen. Und ich hatte so eine Mischung aus Angst, Erleichterung und so einem glücklichen Gefühl, dass ich es schaffen wollte und könnte.«[215]

Wenn wir nicht als Verlierer*innen aus dieser Auseinandersetzung herausgehen wollen, in der unser Kind in der Folge dann auch den Bezug zur realen Welt verlieren kann, müssen wir ihm auf Augenhöhe begegnen und uns als präsentes Gegenüber anbieten. Wir werden diese Auseinandersetzung zwar nicht ohne Konflikte lösen können, denn die Kinder werden in der Regel rebellieren, wenn wir ihnen eine Aktivität nehmen oder einschränken, die sie sehr gern tun. Doch auch hier gibt es große Unterschiede, denn die Art und Weise, wie Kinder auf Grenzen reagieren, hängt nicht nur von der Erziehung ab, sondern hat auch eine Menge mit ihrem Temperament zu tun, das das einzelne Kind mit auf die Welt gebracht hat. Heftige Reaktionen können zudem mit dem Zeitpunkt zu tun haben, wann wir die Grenzen oder Begrenzungen einführen. Hier spielt das Lebensalter natürlich eine wichtige Rolle und ebenso der Zeitpunkt, zu dem wir versuchen, Grenzen oder Regeln einzuführen. Wenn ein Kind eine heftige Reaktion zeigt, sollten wir dieses Verhalten nicht unmittelbar als eine Art »Sucht« interpretieren, sondern auf das Unterbrechen einer Aktivität zurückführen, die gerade sehr spannend ist und aus seiner Sicht gerade nicht unterbrochen werden kann.

Nun können wir als Eltern bestimmte Faktoren wie beispielsweise das Temperament unseres Kindes nicht ändern, doch auf sein Verhalten haben wir einen Einfluss, indem wir uns klar positionieren.[216] Es geht um Klarheit, darum, dem Kind grundsätzlich zu vermitteln, was wir uns von ihm wünschen oder was unsere Erwartung ist. Hier geht es nicht darum, das Kind zu kontrollieren und mit Enge und Strenge auf die Nutzungsdauer zu achten, sondern um Kontakt, Beziehung und das Gefühl, gemeinsam zu lernen, Vereinbarungen aufzustellen und einzuhalten. Es ist wichtig und ein gutes Übungsfeld, um eben genau dies zu lernen, was gerade vielen Politiker*innen schwerfällt, die sich beispielsweise nicht an Koalitionsverträge halten oder Urteile des Bundesverfassungsgerichts rücksichtslos übergehen. Kindsein heißt lernen, und lernen geht nicht von heute auf morgen, sondern ist immer ein *Prozess*. Es ist von großer Bedeutung, aufmerksam und präsent zu sein, ob, wie und wann Ihr Kind lernt, sich an diese Vereinbarungen halten zu können. Doch in diesem Zusammenhang ist es sehr, sehr wichtig und vielleicht der entscheidende Faktor, dass sich unsere Aufmerksamkeit und Präsenz nicht nur auf dieses Thema beschränkt, sondern dass das Kind spürt, dass seine Eltern mit ihrem Interesse grundsätzlich bei ihm sind. Die Bedeutung für das Erleben von Beziehung und Kontakt schafft eine Grundlage, um die Qualität unserer Grenzsetzung zu erhöhen.

Damit wir jedoch eine richtige Haltung entwickeln können, kann es einen Rahmen brauchen, in dem wir unseren Kindern in Ruhe begegnen. Darum ist es sehr hilfreich, eine regelmäßige *Familienkonferenz* einzurichten, beispielsweise jeden Montag nach dem Abendbrot, um Vereinbarungen, Umgangsformen und gemeinsame Regeln festzulegen. Von Kindern wird diese Konferenz in der Regel als positiv erlebt, da sie hier die Gelegenheit haben, sich mit ihren Vorschlägen einzubringen. Von diesem Treffen geht auch die Botschaft aus: »Wir nehmen uns Zeit für dich!« Kinder können hier ihre Wünsche und Bedürfnisse zum Ausdruck bringen, alle aktuellen Themen rund um das Familienleben können besprochen werden. Die Konferenz ist ein klarer Rahmen, in dem wir als Eltern mit unseren Kindern in einen Austausch gehen, um sie zu beteiligen, und in dem wir auch unsere Position als Eltern zum Umgang mit Medien in der Familie besprechen sollten, um nicht Gefahr zu laufen, es nur dann anzusprechen, wenn es uns gerade mal wieder nervt. Gleichzeitig können wir natürlich nicht davon ausgehen, dass Kinder unsere Position und den damit verbundenen Rahmen widerspruchslos hinnehmen. Insbesondere, wenn wir die Bedürfnisse der Kinder einschränken, brauchen diese erst Zeit, um mögliche Veränderungen zu verarbeiten. Ihr Widerstand hat auch etwas damit zu tun, die eigene Integrität zu wahren und sich gegenüber den Eltern abzugrenzen. Die Familienkonferenzen bieten jedoch genau den Möglichkeitsraum, in den sich alle mit ihren Vorstellungen und Bedürfnissen einbringen. Es ist wichtig, die Kinder zu fragen, was sie wollen, und bei den eigenen Vorstellungen als Eltern in Ich-Botschaften zu sprechen. In den Besprechungen ist es zudem gut, Situationen zu schaffen, bei denen die Kinder ihre Meinung einbringen und auch letztlich entscheiden. Dafür ist es hilfreich, auch Themen einzubringen, die positiv besetzt oder unbedenklich sind. Was sollen wir gleich noch spielen? Was wollen wir am Wochenende kochen oder unternehmen? Es ist wichtig, dass Kinder früh lernen, Verantwortung zu übernehmen, und in diesem Zusammenhang auch Mitbestimmung erfahren.

Der Verführung widerstehen

Die miniKIM-Studie 2020 bringt neben den Informationen zum Thema Medienkonsum sehr deutlich zum Ausdruck, dass die allermeisten Kinder gern draußen spielen, mit Freund*innen, sich Bücher anschauen und malen. Die allermeisten machen deutlich, wo ihre Prioritäten und Interessen liegen und dass digitale Medien eher eine untergeordnete Rolle spielen. Da es auch für kleine Kinder noch keine Erkenntnisse gibt, dass von der Nutzung digitaler Medien ein für ihre Entwicklung tatsächlich positiver Effekt zu erkennen sei, sollte uns als Eltern eines bewusst sein: *Für Kinder wäre ein Aufwachsen ohne digitale Medien kein Problem, da ihre Umwelt auch ohne Medien genug Anreize zur Verfügung stellt.* Jüngere Kinder werden durch Erwachsene, Geschwister oder andere ältere Kinder also eher dazu »verführt«, sich für digitale Geräte zu interessieren. Nun verführt auch deren permanente Präsenz in Familien, im Supermarkt, in Bus und Bahn etc. schon kleine Kinder dazu, sich damit zu beschäftigen. Nicht selten starren Kinder ruhig auf die sich bewegenden Bilder und verführen ihre Eltern wiederum unbewusst dazu, dies als Freiraum zu nutzen.

In Beratungsgesprächen mit Eltern erlebe ich es immer wieder, dass das 1,5-jährige Geschwisterkind, das natürlich nicht allein zu Hause bleiben kann, mit dem Smartphone vorliebnehmen soll, damit wir in Ruhe sprechen können. Wir suchen dann eine andere Möglichkeit oder, wenn die nicht funktioniert, einen neuen Termin, an dem das Kind gut versorgt werden kann. Dieses Ereignis des konsequenten, aber wertfreien Umgangs mit dieser Situation hat eine hohe Wirksamkeit, wenn wir dann im nächsten Gespräch auch über die sinnvolle Nutzung von Medien in der Familie sprechen. Die Art und Weise des Umgangs mit Medien ist in der Gesellschaft sehr unterschiedlich, doch in einer solchen Szene, in der versucht wird, ein Kind irgendwie zu beschäftigen, damit die Eltern ihren eigenen Interessen folgen können, kennen – glaube ich – alle in unterschiedlichen Abstufungen. Beispielsweise sitzt in einem Restaurant eine vierköpfige Familie mit zwei kleinen Kindern. Das etwa 6-jährige Mädchen hat während des Gesprächs unter den beiden Erwachsenen ein Smartphone in den Händen und somit fest im Blick. Ihre kleine Schwester, die ich auf 2,5 schätze, schaut häufiger zu mir herüber, schaut im Restaurant umher und folgt dann mit ihren Augen dem Gespräch der Erwachsenen. Vor ihr steht jedoch an eine kleine Vase gelehnt ein Smartphone, auf dem ein Video läuft, dem sie nur selten Aufmerksamkeit schenkt. Hier wird einem Kind auf Dauer der intrinsische Impuls geraubt, sich auf eine natürliche Art und Weise mit seiner Umwelt auseinanderzusetzen und in dieser zu lernen. Vielen Kindern wäre es bei diesem Angebot gar nicht mehr möglich gewesen, sich auf die Umgebung einzulassen, was auch deutlich macht, dass die Qualität, wie Kinder auf den Konsum von Medien reagieren, sehr unterschiedlich sein kann. Aus Langeweile entsteht, wenn sie denn andauern darf, in der Regel Kreativität. Kinder möchten eigentlich immer etwas tun, und ihr noch unreifes Gehirn ist Tag und Nacht damit beschäftigt, etwas zu gestalten, zu erleben oder zu verarbeiten. Sie benötigen jedoch keine Dauerangebote, sondern einen Mangel an Gelegenheiten. Ein Mangel an Angeboten oder an Spielzeugen in Verbindung mit Zeit führt dazu, sich eigene Gedanken zu machen und innere Bilder entstehen zu lassen.[217] »Erkenntnis und Handlungsbereitschaft ergeben sich in den stillen Momenten unseres Lebens, in denen wir auf uns selbst schauen, statt auf einen Bildschirm.«[218]

Und ansonsten: »Genießen Sie die gemeinsame Zeit. Legen Sie Ihr Handy beim Spielen mit Ihrem Kind zur Seite und schenken Sie ihm Ihre volle Aufmerksamkeit. Sie werden diese exklusiven Momente früh genug missen.«[219] Wie schon erwähnt, orientieren sich Kinder vor allem an dem, was um sie herum passiert. So ist das Lernen am Modell, in diesem Zusammenhang also das Medienverhalten der Eltern, das Hauptmotiv für kleine Kinder, auch digitale Medien nutzen zu wollen.[220] Vor diesem Hintergrund sollten sich alle, die diese Zeilen lesen, überlegen, ob es nicht gut wäre, einfach *medienfreie Zeiten oder Räume* einzurichten. Der dänische Familientherapeut Jesper Juul hat dafür schon 2016 konkrete Vorschläge gemacht. So ist er der Auffassung, dass das gesamte Morgenritual und ebenso die Zeit von einer halben Stunde vor dem Abendessen bis zur Schlafenszeit der Kinder zur telefonfreien Zone werden sollte. Basteln Sie hierfür beispielsweise eine originelle Schachtel im Eingangsbereich, wo alle ihre Telefone während der telefonfreien Zeit deponieren müssen. Nun ist es sicherlich auch vom Alter Ihrer Kinder abhängig, welche medienfreien Zonen Sie einführen, und ältere Kinder und Jugendliche werden dazu eine andere Auffassung haben als Kinder, die abendliche Rituale noch genießen und einfordern. Doch möglicherweise genießen auch Jugendliche diese Zeiten, wenn sie es schon als Kleinkinder so kennengelernt haben.

Weitere mögliche medienfreie Zeiten: Alle Telefone werden von der Schlafenszeit bis zum Weg zur Arbeit oder Schule am nächsten Tag ausgeschaltet. Dies sollte dann auf alle Fälle auch für ältere Kinder und Jugendliche gelten, damit das zentrale Nervensystem Gelegenheit hat, die Eindrücke des Tages zu sortieren. Es sorgt auch für einen besseren und erholsamen Schlaf. Wir sollten zudem die Chance nutzen, die gemeinsamen täglichen Mahlzeiten als analogen Raum zu gestalten, in dem der Medienkonsum für Eltern und Kinder tabu ist. Hierfür ist es hilfreich, wenn Signaltöne vorher bewusst ausgeschaltet werden. Die Mahlzeiten in der Familie sind ein Moment der Nahrungsaufnahme und Kommunikation. Wir sollten das Essen genießen und bewusst in uns aufnehmen. Bei jüngeren Kindern bis zur weiterführenden Schule ist es darüber hinaus sinnvoll, auch das Kinderzimmer grundsätzlich als analogen Raum festzulegen, damit der Tendenz, sich mit den Medien zurückzuziehen, entgegengewirkt wird. Nebenbei bekommen Eltern so einen besseren Überblick darüber, womit sich ihr Kind beschäftigt. Auch außerhalb der Familie ist es günstig, wenn Kinder Hobbys wie zum Beispiel Sport oder Haustiere als analoge Räume haben.

In der heutigen Zeit wird jedoch in vielen Familien diese ungeteilte Aufmerksamkeit durch den zu oft unreflektierten und schon unbewussten Umgang mit dem Smartphone verhindert. Bei der Hinführung zu einem bewussten Umgang ist es daher notwendig, Bedingungen zu schaffen, die ungeteilte Aufmerksamkeit ermöglichen. Es ist so wichtig, dass sich Erwachsene den Handlungen ihrer Kinder ungestört zuwenden und ihnen mit *Momenten der ungeteilten Aufmerksamkeit* das Gefühl der innerlichen Beteiligung vermitteln, da das Selbstwertgefühl eines Kindes stark davon abhängt, wie es die Zuneigung seiner Eltern über verbales und nonverbales Feedback wahrnimmt.[221] »Seien Sie ein gutes Vorbild. Ihr Kind lernt von Ihnen und ahmt nach, was Sie tun. Zeigen Sie Ihrem Kind von Anfang an, wie man auch ohne Handy und andere digitale Geräte mit Langeweile umgehen kann.«[222]

Es gibt einzelne Familien, aber es sind die wenigsten, denen es gelingt, diese analogen Momente der ungeteilten Aufmerksamkeit zu schaffen und bestimmte Vereinbarungen, die damit verbunden sind, einzuhalten. In der Regel geht es auch nicht darum, einfach bestimmte

Regeln einzuführen, sondern dass wir uns darüber klar werden, wie wir das Verhaltenssystem, zu dem wir als Eltern natürlich beigetragen haben, ändern müssen. Wir können unseren Kindern nicht einfach etwas nehmen, ohne dafür einen Ausgleich zu schaffen. Wir können von ihnen nicht etwas erwarten, was wir selbst nicht vorleben und worin wir letztlich auch unsere elterliche Präsenz vermissen lassen. Wenn die Kinder uns nicht mehr erreichen, ist für sie die Verlockung groß, sich dem gleichen Medium zuzuwenden. Hier reicht es dann nicht mehr aus, Kinder an Absprachen zu erinnern und mit einem Nein zu konfrontieren. Auch in den Beratungsgesprächen berichten mir Eltern sehr häufig, wie schwer es ihnen fällt, ihr Kind noch zu erreichen, da sein Verhalten grenzenlos sei und es auf kein Nein reagiere. Eine Mutter beschreibt, wie stressig es gerade mit ihrem Sohn ist, dass sie keinen Zugang zu ihm findet und von einem Konflikt in den nächsten gerät. Als ich sie frage, ob es Ausnahmen zu diesen Situationen gibt, verneint sie das sofort und beschreibt einzelne konfliktreiche Szenen von zu Hause. Doch dann hält sie plötzlich inne und sagt: »Doch! Da gab es neulich einen Moment, wo es ganz schön war. Ich musste mit Armin 1,5 Stunden beim Arzt warten und wir haben gemeinsam unzählige Bücher angesehen!« Sie ist sehr gerührt von ihrer Erzählung, da ihr bewusst wird, wie wenig Raum für solche Begegnungen in ihrem Alltag als alleinerziehende Mutter von zwei Kindern im Kitaalter neben ihrem Beruf als Ärztin bleibt. Es ist wichtig, dass wir Zeiträume schaffen, in denen wir unsere Bereitschaft zeigen, unsere Aufmerksamkeit ausschließlich unseren Kindern zu schenken. Dabei scheint es nicht zwangsläufig um die Dauer der Aufmerksamkeit, sondern eher um deren Qualität oder Verbindlichkeit zu gehen.[223]

In Kitas führen wir bei Kindern, die uns immer wieder auf eine besondere Art und Weise herausfordern, den Begleitungsraum ein, also einen Moment von 3, 5 oder 10 Minuten, in dem wir uns über unsere Augen, Sprache und innere Beteiligung auf das aktuelle Spiel des Kindes beziehen. Es ist sehr interessant zu beobachten, wie schnell sich die Kinder, aber auch die Erwachsenen in diesem Zeitraum verändern. Gerade bei Kindern, die uns herausfordern, trägt diese Entwicklungsbegleitung zur Stabilisierung ihrer selbst und in der Folge zur Harmonisierung der Beziehung zu den Erwachsenen bei. Im Begleitungsraum geht es im Wesentlichen darum, Präsenz zu zeigen und dem Kind zu verdeutlichen, dass die Erwachsenen präsent sind.[224] Es ist zu beobachten, dass es hier auch um die körperliche Präsenz der erwachsenen Person geht. Wenn pädagogische Fachkräfte sich zu den Kindern auf den Boden setzen, signalisieren sie: »Ich bin bei dir, in deiner Nähe, und nehme mir Zeit.« Wir können von einer Verankerung sprechen, die auch das Kind zentriert, sein Handeln intensiviert und in der Folge beruhigt. Die *reine Beobachtung* ist hier ein zielführendes Hilfsmittel, um das Kind in seinem Spiel oder seinen Bewegungen in uns aufzunehmen.[225] Das herausfordernde Kind ist auf der Suche nach genau dieser Aufmerksamkeit, und das beste Mittel, ihm zu helfen, seine Schwierigkeiten zu überwinden, ist, ihm diese Aufmerksamkeit zu geben, wenn es gelungene Momente zeigt. Im Begleitungsraum oder Raum der Entwicklungsbegleitung wirken wir also ganz bewusst der Tendenz entgegen, auf das Kind überwiegend nur dann zu reagieren, wenn es ein negatives Verhalten zeigt.

Wenn ich Eltern nach Ausnahmen zum negativen, aggressiven Verhalten ihres Kindes frage, antworten sie zunächst oft, dass es diese nicht gibt. Wenn ich dann frage: »Wirklich gar nicht?«, erhalte ich Antworten wie: »Ja, manchmal schafft er es für eine kurze Zeit, in seinem Zimmer mit Playmobil zu spielen, doch das hält nicht lange an!« Oft können die Eltern allerdings nicht beschreiben, was ihr Kind dann mit Lego, Playmobil, Autos oder Puppen spielt, da sie diesen Zeitraum nutzen, um ihren eigenen Dingen nachzugehen – was natürlich verständlich ist. Doch es braucht bei Kindern mit herausforderndem Verhalten, die damit die Aufmerksamkeit der Erwachsenen suchen, eine Gegenbewegung. Ich schlage den Eltern dieser Kinder vor, sich in dem Moment, in dem das Kind endlich spielt, wie schon erwähnt eine Karaffe oder eine Flasche

Wasser zu nehmen und sich zu ihrem Kind zu setzen. Hier haben sie nun die Aufgabe, die Karaffe gefüllt mit Wasser in kleinen Schlucken zu trinken und sich darauf einzulassen, im Hier und Jetzt zu sein. Es ist wichtig, einmal auszusteigen und uns auf echte Anwesenheit zu reduzieren. Dann gibt es nichts anderes als das Wassertrinken und das Spiel oder die Anwesenheit des Kindes. Natürlich folgen Eltern automatisch dem Treiben des Kindes und finden Worte dafür. Eltern, die mir von diesem Experiment berichten, das zu einem Ritual werden sollte, sind erstaunt und berührt über die Reaktion ihrer Kinder, die es genießen, sich nun stärker mit ihrem konstruktiven und engagierten Spiel präsentieren zu können. Dieses Ritual stellt auch ein Stück Heilung her, da es einen Gegenentwurf zu den emotionalen Ausbrüchen und gegenseitigen Beschimpfungen darstellt und diese für einen Moment vergessen lässt.

Im Moment der Entwicklungsbegleitung, in dem wir uns durch ein ritualisiertes Verhalten oder durch Unterstützung von Kolleg*innen auf das Spiel der Kinder konzentrieren, gibt es in der Regel folgende Effekte: Wir kommen in die Position der reinen Beobachtung, erkennen die Initiativen und Handlungen der Kinder und bestätigen diese viel häufiger durch Blicke, Worte und Emotionen. Die Summe der Resonanzen, die Kinder hier von Bezugspersonen, pädagogischen Fachkräften oder Eltern erhalten, leistet einen beachtlichen Beitrag zu ihrer Selbst- und Identitätsbildung.[226] Da sie auf diese Intervention Reaktionen zeigen, entsteht der natürliche entwicklungsunterstützende Dialog, der unserer intuitiven Kompetenz entspricht, wenn wir nicht durch andere Einflüsse daran gehindert werden.[227] Als Eltern sollten wir also Momente erschaffen, in denen diese ungeteilte Aufmerksamkeit möglich ist. Wir können diese Momente gestalten, indem wir analoge Zeiträume schaffen, in denen wir selbst in Gegenwart unserer Kinder das Smartphone nicht benutzen, sondern zur Seite legen. Aber neben diesem Schritt sollten Eltern auch aktiv einen Rahmen schaffen, in dem sie sich mit ihrem Kind beschäftigen.

Selbstzweifel ablegen

Wenn wir als Eltern plötzlich feststellen, wie sich unser Kind zunehmend von uns entfernt und das Smartphone oder das Tablet ein größeres Interesse hervorruft, als etwas gemeinsam zu tun, dann kommen uns schnell Selbstzweifel und das Gefühl, als Eltern nicht richtig gehandelt oder gar versagt zu haben. – Nein! Wir haben die Beschäftigung unseres Kindes mit den digitalen Medien, was ja gefühlt alle machen, einfach nicht richtig eingeschätzt.[228] Wie beschrieben haben die warnenden Ergebnisse der Studien, auf die ich mich in diesem Buch beziehe, noch nicht unsere Gesellschaft durchdrungen, und wir leben weiter mit dieser Art Blackbox. Diese Formulierungen sollen uns als Eltern zunächst von der Sorge oder Angst befreien, versagt zu haben. Gleichzeitig dürfen diese Ausführungen nicht darüber hinwegtäuschen, wie wichtig es ist, als Eltern zu erkennen, dass diese Entwicklung einer möglichen Entfremdung unseres Kindes eine neue Aufmerksamkeit braucht. Wie beschrieben leben derzeit viele Eltern mit dieser neuen Herausforderung und es geht nun darum, sich ihr zu stellen. In den meisten Familien, mit denen ich in meiner Beratung zu tun habe, geht es nämlich darum, dass ihre Kinder den Umgang mit Handy, Tablet oder Spielekonsole komplett auf null fahren, da diese Kinder alle zwischen 3 und 6 Jahren alt sind. Und natürlich es wichtig, den Kindern Alternativen anzubieten. Auch wenn der Verzicht auf den Konsum von Medien nicht ohne Protest abläuft, nehmen die meisten Kinder nach meiner Beobachtung folgende Alternativen gern an:

Gesellschaftsspiele mit Mama und/oder Papa: Hier geht es auch darum, aktiv Zeit miteinander zu verbringen. In diesen Spielen zeigt jede Person ihre ganze Persönlichkeit und es findet Kommunikation statt. Da die Spielregeln nicht von einer einzelnen Person bestimmt werden, bewegen sich alle auf neutralem Boden. Beim Verzicht auf den Medienkonsum via Smartphone oder Tablet stellen diese gemeinsamen analogen

Aktivitäten eine Möglichkeit dar, virtuelle Interessen Stück für Stück verblassen zu lassen.

Gemeinsames Fernsehen: Der Fernseher hat für mich ein paar wesentliche Vorteile gegenüber dem Smartphone oder Tablet. Er sollte jedoch einen festen Platz haben. Man könnte sagen, das Fernsehen bezieht sich somit auch auf einen in sich geschlossenen Raum, ist also an einem Ort, an dem man sich als Familie zu etwas Gemeinsamem trifft. Etwas gemeinsam anzuschauen, ist bei Kindern, denen wir dabei helfen wollen, sich vom übermäßigen Medienkonsum via Smartphone oder Tablet zu befreien, eine gute Alternative. Es ist gut, hier auch eine feste Zeit einzuführen, die uns Eltern dann aber auch verpflichtet, wirklich da zu sein.

Gemeinsames Spielen an PC oder Konsole: Hier geht es darum, sich auf Augenhöhe der Kinder zu begeben und zu schauen, aus welcher Perspektive und mit welchen Bedürfnissen sie sich medialen Angeboten zuwenden, um das zu verstehen und dann auch sinnvoll erzieherisch reagieren zu können. Wie bereits beschrieben gibt es beim Gamen eine Tendenz des Rückzugs und einer stärkeren Selbstbezogenheit als bei analogen Spielen. Vor diesem Hintergrund ist es wichtig zu wissen, ob ihr Kind allein spielt oder seine Aktivität mit anderen teilt. Natürlich sollten auch Eltern die Chance nutzen und die Aktivitäten im Netz mit ihren Kindern teilen. Durch ihre Beteiligung bekommen diese Aktivitäten auch für die Kinder eine andere Bedeutung, werden mehr ein Teil gemeinsamen Erlebens, über das man sich dann auch in anderen Situationen besser austauschen kann. Für seine intellektuelle Entwicklung hat es eine entscheidende Bedeutung, ob ein Kind mit seinem Erleben auf sich allein gestellt ist oder sich mit seinen Eltern darüber austauschen kann.[229] Gleichzeitig bekommen Eltern auch schnell einen Eindruck von der Qualität der Spiele und erleben mögliche Momente der Überforderung oder Reizüberflutung durch zu schnelle, zu grelle und zu viele Bilder am eigenen Leib. Eltern, die ihre Kinder von Anfang an durch die Medienwelt begleiten, können eher darauf achten, dass diese nicht mit ungeeigneten Inhalten konfrontiert werden, und können gewaltfreie, alters- und kindgerechte Inhalte anbieten.

Grenzen setzen und Präsenz zeigen

Eine tragfähige Beziehung erreichen wir nicht, wenn wir Konflikten aus dem Weg gehen. Wenn wir Kindern Grenzen setzen, kann es manchmal durchaus zu heftigen Konflikten kommen, die jedoch dazugehören und eine Chance für Eltern wie Kinder sein können, aus ihnen zu lernen. In meiner Beratungstätigkeit in Kitas beobachte ich oft Konflikte und natürlich auch die Bemühungen der Erwachsenen, diese zu lösen. Ich habe hieraus anhand der Videoanalyse sinnvolle Konfliktlösungsstrategien oder zielführendes Verhalten herausgearbeitet, das zur Deeskalation und zum gegenseitigen Lernen beiträgt. Dazu gehören:[230]

- auf Augenhöhe sein
- an der Seite des Kindes sein
- Ruhe ausstrahlen
- körperliche Anwesenheit
- Körperkontakt aufnehmen
- von Wir sprechen
- beim Bedürfnis bleiben
- Lösungen anbieten
- allparteilich sein
- klare Grenzen setzen
- keine Entschuldigung verlangen
- Aufmerksamkeit zeigen
- zuhören können

Dem Kind *auf Augenhöhe* zu begegnen, kann sich über körperliche Nähe ausdrücken oder auch über das grundsätzliche Verständnis für ein Bedürfnis. Ich setze mich beispielsweise zu meinem Kind und signalisiere, mir Zeit zum Zuhören zu nehmen und die Bereitschaft zur Verständigung mitzubringen.[231] Statt aus einem ersten Impuls heraus oder von der Machtposition her streng oder autoritär handeln zu müssen, vollziehen wir einen Statuswechsel zu einer menschlichen Autorität.[232] Es ist auch gut, dabei neben dem Kind zu sitzen. Durch diese Positionierung zeigen wir: »Ich bin als Mama oder Papa grundsätzlich *an deiner Seite*«, und verzichten darauf, die Kinder mit einem anhaltenden Blick zu konfrontieren. Wir verlangen auch keinen Blickkontakt und laufen so nicht Gefahr, das Kind möglicherweise zu beschämen.

Wenn wir als Erwachsene in einer konflikthaften Interaktion *Ruhe ausstrahlen*, hat dies einen deeskalierenden Effekt.[233] Die wichtigste Botschaft als Eltern ist unsere *körperliche Anwesenheit*. »Ich bin da und ich bleibe, komme, was da wolle, denn du bist mir wichtig«, ist eine Präsenz, die Stärke vermittelt und dem Kind Sicherheit gibt.[234] Auch wenn wir zu unserem Kind *Körperkontakt* herstellen, spürt es in der Regel eine Verbundenheit, die gerade verloren gegangen war. Beim Herstellen von Verbundenheit helfen auch Worte wie: »Wir *finden* zusammen *eine Lösung!*« *Wir* finden *zusammen* eine Lösung für das Problem, denn nicht du bist das Problem, sondern es geht lediglich um dein aktuelles Verhalten. Wir müssen verstehen, dass ein Kind dazugehören möchte, und Worte finden, die diese Zugehörigkeit ausdrücken.[235]

Wenn wir das *Bedürfnis* hinter einem Verhalten *erkennen* und gegenüber dem Kind *benennen*, fühlt sich das Kind angenommen und respektiert. Nach meiner Erfahrung resultiert aus Respekt wiederum Respekt und Kinder können weiteren Worten der Erwachsenen leichter zuhören, da sich diese nicht gegen sie richten, sondern von ihnen und ihrem Bedürfnis ausgehen. In diesem Zusammenhang erfährt unser Nein ein anderes *Gehör*, da es das grundsätzliche Ja zum Kind mit seinem *Bedürfnis als Fundament* in sich trägt.[236] Eine konfliktfähige Beziehung zum Kind zu haben, verlangt von uns Erwachsenen *gut zuzuhören*, um die Kommunikation nicht zu dominieren, sondern auf Augenhöhe zu ermöglichen.[237] Es ist sehr hilfreich, wenn es uns gelingt, nicht wertend zu sein, sondern Kindern die Möglichkeit zu geben, ihre Bedürfnisse zu äußern sowie eigene Entscheidungen zu treffen. Wenn wir Kindern in Konfliktsituationen einen Handlungs- oder Entscheidungsrahmen einräumen, geben wir ihnen die Chance der Beteiligung. Denn echte Partizipation bedeutet mitwirken, mitgestalten und mitbestimmen zu können.[238]

Das Zusammenspiel der einzelnen Handlungen und Verhaltensweisen bringt eine Grundhaltung zum Ausdruck, die es uns ermöglicht, Kindern essenzielle Werte und Regeln zu vermitteln.[239] Die Worte »Nein« und »Stopp« sind wichtig, um Kindern *Grenzen aufzuzeigen*, verhallen jedoch manchmal im Zustand der emotionalen Überflutung. Wenn an die Stelle von Bestrafungen oder Drohungen gegenseitige Achtung rückt, werden Kinder die Führung durch ihre Eltern eher akzeptieren.[240] Durch diese Sensibilität ermöglichen wir ihnen, in der Konfliktsituation das Gesicht zu wahren und nicht beschämt zu werden.[241] In einer solchen Atmosphäre können »Nein« und »Stopp« besser verstanden und angenommen werden, da sie nicht ausschließlich als Angriff auf die eigene Person erlebt werden.

Auch wenn wir als Eltern letztlich die Hauptverantwortung tragen und auch wichtige Entscheidungen verantworten müssen, sollten wir möglichst offen in Konflikte gehen, da es auch dabei immer darum geht, miteinander zu lernen. »Verharrt jeder in seiner Rolle, gehen Authentizität des Individuums und die Echtheit von Beziehungen verloren.«[242] Viele moderne Eltern scheinen konfliktscheu zu sein, um nicht »Gefahr« zu laufen, autoritär zu wirken. Sie räumen ihren Kindern jeden Stein aus dem Weg. Dabei brauchen Kinder auch Grenzen oder Widerstand, was jedoch nicht mit Machtmissbrauch und Unterdrückung zu verwechseln ist, um Orientierung zu finden, um sich in der Folge in ihrer Entwicklung Herausforderungen stellen zu können. Kinder, die ohne Aufforderungen und Grenzen erzogen werden und somit wenig Frustration, beispielsweise durch Verzicht, erfahren, entwickeln häufiger ein geringes Selbstwertgefühl.[243] Es gibt heute Jugendliche, die sich darüber beschweren, in Bezug auf das Thema Medienkonsum nicht ausreichend begrenzt worden zu sein, da sie das Gefühl haben, mit der realen Welt nicht gut in Kontakt zu sein.

Eine angemessene Rolle als Eltern einzunehmen, scheint nicht leicht zu sein und ist auf der anderen Seite möglicherweise leichter als gedacht. Denn der wichtigste Faktor ist elterliche *Präsenz* – mit der ursprünglichen Bedeutung des lateinischen Worts: Anwesenheit. Präsenz hat gerade im Kontext Medienkonsum unterschiedliche Bedeutungen. Präsent sein bedeutet,

- für mein Kind erlebbar, also nicht nur räumlich anwesend, sondern auch erreichbar zu sein. Der eigene Medienkonsum stellt die Qualität einer tragfähigen Beziehung infrage.
- meinem Kind nicht jeden Wunsch zu erfüllen, denn sonst lernt es nicht, sich vom Gefühl der Allmacht zu lösen.
- sich für die Aktivitäten, Spiele, Handlungen oder Themen meines Kindes zu interessieren und in Kommunikation darüber zu treten.
- nicht immer anwesend zu sein, denn Kinder brauchen auch Momente der Abwesenheit ihrer Eltern, um zum Beispiel im Rollenspiel ihre Kreativität ungestört von äußeren Einflüssen ausleben zu können.
- als Vater oder Mutter seine eigene Individualität erkennbar werden zu lassen und seine eigenen Gefühle, Gedanken und Wünsche zum Ausdruck zu bringen.
- Verantwortung zu übernehmen und Kindern verständlich eine Grenze zu vermitteln. Natürlich bedeutet das auch, anwesend zu sein und zu bleiben, wenn das Kind seinen Frust, Ärger, seine Wut oder Trauer in Bezug auf die Grenze zum Ausdruck bringt.
- sich seiner Bedeutung als elterliches Vorbild immer wieder bewusst zu sein.[244]

Wir machen uns auch sichtbar, indem wir unsere Positionen und Erwartungen an unsere Kinder klar formulieren. Der von Eltern gesteckte familiäre Rahmen für die Nutzung digitaler Medien beugt vor, sich immer wieder in Machtkämpfen aufzureiben. Kinder sind in der Regel dankbar, wenn sie klare Regeln und Vereinbarungen vorfinden.

Doch solche Regeln und Vereinbarungen sind nur ein Aspekt im Leben mit Kindern. Darüber hinaus geht es um Vertrauen, Fürsorge, Nähe und das tief empfundene Glück, eine Familie zu sein.[245]

DIE BEDEUTUNG DER HANDLUNG

Tarek wird bald 5 Jahre alt und geht erst seit ein paar Monaten in die Kita. Er scheint ein typisches »Coronakind« zu sein, denn er hatte in dieser Zeit kaum soziale Kontakte, verbrachte die gesamte Zeit in seiner Familie, in der es jedoch lange Zeit viel Streit zwischen seinen Eltern gab, die sich dann auch zwischenzeitlich trennten. Er spricht nur ganz wenige Worte, die darüber hinaus nicht gut zu verstehen sind. Doch in den wenigen Worten wird deutlich, dass ihm der Konsum von Medien nicht fremd ist. – Tarek ist wieder eines dieser Kinder, die bei pädagogischen Fachkräften den Eindruck hinterlassen, er könnte autistisch sein. Er sucht keinen aktiven, konstruktiven Kontakt zu anderen Kindern, kann sich nicht in die soziale Gemeinschaft einfügen, ist fixiert auf den Kontakt zu Erwachsenen. Er kann sich zu Beginn der Betreuungszeit in der Kita nicht allein beschäftigen, scheint keine Ideen zu haben und bindet immer die Aufmerksamkeit einer Erzieherin. Das größte Problem ist jedoch sein aggressives Verhalten. Er hat aus der Not heraus eine 1:1-Betreuung. Laura, die sich fürsorglich um ihn kümmert, hat sich seiner angenommen, da sie den besten Draht zu ihm hat. Trotzdem kommt es immer wieder dazu, dass er andere Kinder verletzt.

Tarek sitzt im Morgenkreis direkt neben Laura, die ihn auch immer mal wieder auf den Schoß nehmen muss, um mögliche Übergriffe auf andere Kinder zu vermeiden. Doch jetzt sitzt er für einen Moment auf einem eigenen Stuhl. Er wirkt unruhig, rutscht auf dem Stuhl hin und her, bis er plötzlich wie aus dem Nichts blitzschnell durch den Kreis läuft und Nike mit der flachen Hand direkt ins Gesicht schlägt. Tarek lacht dabei, und dieses Lachen macht es für alle Beteiligten schwer, diese Situation auszuhalten. Laura springt auf und holt ihn mit einem deutlichen »Nein, nicht schlagen« zurück auf ihren Schoß. Hier auf dem Schoß der Erzieherin wirkt Tarek augenblicklich wieder sehr entspannt. Laura lächelt, hat ihre Arme um ihn gelegt und Tarek krault sich selbst hinter dem Ohr. – Als Tarek geschlagen hat, ging Laura bei ihrer Intervention auf seine Augenhöhe, nahm Körperkontakt auf, reagierte sehr ruhig und klar auf seine aggressive Handlung. Sie wirkte noch nicht genervt, sondern wandte sich ihm weiter positiv zu, als er sich wieder angemessen verhielt.

Laura setzt Tarek nun wieder auf seinen Platz, doch er bewegt sich erneut blitzschnell durch den Kreis auf Nike zu, die neben sich auf einen leeren Stuhl klopft und gerade »Mein rechter, rechter Platz ist frei« sagt. Als sie Tarek direkt vor sich stehen sieht, sagt sie spontan: »Ich wünsche mir den Tarek herbei!«, bevor er ihr erneut ins Gesicht schlägt. Laura greift ein und sagt: »Nein, so nicht!« Sie bringt Tarek, der widerstandslos mitgeht, wieder auf seinen Platz. Laura, die äußerlich weiter recht ruhig wirkt, legt ihm ihre linke Hand auf den Oberschenkel, als wolle sie ihm Halt geben. Doch blitzschnell läuft Tarek erneut zu Nike, kommt ihr mit seinem Gesicht sehr nahe – und umarmt sie. Diese erwidert die Umarmung und Tarek wiegt sich mit ihr hin und her, bis beide drohen, zu Boden zu gehen. Da sagt eine andere Erzieherin: »Vorsichtig, nicht so stürmisch!« In diesem Moment lässt Tarek Nike los und krabbelt wieder zu seinem Stuhl, auf dem er dann, ohne Anweisung, entspannt Platz nimmt. Als er dort sitzt, legt Laura ihm beruhigend ihren Arm über die Schulter. Tarek wirkt gerade etwas abwesend, traurig, in sich gesunken, als würde ihm seine Rolle, über die er wenig Kontrolle zu haben scheint, auch nicht gefallen. Die anderen Kinder spielen weiter Mein-rechter-rechter-Platz-ist-frei und fragen sich gerade: »Wer war denn noch nicht?«, worauf ein Kind antwortet: »Tarek war noch nicht!«

Ich bin erstaunt, wie alle Beteiligten mit der Situation umgehen. Laura setzt Tarek klare Grenzen und wendet sich ihm im Anschluss wieder mit Körperkontakt und einer freundlichen Haltung zu. Auch als Tarek Nike umarmt, die er gerade vorher noch geschlagen hat, kommt lediglich ein »Vorsicht«, das die Hoffnung einschließt, Tarek könne den Kontakt zu Nike positiv gestalten. Tarek scheint diesen Spielraum, dieses Zutrauen zu spüren, und setzt sich, ohne darum gebeten worden zu sein, auf seinen Platz. Auch die Kinder, vor allem Nike, scheinen trotz seiner Verfehlungen weiter offen für ihn zu sein. In dieser kleinen Gemeinschaft hat Tarek noch nicht den Stempel des Kindes, das ständig, immer, nur noch haut. Alle Beteiligten sehen auch noch die anderen Momente und spüren vielleicht den Hintergrund seines Verhaltens. Nach meinem Eindruck liegt sein Schlagen und Hauen nicht vordergründig in der Nutzung digitaler Medien. Er war in der Szene er selbst und kopierte nicht irgendwelche Avatare, sondern brachte möglicherweise seine Wut zum Ausdruck, nicht genügend Zuwendung bekommen zu haben. Das Spielen an Handy und Tablet, das seine Eltern später bestätigen, macht es ihm jedoch zu Beginn schwer, ins Spiel, in die Sprache und in den Kontakt zu anderen Kindern zu treten.

Bonding

Die nächste Szene könnte ein Hinweis darauf sein, dass Laura spürt, was Tarek braucht. Er setzt sich nach dem Morgenkreis auf ein Sofa im Flur und Laura setzt sich direkt zu ihm. Sie beugt ihren Körper dabei nach vorn und ist ihm sehr zugewandt, lächelt und fragt: »Möchtest du eine Decke?« Tarek antwortet regelrecht fröhlich: »Jaaah!« Laura wiederholt dieses »Jaaah!«, streichelt ihm über den Kopf und holt eine Decke. Während sie dies tut, wiederholt Tarek das »Jaaah!«, als genieße er es gerade als Gegengewicht zu den vielen Neins, die er berechtigterweise hören muss. Dann legt er sich ein weiches Kissen aufs Gesicht. Als Laura wiederkommt und ihn zudeckt, lächelt sie: »Nun liegst du hier!« Was Tarek mit einem weiteren freudigen »Jaaaah!« beantwortet. »Und kannst dich ausruhen!« Wieder folgt ein »Jaaah!« von Tarek, auf das Laura wie ein Echo mit »Jaaah!« antwortet, während sie ihm über den Kopf streichelt und ihn mit der Decke umhüllt. Tarek beginnt daraufhin ein Spiel. Er versteckt sich unter der Decke, um Laura zu dem Spiel einzuladen, bei dem Kinder überprüfen, ob die andere Person auch wirklich noch da ist, wenn sie wieder hinter der Decke hervorschauen. Tarek freut sich bei diesem Spiel. Er lacht und gluckst, als könne er sein Glück kaum fassen, dass Laura weiter für ihn da ist.

In der anschließenden Besprechung mit der Kita-Leitung und Laura wird deutlich, wie belastend die Situation für alle Beteiligten ist. Ich kann den Fachkräften nur zustimmen und beschreibe meine Beobachtungen. Es kommt eher selten vor, dass ein Kind in dieser hohen Frequenz andere Kinder schlägt. In den allermeisten Beratungs- und Beobachtungssituationen tritt das vorher von den pädagogischen Fachkräften beschriebene problematische Verhalten im Zeitraum der Beobachtung nicht auf. Ein Grund für diese sich täglich wiederholende Beobachtung ist, dass die Worte *immer, ständig, nur noch* nicht der Realität entsprechen, sondern eher ein gefühlter Wert sind, der mit der Belastung der pädagogischen Fachkräfte korrespondiert. Bei Tarek können wir auch nicht von »immer«, doch auf alle Fälle von »sehr häufig« sprechen, da es bis zu 10-mal am Tag diese Zwischenfälle gibt. Es gibt jedoch auch andere Momente, wie seine etwas ungestüme Umarmung von Nike, die Einladung der anderen Kinder sowie das so schöne Versteckspiel.

Wir sprechen über Tareks familiäre Situation und die Tatsache, wie oft er als Kind auf sich allein gestellt ist. Seine Eltern hatten sich getrennt und es gab viel Streit, als er noch sehr klein war. Dann waren noch Corona und die soziale Isolation, was deutliche Spuren hinterlassen hat, dazu noch der hohe Medienkonsum. Besonders wenn Eltern sich oft streiten und letztlich auch für eine Zeit lang trennen, sind Kinder häufiger auf sich allein gestellt. Hier ist es noch verführerischer als in Familien, in denen alles recht rund läuft, die Kinder vor dem Bildschirm »zu parken«. Manche dieser Kinder, die ich beobachten konnte, wischen nur noch über einen Bildschirm und lassen ein Bild nach dem anderen vorbeirauschen, während sie im Wohnzimmer sitzen, wo gleichzeitig der Fernseher in Dauerschleife läuft. Da finde ich es regelrecht eine gute Nachricht, dass Tarek wohl in letzter Zeit *Minecraft* spielt, in dem den Spieler*innen quasi eine Riesenkiste Legosteine zur Verfügung steht, mit denen man sich dann seine eigene Welt konstruieren kann.

Dann schauen wir zusammen die Videos an, die ich vom Morgenkreis und der Szene am Sofa gemacht habe. Zunächst hat Laura Tarek auf dem Schoß und hält locker die Arme um ihn. Sie macht dabei ein freundliches Gesicht. Ich gebe ihr folgende Rückmeldung:

- Dein freundliches Gesicht gibt ihm das Gefühl, weiter willkommen zu sein, obwohl er Nike gerade geschlagen hat.
- In der Situation, in der er geschlagen hat, hast du ein deutliches Nein gesetzt. Es ist sehr wichtig, dass er dieses Nein hört, auch wenn er sich nicht immer daran hält. Das liegt wohlmöglich an dem, was er bisher erlebt hat.
- Deine Arme, die du um seinen Körper geschlungen hast, wirken hier nicht so, als wolltest du ihn festhalten, sondern als wolltest du ihm Halt geben.
- Als er sich dann auf seinen Stuhl setzen will, folgst du seiner Initiative und gibst ihm so das Gefühl, dass seine Impulse und Bedürfnisse wichtig sind. Du schenkst ihm weiter Vertrauen.
- Er nutzt diese Freiheit und geht erneut zu Nike. Als er ihr, die ihm den Platz an ihrer Seite anbietet, wieder ins Gesicht haut, betonst

du: »Nein, so nicht!«, und holst ihn auf seinen Platz zurück. Du bist hier klar, aber nicht wertend, obwohl es genug moralische Gründe geben würde, ihn zu verurteilen. Doch du verzichtest darauf, und das finde ich beeindruckend.

- Tarek durchquert erneut den Morgenkreis, kommt Nike wieder sehr nahe und nimmt sie etwas ungestüm in den Arm. Sie macht dieses Umarmen mit. Hier reagiert eine Kollegin von dir mit »Vorsichtig!«, und ich denke, das Wort liegt in der Mitte der Möglichkeiten, die wir haben.
  - Man würde ein »Nein, stopp, lass das!« vor dem Hintergrund der Erfahrung der letzten 5 Minuten verstehen, doch dies würde seiner Intention, Nike zu umarmen, ihr zu zeigen, dass er auch anders kann, nicht gerecht werden.
  - In »Vorsichtig!« habt ihr sein Bedürfnis erkannt, doch es schwingt verständlicherweise noch die Sorge mit, er könnte Nike erneut wehtun.
  - Wenn wir von allen Ängsten frei wären, das heißt die vorausgegangenen 5 Minuten nicht miterlebt hätten, könnten wir auch sagen: »Ah! Du nimmst Nike in den Arm!«, um seine konstruktive Handlung noch stärker zu betonen.

Insgesamt bin ich beeindruckt, wie wertfrei auf Tareks Verhalten reagiert wird. Vor diesem Hintergrund können ihn die anderen Kinder weiter ins Spiel einladen. Dieses pädagogische Handeln zeigt Respekt vor einem Kind, das es nicht so gut hat in unserer Gesellschaft, und ermöglicht ihm, sich zu verändern. Wenn wir so einem Kind nur mit Nein begegnen, ihm kein Vertrauen mehr schenken und ihm bei jedem Fehlverhalten Konsequenzen androhen, wird sein Verhalten auffällig und grenzverletzend bleiben.

Nun schauen wir den Film vom Sofa und ich gebe Laura wieder eine Rückmeldung zu ihrem pädagogischen Handeln:

- Als Tarek auf dem Sofa liegt, beugst du dich nach vorn und lächelst. So bist du ihm freundlich zugewandt und gibst ihm das Gefühl von Nähe und Akzeptanz.
- Du fragst ihn, ob er eine Decke braucht, was er mit einem deutlichen, glücklichen »Jaaah!« bestätigt. Du greifst sein »Jaaah!« auf, indem du seinen Ausdruck der Freude und des Wohlbefindens wiederholst, und gibst ihm so das Gefühl, wirklich verstanden zu werden. Du unterstreichst deine verstehenden Worte noch mit einer Berührung am Kopf. Hier fühlt sich Tarek gesehen, verstanden und emotional berührt.
- Dieses emotionale Berührtsein bestätigt er, als du die Decke holst. Er wiederholt das »Jaaah!«, als höre er es gern, und deckt sich ein Kissen aufs Gesicht.
- Dann kommst du zurück und deckst ihn mit der Decke zu. Du umhüllst ihn damit und sagst: »Nun liegst du hier!« Du sprichst hier über seine Handlung. Es ist wichtig, dass er spürt, dass er auch durch andere Handlungen als nur das destruktive Schlagen in deinen Augen existiert. Er versteht das, nimmt deine Aussage in sich auf und sagt: »Jaaah!«
- Als er »Jaaah!« sagt, wiederholst du es und gibst ihm das Gefühl, dich mit ihm über diese schöne Situation zu freuen. Du unterstreichst deine Anteilnahme an seinen positiven Emotionen erneut durch eine Berührung an seinem Kopf und besserst die Umhüllung mit der Decke nach.
- Nun beginnt er mit der Decke verstecken zu spielen. Dieses Spiel ist eine Eröffnung einer Interaktion mit dir. Das Versteckspiel dient Kindern dazu, sich rückzuversichern, ob andere auch weiter existieren, wenn sie sie nicht sehen. Sicherlich verfügt Tarek schon über die Objektpermanenz, doch er nutzt hier dieses Spiel, um die Verbindung zu dir aufrechtzuerhalten. Dieses wunderbare Spiel ist ein Element aus der analogen Welt, dessen Intensität und

Erlebnisspielraum ein gutes Gegengewicht zur digitalen Welt darstellen.

Laura kann diese Rückmeldung auf der einen Seite gut aufnehmen, da sie sehr viel über ihre Kompetenz sowie ihre menschliche Grundhaltung sagt, auf der anderen Seite betont sie, dass es nicht immer so gut laufe. Natürlich ist die Beobachtungssituation im Beratungskontext auch ein besonderer Moment, der die Aufmerksamkeit für den Moment sowie die handelnden Personen untereinander erhöht, doch es zeigt sich, welche Möglichkeiten grundsätzlich bestehen. Ich sehe keine effektivere Möglichkeit, um an Tareks aggressivem Verhalten etwas zu verändern, als das, was ich in diesen Szenen sah. Es ist so wichtig, Tarek auch in den guten Momenten Aufmerksamkeit zu schenken, damit er spürt, wie er über konstruktives Verhalten Zuwendung erhalten kann. Hier ist es wichtig, diesen Schritt nicht durch ein Loben seiner positiven Handlungen zu begleiten, sondern genau zu benennen, was er gerade tut. Dadurch werden ihm seine Handlungen bewusst und er kann über eine intensivere Verbindung zu seinen analogen Handlungen und seinem analogen Spiel eine stärkere Zufriedenheit finden.

Weiter ist es wichtig, mit den Eltern zu sprechen, um ihnen auch Handlungsmöglichkeiten in Bezug auf ihren Sohn vorzuschlagen. Hier wäre ein Video günstig, das zeigt, wie wir Tarek in ein konstruktives analoges Spiel begleiten. Das Video könnte den Eltern zum einen Handlungsoptionen aufzeigen und zum anderen vor Augen führen, dass ihr Sohn nicht nur schlägt. Viele Eltern von Kindern, die häufiger andere Kinder verletzen und deren Eltern sich dazu auch schon zu Wort melden, haben ein Sorgenbild ihres Kindes im Kopf: das Bild ihres aggressiven Kindes, das es ja auch in der Realität gibt. Doch bei fast allen Kindern, auch denen, die durch aggressives Verhalten auffallen, überwiegen in der Regel die konstruktiven oder unauffälligen

Momente. Diese sollten wir den Eltern vor Augen führen, damit sie ihre *Sorgenbilder mildern* oder sogar löschen können und ihnen Möglichkeiten aufgezeigt werden, wo sie selbst auf konstruktiver Ebene *Anschluss herstellen* könnten.

Bei Tarek könnte dies zurzeit das Versteckspiel sein. Gerade bei Kindern, deren Eltern aufgrund ihrer eigenen schwierigen Lebenslage, in die wir alle geraten können, nicht hinreichend Verlässlichkeit und Sicherheit anbieten können, sind Spiele der tiefgreifenden Rückversicherung eine ausgezeichnete Möglichkeit, um wieder Vertrauen aufzubauen. Beim Verstecken möchte das Kind von anderen, in diesem Fall von seinen Eltern, gefunden und somit gesehen werden. Beim Fangen signalisiert es: »Lauf hinter mir her und zeige mir, dass ich dir wichtig bin!« Wie schon gesagt: Manche Kinder laufen weg, wenn sie von ihren Eltern von der Kita abgeholt werden: »Mama/Papa, du hast mich allein in der Kita gelassen. Nun lauf freudig hinter mir her und zeige mir, dass ich dir noch wichtig bin!« – Natürlich brauchen Tareks Eltern auch Informationen über den Umgang mit sozialen Medien und über Gefahren, die für ihn von Computerspielen ausgehen können. Es ist wichtig, hierzu mit ihnen an einer Struktur zu arbeiten und ihnen wie beschrieben Alternativen aufzuzeigen.

Gewissheit und Kommunikation

Es sind vier Wochen vergangen bis zum nächsten Termin, da Tarek sehr unregelmäßig in die Kita gekommen ist und seine Eltern einen Gesprächstermin nicht wahrnehmen konnten. Als ich die Räume betrete und Tarek entdecke, spielt er für sich allein an einem Tisch. Er spielt mit Magnetbausteinen, die aus bunten, vier- oder dreieckigen Rahmen bestehen. Er wirkt konzentriert, wenn er diese zusammensetzt. Ich freue mich, dass er eine Handlung gefunden hat, und frage mich gerade, ob er hier die analoge Variante von *Minecraft* spielt und ob er mit diesem Spiel allein bleibt. Gerade als ich diese Gedanken habe, stupst Tarek eine junge Kollegin an, die ich noch nicht kenne, und weist auf sein Bauwerk hin. Sie rutscht daraufhin mit ihrem Stuhl zu ihm hin und beobachtet aufmerksam und zunächst regungslos seine Handlungen. Ihre Regungslosigkeit strahlt eine Ruhe und Gelassenheit aus, die Tarek zu motivieren scheint, engagiert weiterzubauen. In seinen Bemühungen, eine Art Haus zu konstruieren, sucht er immer wieder den triangulären Blick, der bedeuten soll: »Siehst du, was ich kann?!« Auf jeden seiner Blickkontakte reagiert die Kollegin mit einem ganz leichten Lächeln, das bei Tarek jedoch sehr deutlich ankommt. Genau als er den letzten Stein in sein Bauwerk einsetzt und dieses zur Vollendung bringt, wird ihr Lächeln größer und sie unterstreicht ihre Freude sowie ihr inneres Beteiligtsein mit: »Geschafft!«

Leider ist die Kollegin später bei der Besprechung nicht dabei, ich hätte ihr gern ein Feedback für ihr fein nuanciertes Verhalten gegeben. Sie hat Tarek durch ihre Ruhe, ihr handlungsbezogenes Lächeln sowie ihre ungeteilte Aufmerksamkeit die so bedeutsame Erfahrung von Selbstwirksamkeit gegeben, eine Selbstwirksamkeit in Bezug auf konstruktives Handeln. Nebenbei: Wenn sich pädagogische Fachkräfte oder Eltern ihr eigenes Handeln durch eine Videointeraktionsanalyse vor Augen führen, machen sie eine wertvolle Erfahrung in Bezug auf ihre eigene Selbstwirksamkeit. Vielleicht ist es auch gerade die besondere Rolle, die die junge Kollegin so aufmerksam sein lässt. Wie ich erfahre, ist sie Praktikantin und frei von den ganzen organisatorischen Aufgaben sowie möglicherweise unvoreingenommen in Bezug auf Tareks Verhalten. So beobachte ich öfter, dass gerade Praktikant*innen, Schüler*innen oder auch Erzieher*innen, die als Springer*innen arbeiten, eine besondere Rolle in Bezug auf herausfordernde Kinder einnehmen.

Tarek spielt nun auch ohne die Aufmerksamkeit weiter mit den Magnetbausteinen. Er hat ein längliches Haus mit einem roten Dach sowie zwei Objekte gebaut, die fliegenden Untertassen ähneln. Er wirkt konzentriert, und ich behaupte, dass die gerade erlebte ungeteilte Aufmerksamkeit der Praktikantin noch in ihm nachwirkt. Er konstruiert in der Gewissheit, als Kind gesehen zu werden. Aus dieser Gewissheit heraus entsteht die Zuversicht, dass das eigene Handeln sinnvoll ist, gerade in der nun bestehenden Abwesenheit entstehen kreative Gedanken. Tarek baut eine dritte fliegende Untertasse und spielt jetzt schon 20 Minuten für sich allein. Allein die 2 Minuten Aufmerksamkeit der Praktikantin können der Motor gewesen sein, in Abwesenheit weiter konstruktiv zu handeln. Dieses konstruktive Handeln mündet nicht selten im Vorhaben, uns die Bauwerke oder Bilder vor Augen zu führen. Auch Tarek schiebt nun immer wieder sein Haus vor seinen Augen hin und her. Er dreht es dabei und betrachtet es sowie die fliegenden Untertassen von allen Seiten. Dann schaut er zu Laura, die bei ein paar anderen Kindern am Nachbartisch sitzt, sagt: »Bitte komm mal!«, und betrachtet im Anschluss sein Haus, das er ihr zeigen möchte. Ich bin beeindruckt, denn Tarek kann sich auf eine völlig angemessene Art und Weise die Aufmerksamkeit eines Erwachsenen einholen. Als Laura zu seinem Tisch kommt, sagt sie anerkennend: »Du hast ein Haus gebaut!« Tarek lächelt, betrachtet dabei sein Haus und schiebt es näher zu Laura, worauf diese mit einer Hand über das Dach und dann die Hauswand streicht: »Ein rotes Dach – und da ist es blau und da gelb!« Nun zählt sie die Dachflächen: »1, 2, 3, 4.« Tarek dreht leicht das Haus, zeigt auf eine Seitenwand und sagt: »Da ist es grün!« – »Ah, da ist es grün!«, ist Lauras Antwort. Tarek zeigt dann auf eine Dachfläche und sagt: »Rot!«, worauf Laura mit »Rot!« antwortet. Dieses interaktive Wechselspiel mit den Farben setzt sich noch einen Moment fort, bis Laura eine der fliegenden Untertassen dreht und fragt: »Was ist das?« Tarek dreht diese und Laura fragt: »Ein Kreisel?«, als von ihm keine Antwort kommt. Doch Tarek bleibt bei der Kommunikation über die Farben, bei der er sich sicher fühlt. Er dreht die Kreisel oder fliegenden Untertassen und zeigt abwechselnd auf einzelne

Magnetbausteine. Er wirkt stolz auf seine Bauwerke und die Tatsache, dass er die meisten Farben benennen kann. Seine Freude steigert sich jedes Mal, wenn Laura lächelnd die Farbe wiederholt.

Hier wird der große Unterschied zu seinen Konstruktionen deutlich, die er mit *Minecraft* macht. Die konkrete Handlung, bei der hier auch das Geschick seiner Hände und seine Vorstellungskraft eine Rolle spielen, ist ein Prozess, in dem ein Stück Welt vom Kind geschaffen wird. In diesem kleinen Ausschnitt der Welt lassen sich die Objekte jedoch sichtbarer und greifbarer mit anderen Menschen teilen. Tarek nutzt diese Gelegenheit und holt sich aktiv jemanden, um sich über seine Bauwerke auszutauschen. Es entsteht neben der Konstruktion ein Spiel, in dem er Laura zeigen kann, dass er einzelne Farben kennt. Doch es geht um mehr. Er benennt die Farben und Laura bestätigt sie, indem sie seine Aussagen wiederholt. Er bekommt hier das Gefühl, gesehen und verstanden zu werden. Darüber entsteht die Lust, sich weiter über die Sprache in die Gemeinschaft einzubringen. Sprache ist hier auch die Brücke zu den anderen Kindern, wie es sich beim nächsten Beratungsbesuch bestätigen wird. Doch Laura und Tarek teilen hier nicht nur Sprache, sondern Gefühle und die dazu gehörenden Ausdrucksformen der Gestik und Mimik.

Bevor wir anschließend über diese Szenen sprechen, die ich auf Video aufgezeichnet habe, geben mir die pädagogischen Fachkräfte eine Rückmeldung zu den vergangenen Wochen. Tarek habe sich eigentlich gut weiterentwickelt. Es gebe zwar immer noch Übergriffe, doch diese seien deutlich seltener geworden. Es gebe sogar Tage ohne irgendwelche Komplikationen. Tarek beobachte häufiger auch das Spiel anderer Kinder. Er spiele jedoch weiterhin für sich allein oder suche, wie gerade erlebt, die Aufmerksamkeit der Erwachsenen. Der Kontakt zu den Eltern sei recht schwierig, da seine Mutter kaum Deutsch spreche und sein Vater ihn selten abhole. Es sei auch nicht ganz klar, ob die Eltern wieder zusammen oder weiterhin getrennt seien. So gebe es auch keine Informationen darüber, wie viel Medien Tarek konsumiert. Er komme immer noch recht unregelmäßig in die Kita und es stelle sich natürlich die Frage, womit er sich an den Tagen, die er zu Hause ist, beschäftigt.

Doch endlich gelingt ein Gespräch mit den Eltern. Die Atmosphäre ist recht gelöst, was sicherlich auch damit zu tun hat, dass die beiden zu diesem Zeitpunkt wieder zusammenleben und in diesem Gespräch als Elternpaar auftreten. Sie beschreiben Tareks positive Entwicklung, und vor dem Hintergrund der aktuellen Familienzusammenführung entsteht der Eindruck, es möge jetzt alles gut werden. Als ich den Eltern die Frage stelle, womit sich Tarek zu Hause beschäftigt, berichtet der Vater, er habe seinem Sohn jetzt ein gebrauchtes Tablet gekauft, weil Tarek so gern *Minecraft* spiele. Er spiele auch gelegentlich mit Tarek zusammen *Minecraft*, weil er Ingenieur sei und gern konstruiere.

Die Ausführungen des Vaters sind eine Einladung, das Video von der letzten Beratungssequenz zu zeigen. Ich hebe einzelne Szenen hervor, um den Eltern die Bedeutung des Spiels und der Begleitung durch die Erzieherin vor Augen zu führen:

- Als Laura fragt: »Du hast ein Haus gebaut?«, zeigt Tarek Freude, denn sie gibt seiner Konstruktion und der damit verbundenen Handlung eine Wertschätzung. Er macht hier die Erfahrung, dass sein Spiel, dass *er* wichtig ist.
- In den Momenten, in denen er einzelne Farben benennt, wiederholt Laura seine Worte und zeigt dabei eine freudige und ihm zugewandte Anteilnahme. Hier gibt sie ihm das Gefühl, dass Kommunikation wichtig ist und Spaß macht, dass der Kontakt zu seinen Mitmenschen einfach schön ist und Glücksmomente provoziert.

Schon nach diesen kurzen Ausschnitten wirken Tareks Eltern sehr zufrieden. Sie schauen sich beim Betrachten der Bilder immer wieder untereinander an und lächeln. Sie freuen sich besonders über die verbesserte Sprache ihres Sohnes und wirken auch glücklich, sein Lachen zu sehen. Nun schlägt der Vater von sich aus vor, Tarek diese Magnetbausteine zu kaufen, da ihm die Art und Weise gefalle, damit zu konstruieren. Wir unterstützen diese Idee und empfehlen den Eltern, den Schwerpunkt unbedingt auf diese analogen Spiele zu legen, da sich hierüber auch die Möglichkeiten erweitern, zu anderen Kindern in Kontakt zu treten.

Bei der Betrachtung des Videos sehen die Eltern, welche elementare Bedeutung das Spiel ihres Kindes hat und wie wertvoll es ist, seinen Initiativen zu folgen und diese in Worte zu fassen. Durch solche Bilder lernen Eltern, ihre Kinder neu und mit anderen Augen zu sehen. Die auftauchende Freude über ihr Kind gibt ihnen möglicherweise den Mut, sich aktiv mit ihm zu beschäftigen. Auch wenn es günstiger ist, wenn sie sich in solchen Videos selbst als Akteur*innen sehen, wirken insbesondere die Bilder eines engagiert handelnden Kindes als ein Vorbild, nach dem Eltern eine Struktur und positive Atmosphäre und damit Raum für Initiativen schaffen können.[246] So gesehen kann die Entwicklung eines Kindes in einer Kita auch in die Familie positiv hineinwirken.

Gemeinschaft erleben

Bei meinem nächsten Besuch in der Kita sitzt Tarek zunächst am Mittagstisch. Während sich die anderen Kinder unterhalten, ist er eher auf sich bezogen. Ihm fehlen die Worte, um sich an der Kommunikation am Tisch zu beteiligen. Als er mit dem Essen fertig ist, räumt er sein Geschirr auf den Teewagen und begibt sich in die Bauecke. Hier holt er sich zielstrebig die Kiste mit den Magnetbausteinen und beginnt zunächst, einen kleinen Stuhl zu konstruieren. Als er mich gegen Ende seines Konstruierens anschaut, sage ich interessiert: »Ein Stuhl!«, und lächle ihn an. Er lächelt zurück und beginnt augenblicklich, den dazugehörigen Tisch zu bauen. Es folgt der Kommentar einer Erzieherin: »Und ein Tisch!« Ich bitte diese, ohne dass Tarek es hört, die Objekte, die er in der Folge baut, genau auf diese Weise zu benennen. Sie macht dadurch die Objekte und somit seine Handlungen größer. Sie gibt dem Spiel des wenig sprechenden Kindes mehr Bedeutung und es besteht so die Chance, dass Tarek mit seinen Konstruktionen stärker im Bedeutungsraum der anderen Kinder auftaucht.

Während ich mit der Erzieherin flüstere, konstruiert Tarek eine Art Kreuz, das auch ein Flugzeug sein könnte. Die Erzieherin sagt daraufhin: »Ah, jetzt hast du auch noch ein Flugzeug gebaut!« Ich denke: »Wunderbar!«, und als ich mich gerade etwas aus der Situation zurückziehe, setzt sich auch schon Marie zu Tarek an den Tisch. Sie bedient sich an der Holzkiste mit den Magnetbausteinen. Tarek hält kurz inne, beobachtet Marie, die auch ein Flugzeug bauen möchte, für einen kurzen Moment und setzt sein Spiel sichtlich stolz fort. Nun kommt Marie bei der Konstruktion des Flugzeugs an eine Grenze und fragt die Erzieherin: »Kannst du mir helfen?« Tarek reagiert sofort. Er hat als Konstrukteur das Problem sofort erkannt und Marie das richtige Element gereicht, damit sie ihr Vorhaben weiterführen kann. Dann gesellt sich ein Matteo dazu, der einen Turm aus Lego gebaut hat und diesen zu den beiden Flugzeugen auf den Tisch stellt, woraufhin die pädagogische Fachkraft sagt: »Ein Flugplatz!« Die Kinder lachen und schauen sich untereinander an. Tarek wirkt durch die Reaktion der anderen Kinder sowie die Präsenz und den Kommentar der Erzieherin sehr motiviert und baut in Windeseile ein weiteres Flugzeug. Ich beobachte die Szene noch eine halbe Stunde und bin berührt von der Entwicklung. Am Ende sitzen 4 Kinder am Tisch und konstruieren zusammen mit Tarek.

Vom Destrukteur zum Konstrukteur

Ein Kind muss erst als handelnd oder spielend, also als Akteur*in, wahrgenommen werden, um stärker in den Augen anderer Kinder zu existieren. Besonders bei Kindern, die nicht über hinreichende Sprachfähigkeiten verfügen, gehen Handlungen manchmal in der Gemeinschaft unter, und es ist zielführend, wenn Erwachsene diesen Handlungen durch ihre sprachliche Begleitung mehr Bedeutung verleihen. Wenn wir die Bedeutung der konstruktiven Handlung hervorheben, helfen wir dem oft als destruktiv erlebten Kind, anders in den Augen der anderen Kinder zu erscheinen. Wenn die Kinder in der Folge häufiger Tareks Spiel begleiten, also mit ihm gemeinsam spielen, wird sich seine Sprache schnell verbessern, da Kinder dazu neigen, im Handlungskontext ihres Spiels zu sprechen. Hier findet eine sehr basale Kommunikation statt, in der sich Tarek, der noch nicht über so viele Worte verfügt, über die Handlung ausdrücken kann. Für pädagogische Fachkräfte ist es wichtig, diesem Spiel eben genau diese Bedeutung zu geben, um die Kinder miteinander zu verbinden. Diese lernen hier ununterbrochen, sich über Worte, Gesten und Handlungen zu verständigen. Es passiert genau das, was ein Kind in seinen ersten 7 Lebensjahren an kognitiver und sozial-emotionaler Entwicklung lernen sollte.

INNERE UND ÄUSSERE BILDER

Eine Gruppe von 20 Kindern sitzt im Morgenkreis. Die Kinder berichten von ihrem Wochenende. Moritz scheint dieser Unterhaltung jedoch nicht zu folgen. Er wendet sich immer wieder ab und hinterlässt den Eindruck, er würde diese Situation möglichst schnell beenden wollen. Er strahlt eine innere Unruhe aus. Als der Morgenkreis zu Ende ist, steht Moritz blitzartig auf und geht zur Fensterbank, wo ein Lego-Roboter auf ihn wartet. Mit diesem begibt er sich zu zwei Mädchen, die auf dem Boden mit Pferden einen kleinen Reiterhof bespielen. Sie wenden sich ihm zu und betrachten den Roboter. Moritz sagt daraufhin: »Das ist ein mega Roboter, der kann zerstören! – Pferde können nicht zerstören!« Eines der Mädchen hüpft mit einem Pferd auf den Roboter zu und stellt zu einem Detail die Frage: »Was ist das?« Moritz' Antwort kann ich nicht verstehen, doch sie führt dazu, dass sich beide Mädchen ihrem Reiterhof zu- und somit von ihm abwenden, wie es ihm an diesem Vormittag häufig widerfahren wird.

Im Anschluss kommt Moritz auf mich zu. Ich stelle eine Frage zu seinem Roboter und erhalte die Antwort: »Auch wenn man 1.000 Jahre alt ist, darf man nicht alle Filme schauen!« Es folgt eine Unterhaltung, die jedoch von der Wiederholung seiner Aussage dominiert wird und die mir keine Klarheit darüber verschafft, was Moritz mir eigentlich genau sagen will. Es ist ein Gespräch, in dem es mir schwerfällt, seinen Gedanken zu folgen, und ich fühle mich an Begegnungen erinnert, die ich in den letzten Wochen mit anderen Jungen – ja, es waren nur Jungen –

hatte. Sie orientieren sich in ihren Erzählungen an *äußeren Bildern*, mit denen sie sich gern beschäftigen – oder besser gesagt: von ihnen berieseln lassen – und die sie auf den unterschiedlichsten Bildschirmen zu sehen bekommen. Auch Moritz identifiziert sich stark mit solchen Figuren, die sich auf den Bildschirmen tummeln und die nicht selten damit beschäftigt sind, etwas zu zerstören. Was sie jedoch auch zerstören, ist die kindliche Kreativität, wie sie sich zum Beispiel in Rollenspielen ausdrückt, die von einer intrinsischen Motivation geprägt ist. Wie beschrieben orientiert sich das Rollenspiel an *inneren Bildern*, die ihre Grundlage aus der Interaktion mit der personellen Umwelt der Kinder erhalten.[247] Das Rollenspiel ist eine symbolische Kreation und hat für die Rückversicherung und Selbstregulation des Kindes eine wichtige Funktion.[248] In diesem Erleben spielt der sich bewegende, lebendige Körper, der sich tonisch-emotional mit Situationen, Objekten oder Anderen in Beziehung setzt, eine elementare Rolle. Beim reinen Betrachten von Bildern findet das Erleben über den Körper nicht hinreichend statt. Vor diesem Hintergrund scheinen diese Bilder keine Möglichkeit der tiefgreifenden Rückversicherung zu haben. Sie bieten darüber hinaus weniger Bezugspunkte zur realen Umwelt. Kinder, die viele Medien konsumieren, wirken oft unruhig und innerlich getrieben.[249] Sie scheinen durch die Filme und Spiele, die sie immer wieder betrachten, eine Art Anleitung für ihr Spiel zu erhalten, und es fällt dann anderen schwer, sich auf dieses Spiel einzulassen, da sie diese Anleitung nicht im Kopf haben. Bei Spielen, bei denen Kinder das auf dem Bildschirm Gesehene nur nachahmen, kommt es nicht zum Affektabstimmungsverhalten. Die Abstimmung von Affekten, die eine Verbindung zu inneren Zuständen schafft, benötigt immer einen realen Menschen als Interaktionspartner.[250]

> »Die Erfahrung des Selbst gegenüber dem (einfühlsamen regulierendem) Anderen und die Erfahrung des Selbst in Gemeinschaft mit dem Anderen kann durch nichts ersetzt werden, trotz der zunehmenden

> virtuellen Kontakte im Computerzeitalter. Virtuelle Interaktionspartner können nicht als sensible, einfühlsame selbstregulierende Andere auftreten.«[251]

Der Austausch dieser inneren Bilder schafft die Grundlage, um im Fantasiespiel miteinander zu korrespondieren. Beim symbolischen Spiel tauchen über Emotionen innere Bilder im Kopf der Kinder auf, die sich auf ihr Alltagserleben beziehen, bei dem es immer Überschneidungen zu anderen gibt. Das Geschilderte gilt auch für Moritz, den die Erzieherinnen, aber auch seine Eltern, als unruhiges Kind charakterisieren. In der Kita pendelt er zwischen den Aktivitäten der anderen Kinder, doch es gelingt ihm nicht wirklich, Anschluss zu ihrem Erleben und ihren Themen herzustellen.

Als er in den Bewegungsraum kommt, legt er zunächst ein wuscheliges Stofftier, das einem Kugelfisch ähnelt, sorgsam, fast pedantisch, auf die Fensterbank. Ein paar Mädchen und Jungen rennen durch den Raum. Moritz nimmt keinen Blickkontakt zu ihnen auf, sondern begibt sich zu Boden und krabbelt kopfschüttelnd durch den Raum. Seine Bewegungen erinnern mich an Gollum aus *Der Herr der Ringe*. Danach steht er auf und geht mit der Stirn zuerst auf einen Jungen zu, der einen gelben Schaumgummiblock in den Händen hält. Dieser lächelt und geht kurz auf den Kontakt ein, bevor sich Moritz an den Baustein klammert. Der andere Junge zieht nun Moritz, weiterhin an den Baustein klammernd, über den Boden quer durch den ganzen Raum. Als er dabei jedoch keinen Kontakt zu Moritz erhält, lässt er den Baustein los und wendet sich ab. Moritz klammert sich noch eine Weile am Boden liegend an den gelben Baustein, als suche er dort Halt und Orientierung. Dieses Szenario wiederholt sich einige Male, während ich Moritz beobachte. Die anderen Kinder versuchen zu Aspekten seines Handelns oder seines Spiels Kontakt aufzunehmen, lassen jedoch nach einem kurzen Moment wieder ab, wenn sie in Moritz' Gestik und Mimik keine Resonanz auf ihre Bemühungen spüren. Sie scheinen nicht zu verstehen, was er mit seinem Spiel ausdrücken möchte oder welche Spielidee sich dahinter verbirgt. Das Unverständnis ergibt sich wieder daraus, dass Moritz sich mit seinem Handeln nicht im gleichen Bedeutungsraum wie die anderen Kinder befindet.[252] Diese spielen irgendwann Fangen und verständigen sich dafür untereinander auf ein Regelwerk, das an »Steh Bock, Lauf Bock« erinnert. Sie sind in einem Resonanzerleben, einem wechselseitigen Aufnehmen von Signalen und Einfühlen, was die jeweils anderen gerade bewegt. Sie benötigen dafür einfache Worte und kurze Blicke. Moritz hält sich weiter am Baustein fest, als er langsam auf die anderen Kinder zuläuft. Nun stößt oder schubst er einzelne mit dem Baustein, ohne dabei auf deren Reaktion zu achten. Er verfolgt sie, und es hat für einen Moment den Eindruck, als sei es das gleiche Verfolgen, das die anderen in ihrem »Steh Bock, Lauf Bock«-Spiel teilen. Doch der Eindruck trügt, denn während die anderen Kinder Blicke, Emotionen und Worte tauschen, wählt Moritz fast stereotyp immer wieder die gleiche Handlung.

Es vergehen ein paar Minuten, bis die Kinder zunächst mit Ausweichbewegungen reagieren, bevor sie sich aktiv abwenden. Manche heben die Arme wie eine Art Schutzschild vor ihr Gesicht. Moritz hat mittlerweile den Schaumgummiblock zur Seite gelegt und berührt, schubst oder stößt die Kinder, indem er mit der Stirn voraus auf sie zugeht. Es wirkt zunächst so, als wollten sich diese mit ihren Schutzschildern auf Moritz' Spiel einlassen, doch irgendwie fehlt die spielerische Leichtigkeit. Die Kinder lachen nicht, wirken nicht entspannt, und darum ruft ein Mädchen dann auch: »Moritz, wir wollen das nicht!« Er reagiert jedoch weiterhin nicht auf Gestik, Mimik und Worte der Kinder, sondern bleibt im wahrsten Sinne des Wortes in »seinem Film«, zeigt weiter die gleichen Bewegungen, sodass die Reaktionen der anderen Kinder zunehmend hilflos werden.

Nun neigt er den Kopf wie ein Stier nach vorn, breitet seine Arme aus und verfolgt Emma mit den Worten: »Ich bin ein Zauberer, du bist unter meinen Kräften! – Meine Macht ist zu stark!« Emma macht Abwehrbewegungen, läuft davon, lässt sich irgendwann zu Boden fallen und schaut im Raum hin und her. Sie sucht folglich keinen Blickkontakt mehr zu Moritz, da dieser darauf keine Reaktionen zeigt, sondern jetzt fortlaufend und stereotyp nur »Poppy!« in den Raum ruft. Emma steht schließlich auf und flieht auf einen der großen Schaumgummiblöcke. Hier hält sie sich einen Fuß und sagt: »Auah!« Tim begibt sich zu ihr, um nachzusehen, was passiert ist: »Was ist los?« »Schau doch selbst!«, ist Emmas Antwort, doch der Junge schaut nicht zu ihrem Fuß, sondern mit einem traurigen und vorwurfsvollen Blick zu Moritz, der weiterhin monoton sein »Poppy!« zum Ausdruck bringt. Als er damit nicht aufhört und Emma wieder sehr nah kommt, schreit sie ihn an: »Hör auf!« Er weicht etwas zurück, doch sein »Poppy!« füllt weiterhin den Raum. Nun habe ich das Bedürfnis, meine Rolle als Beobachter aufzugeben und die Situation zu verändern, weiß jedoch gar nicht, ob sich mein Bedürfnis vordergründig darauf bezieht, Emma zu Hilfe zu eilen oder dieses monotone und durchdringende »Poppy!« zu beenden. Es gleicht dem Wunsch, den Piepton der Zeitschaltuhr am Backofen auszuschalten, der keinerlei Rücksicht darauf nimmt, wenn wir für einen kurzen Moment verhindert sind. Es stellt sich nur die Frage, wie ich einschreite, um den Konflikt zu lösen, den Moritz möglicherweise gar nicht als solchen erkennt. Aus diesem Grund geht es nicht darum, ihn zu begrenzen, sondern eher darum, ihm und den Kindern andere Möglichkeiten aufzuzeigen, wie sie sich als Gemeinschaft der Spielenden erleben können.

Ich entscheide mich schnell dafür, den Kindern Bilder zu Verfügung zu stellen, an die alle in ihrer Fantasie anschließen können. Dafür gehe ich auf die Kinder zu und spreche Emma an: »Hast du eine Verletzung?« Sie antwortet mit einem Lächeln, das deutlich macht, dass diese Verletzung eher gespielt ist: »Jaaaa!« Ich zeige mein Mitgefühl: »Mmmmh! Müssen wir ein kleines Krankenhaus bauen?« Sie antwortet wieder entspannt lächelnd: »Neeein!«, und betrachtet ihren Fuß. Doch ehe sie sich versieht, ergreift Felix, der direkt neben ihr sitzt, die Initiative und zieht Emma mit ihrem Schaumgummiblock, auf dem sie sitzt, durch den Raum. Währenddessen sagt er: »Jaaah, ein Krankenhaus bauen, ein Krankenhaus, ab ins Krankenhaus mit Emma!« In diesem Moment, in dem Felix seine Handlung mit einer Bedeutung oder mit einem Ziel versieht, verändert sich Emmas Gesicht. Sie lächelt, da sie spürt, dass sie in einem Spiel ist. Auch Sophie greift die Spielidee auf und hilft beim Ziehen des Blocks. Nun schreitet selbst Moritz ein und packt einen Baustein unter das verletzte Bein: »Ich mache einen Verband!« Ich begleite alle Worte der Kinder mit einem anerkennenden »Jaaaah!«, um mein Interesse und auch etwas Bewunderung für ihre Initiativen zum Ausdruck zu bringen. Es sind mittlerweile sechs Kinder am Bau des Krankenhauses beteiligt.

Auch Moritz ist es gelungen, an diese Bilder anzuschließen. Es sind Bilder, die allen Kindern vertraut sind und die sich von ihrer Substanz deutlich von den Bildern unterscheiden, die Moritz sonst beschäftigen und überfluten, wenn er darauf, wie beschrieben, keine Resonanz erfährt. Hier verhält er sich anders, denn die anderen können mit seinen Worten – »Ich mache einen Verband« – sowie seinen dazu passenden Handlungen sofort etwas anfangen und zeigen ihm das durch ein Lächeln. Diese inneren Bilder sind symbolische Repräsentationen, die die Kinder in ihren sozialen Interaktionen mit anderen Personen lernen. Sie sind deshalb so besonders, weil sie intersubjektiv sind, das heißt, im Bewusstsein aller existieren und so untereinander geteilt werden können.[253] Doch in der Folge zeigt sich, dass die Orientierung an diesen inneren Bildern bei Moritz fragil wirkt und es wichtig ist, ihn einen Moment in diesem Spiel zu begleiten und die Situation weiter mit solchen Bildern anzureichern, die den Gehalt des symbolischen Spiels erweitern. »Braucht ihr für den verletzten Fuß noch eine Decke?«, frage ich, und die Kinder antworten strahlend: »Jaaah!« Nun schaue ich direkt Moritz an: »Magst du für den verletzten Fuß eine Decke holen?« Er sagt

»Jaah!«, springt auf, sucht und findet im Bewegungsraum eine Decke. Damit deckt er Emma zu, wobei dieses Zudecken zunächst nicht gerade wie eine umsorgende Zuwendung wirkt. Das spiegelt sich auch in seinen Worten wider: »50 Jahre musst du jetzt hier drin bleiben!«

Das Bild des Krankenhauses scheint verloren, und als Moritz seinen Satz wiederholt und ich den Eindruck nicht loswerde, dass es wieder eine Anlehnung an ein Zitat aus einem Film ist, versuche ich ihn wieder in eine Symbolik zu holen, die für alle greifbar und verstehbar bleibt: »Wer ist hier der Arzt?« Moritz nickt, während er Emmas zugedeckte Beine hin- und herwiegt. »Ah, du bist der Arzt! ... Ach, du schaukelst!« Moritz strahlt mich daraufhin mit einem entspannten Lächeln an. Als ich dann betone: »Du wiegst sie in den Schlaf!«, muss Emma laut lachen und Moritz lacht mit. Beide lachen sich an. Langsam scheint sich also auch Moritz durch die kontinuierliche Bewegung des Wiegens zu entspannen. Er steht nach einer Weile auf und holt Emma sogar seinen Kugelfisch. Dieses Stofftier scheint sein Übergangsobjekt zu sein, das bei allen Kindern eine Verbindung zu ihren Eltern herstellt. Möglicherweise hat ihn die Zuwendung, die er gerade Emma gegeben hat, an die Zuwendung erinnert, die er beim Zubettgehen von seinen Eltern erfährt. Hier sind dann die inneren Bilder wirksam, die in der frühen Eltern-Kind-Interaktion ihren Ursprung haben. – Meine Beobachtungen machen deutlich, dass Moritz einen Zugang zu diesen so wichtigen inneren Bildern hat, die eine Verbindung zu den Empfindungen der Kinder herstellen. In seiner Alltagsrealität werden diese jedoch durch äußere Bilder überlagert, zu denen andere Kinder oder Erwachsene nur schwer einen Zugang finden. Bei einem von Qualität und Quantität unangemessenen Medienkonsum haben Kinder zu wenig Bewegung und vor allem viel weniger Interaktionsmomente mit anderen. Der emotionale Austausch im Dialog mit anderen hat einen fundamentalen Einfluss auf unsere Sprache sowie unser gesamtes Denken und Fühlen.[254]

Bilder anbieten

In der Beratung schauen wir zunächst auf diese Szene und betrachten Moritz' Bemühungen, mit den anderen Kindern in Kontakt zu treten. Es wird deutlich, dass es ihm nicht gelingt, ein wechselseitiges Spiel aufzubauen, da die anderen Kinder seine Spielideen nicht deuten können. An den Gesichtern der Kolleginnen ist beim Betrachten der Bilder abzulesen, wie sie den Konflikt auf sich zukommen sehen. Es sind genau die Szenen, denen sie im Alltag wie das Kaninchen vor der Schlange hilflos gegenüberstehen. Doch um dem sich nähernden Konflikt mit der sich anschließenden Eskalationsspirale vorzubeugen, ist es wichtig, präventiv zu handeln und sich an der Stelle einzubringen, an der ein Kind noch offen ist für unsere Ansprache. Unsere Intervention muss als Interesse und nicht als Angriff auf das eigene Selbst empfunden werden. Wie können unsere präventiven Handlungen also aussehen? Wie sollen wir ein Kind – für mich immer der zentrale Punkt – dort abholen, wo es ist, wenn wir uns in seiner Welt gar nicht auskennen und zurechtfinden? Wir holen es zurück in die Normalität, und zwar zu einem frühen Zeitpunkt, zu dem wir noch nicht angestrengt sind von seinem Spiel. Wir konfrontieren es mit Bildern, die in der Regel an seine eigenen inneren Bilder gebunden sind. Dazu gehören ganz existenzielle Themen, mit denen wir aufwachsen und mit denen sich Kinder zwangsläufig täglich oder in besonderen Momenten umgeben. Es sind Begriffe wie Essen, Trinken, Schlafen, Kita, Wohnen, Papa, Mama, Opa, Oma, Schwester, Bruder, Freundin, Urlaub, Krankenhaus u. a., mit denen alle etwas verbinden. Zudem ist es wichtig, Interesse an dem uns fremden Spiel zu zeigen und in der Folge Fragen zu stellen wie: Wo wohnt denn der Roboter? Wo schläft er? Hat er einen Bruder? Eine Freundin?

So frage ich auch den kleinen Jim, der sehr von Batman begeistert ist: »Hat die Figur auf dem Bild einen Freund?« Jim antwortet darauf sofort mit Ja, und ich bitte ihn, den Freund zu malen. Es wird deutlich, dass er selbst dieser Freund ist, doch das ist nicht das Entscheidende, sondern das Malen an sich. Etwas sichtbar und somit für alle erlebbar zu machen, ist ein wichtiger Aspekt, statt sich mit dem Ja zufrieden zu geben: »Jaaah! Zeig mal!« Man kann sich auch den Ort zeigen lassen, wo der Held wohnt oder schläft: »Ist es in der Puppenecke oder dort an der Sprossenwand, wo die Weichbodenmatte liegt? Ja, wie liegt denn der Roboter da, wenn er schläft? Benötigt er noch eine Decke?«, also einen sichtbaren und spürbaren Alltagsgegenstand. Nun machen die vorherigen Beschreibungen deutlich, dass dies keine einfache Intervention ist, die auch durchaus schon in den therapeutischen Bereich geht, doch mit etwas Übung und der Unterstützung der anderen Kinder, die sich mit hoher Wahrscheinlichkeit mit Vorschlägen und Erweiterungen einbringen, wächst zunehmend eine Sicherheit und Routine. Wir sind ja in diesen Situationen noch nicht im schwierigen Feld des Konflikts, sondern in einem Moment, in dem ein Kind noch offener und zugänglicher ist. Es ist also durchaus ein Experimentieren möglich und auf alle Fälle weniger anstrengend als übliche Konfliktlösungen, die es natürlich in der ersten Zeit weiterhin geben wird. Wir versuchen, das Spiel eines Kindes mit Bildern anzureichern, die uns selbst vertraut sind und an die auch andere Kinder anschließen können. Die meisten Kinder, die dem Medienkonsum verfallen sind, merken sehr schnell, wie viel positiver dieses Erleben ist, und lassen sich so immer leichter in die uns vertraute imaginäre Welt entführen. Solch eine Entwicklungsbegleitung muss jedoch von einer Zusammenarbeit mit den Eltern flankiert werden, in der es darum geht, den Medienkonsum stark zu reduzieren und die elementare Bedeutung der Interaktion zu vermitteln.

Zurück zu Moritz: Etwa 2 Wochen später erarbeiten wir in der Dienstbesprechung nach Feststellung der aktuellen Situation einen pädagogischen Handlungsplan. Das Team schildert die momentanen Eindrücke, Erlebnisse und Empfindungen in Bezug auf Moritz' Verhalten. Eine Kollegin berichtet, und die anderen bestätigen ihre Beschreibungen durch zustimmendes Nicken: »Wir sind immer in Habachtstellung, wenn Moritz kommt. Er zieht so viel Aufmerksamkeit auf sich, dass keine Zeit mehr für die anderen Kinder bleibt. Hier gibt es auch schon Beschwerden einzelner Eltern, die das natürlich auch immer mal wieder mitbekommen!« Insbesondere werden gemeinsame Aktionen wie Morgenkreis, Mahlzeiten oder Vorschulgruppe beschrieben, in denen Moritz jedes Mal den Rahmen sprengt. Dann sagt eine Kollegin: »Entschuldigung, dass ich das so deutlich sage, doch mir reicht es mit Moritz, er ist so laut und schreit herum!« Woran eine andere anschließt: »Ich erlebe es als große Entlastung, ja, ich bin wirklich froh, wenn er nicht kommt!« Nach einem Moment der Stille sagt sie sichtlich betroffen: »Ja, so ist es einfach!« Ich nehme die Aussagen sehr ernst, bedanke mich für die so ehrlichen Worte und betone, dass ich die Anstrengung verstehen kann. Auch das Gefühl, das in der letzten Aussage zum Ausdruck kam, ist mir als Heilpädagoge aus der Arbeit mit herausfordernden Kindern vertraut. Ich halte dies für einen entscheidenden Moment und bitte die Kolleginnen, die Augen zu schließen: »Stellt euch vor, ihr als Erzieherin kommt jeden Tag mit dem Gefühl in diese Kita: Alle anderen sind froh, wenn ihr nicht da seid ... Was löst dieses Gefühl in euch aus?«

Es wird ihnen schnell klar, dass das ein unerträglicher Zustand für alle im Raum wäre. Aus diesem Eindruck heraus ist es zunächst wieder still, bevor eine Kollegin einige positive Beobachtungen aus den letzten Tagen schildert: »Ich habe auch Momente erlebt, in denen Moritz etwas besser zeigen konnte, wie er mit anderen spielen kann!« Im Anschluss gibt es Aussagen und Gedanken, dass dies möglicherweise auf die Medienreduzierung durch die Eltern zurückzuführen ist. Moritz habe auch mehr Ansätze zu echten Rollenspielen gezeigt, die mehr Möglichkeiten der Selbstregulation beinhalten. Im Rollenspiel, das sich nur auf Medienbilder bezieht, ist das nämlich nicht hinreichend möglich. Daraufhin berichtet eine Kollegin, dass sie ihn darin unterstützt habe, sich als Pirat zu verkleiden, und er daraus sehr klare Ansätze zum Rollenspiel mit anderen Kindern gezeigt habe. – Es ist interessant zu beobachten, welche emotionale Schaukelbewegung das Team in dieser Besprechung macht. Oft ist es hilfreich, sich durch ein Wechselbad der Gefühle zu begeben, um sich wieder den empathischen Empfindungen zu nähern. Hier ist es von Bedeutung, allen Gefühlen Raum zu geben und die ausdrückliche Erlaubnis zu erteilen, auch ehrliche, unbeliebte Aussagen zu tätigen. Dabei erscheint es mir wichtig, sich immer wieder auf unseren eigentlichen Auftrag zu besinnen: die Entwicklungsbegleitung von Kindern. Dies verdeutlicht uns, dass wir die Veränderungen einleiten müssen, da das Kind mit diesem Schritt überfordert ist.

Um die Situation mit Moritz entspannen zu können, werden folgende Handlungsmöglichkeiten besprochen: Das Team achtet mehr auf positive Verhaltensweisen und kommuniziert sie untereinander. Dies ist wichtig, um sich von einer Problemfixierung zu lösen, aus der Habachtstellung herauszukommen und Moritz in seinen Ansätzen des konstruktiven Spiels Worte zu geben. Er ist auf Reaktionen zu seinen konstruktiven, kreativen und angemessenen Verhaltensweisen angewiesen, um ein positives Selbstbild zu entwickeln. Und tatsächlich: In den folgenden Wochen findet Moritz mit dieser Unterstützung und zwei weiteren Beratungen neue Möglichkeiten, sich innerhalb der Kita zu zeigen. Sein schwieriges Verhalten tritt nur noch gelegentlich auf. Der Grund für diese einschneidende Entwicklung liegt in der Selbstreflexion, Ressourcenorientierung und Entwicklungsbegleitung der Erzieherinnen sowie in der Zusammenarbeit mit den Eltern. Die pädagogischen Fachkräfte haben sich auf der Grundlage des Erkennens ihrer eigenen Handlungsfähigkeit verändert. Es ist ein Lernen, eine Entwicklung am eigenen Modell nach dem professionellen Leitgedanken: *Ich habe die Kompetenzen und die Kraft aus mir heraus, dem Kind die Unterstützung anzubieten, die es braucht.* Auch bei der Entwicklungsbegleitung der Kinder sollten wir uns auf ihre Kompetenzen konzentrieren und uns im Schwerpunkt für das interessieren, was sie zu tun vermögen. »Wir zeigen Interesse an seinen Bewegungen, seinen Handlungen, seinem Spiel und konfrontieren es nicht mit dem, was es nicht kann.«[255]

SCHULREIFE

Erinnern Sie sich an den kleinen Jakob, der seine Arme ausbreitet und mit seinem Mund die Turbinen eines »Fluzeuk« nachmacht, während er durch die Krippengruppe geht bzw. in seiner Vorstellung durch die Luft fliegt?[256] Er möchte uns damit von dem Ereignis erzählen, das er am Tag zuvor mit seinen Eltern erlebt hat. Wäre Jakob 4 oder 5, würde er vielleicht ein kleines Flugzeug als Lego bauen und es durch den Raum fliegen lassen, um uns an seinem inneren Bewegtsein Teil haben zu lassen. Wäre er ein Erstklässler, würde er uns eine Geschichte erzählen, die davon handelt, wie er mit seinen Eltern in einem Flugzeug geflogen ist. Der kindliche Reifungsprozess verläuft von der Lust an der Bewegung über die Lust am Handeln zur *Lust am Denken*. Das Krippenkind spürt sein Selbst intensiver über die Bewegung, das Kitakind über die Handlung und das Schulkind sollte sagen können: »Ich denke, also bin ich!« Diese Entwicklung beschreibt den Prozess der kognitiven Dezentrierung, der ein Kind in die Lage versetzt, sich zunehmend von der auf den eigenen Körper und das eigene Tun zentrierten Sicht auf die Welt zu lösen.[257] Es lernt nun, Situationen und Objekte zueinander in Beziehung zu setzen. Für diesen Entwicklungsprozess ist eine intensive Auseinandersetzung und ein Austausch mit der personellen und dinglichen Umwelt von entscheidender Bedeutung. Einige der bislang beschriebenen Kinder führen uns eindrücklich vor Augen, was passieren kann, wenn Kinder einer im wahrsten Sinne des Wortes zu einseitigen Beschäftigung mit der Welt nachgehen, das heißt, sich in den frühen Jahren nicht hinreichend über die Bewegung, die Handlung und den Dialog mit der personellen und dinglichen Umwelt auseinandersetzen. Wie Studien belegen, führt ein übermäßiger und unkontrollierter Gebrauch digitaler Medien bei manchen Kindern zu Besonderheiten im sozialen Miteinander, zu Auffälligkeiten in der Motorik, in der Sprache und im kreativen Spiel. So kommen viele nicht mit der Kompetenz zur Schule, sagen zu können: »Ich denke, also bin ich!«, sondern müssen sich sehr häufig bewegen, um ihr inneres Bewegtsein, ihre innere Unruhe zum Ausdruck zu bringen.

Jesper Juul sieht einen Ursprung für einen zu hohen Medienkonsum von Kindern in einer zu großen Präsenz von Medien in der Familie. Er nennt elektronische Geräte »Familienmitglieder«, »weil sie extrem viel Aufmerksamkeit auf sich ziehen und die Kultur von Familien auf eine Art und Weise verändern, welche für die auf Liebe basierenden Beziehungen zwischen Erwachsenen, Geschwistern, Eltern und Kindern ungesund ist«. Wenn Eltern ihre noch kleinen Kinder unbewusst oder bewusst zurückweisen, weil das Smartphone in den Augen der Kinder oft wichtiger zu sein scheint als sie selbst, fühlen sie sich möglicherweise traurig, enttäuscht oder wütend.[258] Juul ist der Auffassung, Kinder fangen aus diesen Gefühlen heraus an, sich an die Verhaltensweisen der Erwachsenen anzupassen. Manche nehmen sich in ihren Bemühungen nach Kontakt zurück, andere beginnen zu quengeln oder zeigen aggressives Verhalten, um auf sich aufmerksam zu machen, und wieder andere geben irgendwann auf. Mit etwa 3 Jahren beginnen Kinder dann, die Verhaltensweisen der Erwachsenen zu kopieren, und fokussieren sich auf ihre eigenen Bildschirme. Auch wenn ihre Eltern dann zunächst den Freiraum genießen, der mit dieser Beschäftigung einhergeht, kann es auch schnell den Alltag belasten. Wenn dieses Verhalten dann zunimmt, korrespondiert es irgendwann nicht mehr mit den Vorstellungen der Eltern. So hat Pascal, von dem im Folgenden die Rede sein wird, bislang nie eine Kita besucht, was jedoch dem Wunsch der Eltern entsprach, da er dort seinem Interesse, am Computer zu spielen, nicht hätte nachgehen können. Der massive Widerstand, den Pascal gezeigt hat, um sich letztlich durchzusetzen, mischt sich mit dem großen Verlangen, unbedingt am Computer spielen zu wollen, sowie mit der Trauer, Wut und Enttäuschung, nicht hinreichend Aufmerksamkeit von den Eltern bekommen zu haben.

Vertrauen aufbauen

Der Einschulungstag ist eigentlich ein Tag, auf den sich alle freuen; ein Tag, dem viele Eltern, Großeltern und Kinder aufgeregt entgegenfiebern. Bei Pascal scheint dies anders zu sein. Er steckt sich die Finger in die Ohren und widmet der Aufführung, die die Erstklässler*innen des letzten Jahrgangs zeigen, keinen Blick. Er wirkt lustlos, in sich versunken und bringt sehr deutlich zum Ausdruck, nicht an diesem Ort sein zu wollen. Auf die Frage einer Lehrerin, die ihn schon eine Weile beobachtet, ob alles okay sei, bringt er ein sehr deutliches »Nein!« zum Ausdruck. Auf die Frage, was ihm denn fehle, antwortet er: »Fortnite!« Die Lehrerin wirkt geschockt über die Deutlichkeit dieser Antwort, da ihr bewusst ist, dass *Fortnite* erst für Jugendliche gedacht ist. Doch dann bleibt sie weiter mit ihrer Aufmerksamkeit bei Pascal, und in ihrer Beobachtung wird ihr immer bewusster, dass ihm dieses Computerspiel wirklich zu fehlen scheint. Er wirkt sichtlich traurig. Die schöne Einschulungsveranstaltung hat für ihn keine Bedeutung.

Pascals Verhalten setzt sich an seinem ersten Schultag fort. Er sitzt an der Garderobe und möchte nicht in den Unterricht. Seine Lehrerin Frau Voß geht zu ihm hin und begibt sich in die Hocke: »Ich weiß, dass es gerade am Anfang nicht immer ganz einfach ist, doch alle anderen Kinder warten schon auf dich.« Doch Pascal scheint nicht offen für dieses Gespräch, er schaut nach unten und gibt ihr keine Möglichkeit, seine Augen zu sehen. Daher fragt Frau Voß: »Weißt du, was ein Kompromiss ist?« Pascal schaut sie verwundert an. Er schaut, als würde er glauben, »Kompromiss« sei irgendein Spiel, das er, der sich sehr gut in der Gamingwelt auskennt, noch nicht kennt. »Nein!«, antwortet er und Frau Voß setzt mit ihrer Erklärung an: »Ein Kompromiss wäre, wenn ich dir sage, du musst dich nicht auf deinen Platz setzen, sondern es reicht mir, wenn du direkt an der Tür im Klassenraum Platz nimmst.« Nun schaut Pascal kurz wieder auf und begibt sich zu ihrer Verwunderung in den Klassenraum. Vielleicht fühlt sich dieser Kompromiss für ihn schon wie eine Art Spiel an, denn er folgt dem Vorschlag. Er nimmt dort auf einem extra Stuhl in der Türschwelle Platz. Frau Voß hat ihm gegenüber eine Haltung eingenommen, die ihm nicht vorschreibt, was er tun soll, sondern die ihn in die Position bringt, selbst zu entscheiden. Pascal ist ein dominanzorientiertes Kind, dem es entgegenkommt, an Prozessen beteiligt zu sein, und hierfür scheinen Kompromisse ein gutes Mittel. Das Gefühl, mitwirken, mitbestimmen und mitgestalten zu können, ist eine wichtige Vorrausetzung, um gegenseitiges Vertrauen aufzubauen. Frau Voß begibt sich auf Augenhöhe, sie ist ruhig und nimmt sich in dieser Begegnung Zeit, seine Antworten abzuwarten. Möglicherweise spürt Pascal in ihren Bemühungen auch die unterstützende Empathie und somit ein Gefühl von Sicherheit.

Eine Woche lang nimmt er in seiner ihm eigenen, lustlos wirkenden Haltung direkt neben der Eingangstür auf seinem Stuhl am Waschbecken Platz. Die Lehrerin freut sich über Pascals kleines Entgegenkommen und auch über die Idee mit dem Kompromiss. Eine persönliche Zuwendung der Erwachsenen ist eine zwingende Vorrausetzung für dieses neue Lernen und schafft hier für Pascal die Grundlage, sich auf Kompromisse einzulassen. Denn kooperatives Verhalten und Beziehungsgestaltung sind neurologisch miteinander verbunden.[259] An einem Nachmittag erfährt Frau Voß in einem Tür-und-Angel-Gespräch mit Pascals Mutter schließlich, wie groß Pascals Entgegenkommen war, überhaupt erst die Schule zu betreten. Er hat nie eine Kita betreten, konnte nicht dazu überredet werden, da es dort keine Computerspiele gibt.

Pascals Beschulung gestaltet sich in der Folge weiter schwierig. Er zeigt den Erwachsenen immer wieder Grenzen auf, indem er »Nein« oder »Ich mach das nicht« sagt. Er möchte Situationen dominieren, ist ein König des Widerstands, der seinen Lehrer*innen alles abverlangt. Auch wenn er sich vor Ort gegenüber den meisten Angeboten verweigert, geht er mittlerweile schon fast 2 Wochen zur Schule. An diesem Donnerstag hält Frau Voß ein besonderes Angebot für die Kinder bereit, die mit dem üblichen Unterricht schnell überfordert sind. Hierzu gehört auch Pascal, und sie macht ihm, der wie so oft einfach auf dem Schulhof am Boden sitzt, gerade ihr Angebot schmackhaft: »Nein, da geh ich nicht hin!«, kommt es wie selbstverständlich aus seinem Mund. »Pascal, wir können dort zusammen etwas kochen!«, erklärt sie ihm. »Nein, keine Chance, ich hasse kochen!«, erwidert Pascal, der als Widerstandskämpfer viel rhetorisches Geschick aufweist. In seinen aggressiv anmutenden Äußerungen bringt er seine Wut, Trauer und Enttäuschung zum Ausdruck, irgendwie nicht dazuzugehören, obwohl ihm alle immer wieder Einladungen aussprechen. Nun ist auch Frau Voß ratlos, enttäuscht und auch sauer auf Pascal, weil sie ihm so viel Unterstützung anbietet und seine Haltung daher nicht fair findet. Doch sie behält ihre Gedanken und Gefühle für sich. Sie weiß, es wäre nicht hilfreich, Pascal mit einer moralischen Haltung zu konfrontieren. Sie beruhigt sich wieder einmal damit, sich zu sagen, dass er wenigstens weiterhin zur Schule kommt. Mit diesen Gedanken geht sie etwas frustriert zu dem Raum, in dem das Kochangebot stattfinden soll. Auf dem Flur kommt ihr der kleine Paul, ein Zweitklässler, entgegen. Paul, der auch an dem Angebot teilnehmen soll, fragt interessiert: »Frau Voß, was machen wir denn heute?« »Wir kochen zusammen!«, antwortet sie. »Wer denn alles?«, fragt Paul, und Frau Voß zählt die Namen der 5 Kinder auf: »Nur leider sitzt Pascal noch auf dem Schulhof!« »Okay, dann hole ich Pascal!«, sagt Paul und ist auch schon weg. Frau Voß traut ihren Augen kaum, als die beiden keine zwei Minuten später angelaufen kommen und widerstandslos den kleinen Arbeitsraum betreten. Das Kochangebot kommt bei den Jungen gut an, auch wenn nicht alles reibungslos verläuft. Trotzdem ist Frau Voß für diesen Moment glücklich, dass Pascal dabei ist und in der Schule zum ersten Mal Freude zeigt.

Es gibt keinen Königsweg, wie wir mit Kindern wie Pascal umgehen, doch wenn ein Kind in der beschriebenen Weise Zuwendung und Verlässlichkeit erfährt, kann sich seine Offenheit gegenüber der Welt entfalten.[260] Der Weg ist hier das Ziel, und es geht darum, weiteres Vertrauen untereinander aufzubauen. Von außen betrachtet ist alles in Entwicklung, wenn man sich die Ausgangsbedingungen vor Augen führt. Pascal hat es geschafft, nicht in die Kita zu gehen, um genügend Zeit zu haben, am Computer zu spielen. Sicherlich war die Coronazeit für viele Eltern eine besondere Herausforderung, doch in Pascals Verhalten wird deutlich, dass er es gelernt hat, seine Interessen gegenüber seinen Eltern durchzusetzen. Seine Mutter ist gerade sehr glücklich, ja regelrecht ein bisschen stolz darauf, dass ihr Sohn schon seit fast 2 Wochen zu Schule geht. Doch wir müssen uns die Frage stellen: Warum geht er nun überhaupt in die Schule? Auch wenn es hierauf natürlich keine ganz klaren Antworten gibt, scheint Pascal in der Schule etwas zu erleben, das ihm gefällt, in ihm eine gewisse Neugier weckt, einen Reiz auf ihn ausübt. Nach meinem Eindruck ist es Frau Voß' Entschlossenheit und empathische Haltung, die Pascal den Weg in die Schule ebnet. Sie schafft es, eine vertrauensvolle Beziehung zu entwickeln, ohne sich von seinem Machtspiel zu sehr herausfordern zu lassen. Wenn Pascal zu Hause dieses Machtspiel spielt – was er seit vielen Jahren täglich tut –, erwirbt er eine rhetorische Kompetenz, mit der er dann die Lehrkräfte konfrontiert. Seine Eltern reagieren – und das ist menschlich – mit ihren sich immer wiederholenden Mustern. Diese Muster, die sich zwischen Nachgiebigkeit, starken Grenzen oder Gleichgültigkeit bewegen und in Gefühlen wie Wut, Trauer, Angst und Sorge gründen, haben dadurch eine mehrjährige Geschichte.

Frau Voß hat einen anderen Stil. Sie nimmt seinen Widerstand ernst, droht ihm jedoch keine Konsequenzen an, was für Pascal neu ist. Sie sucht immer wieder nach Lösungen, auch wenn es nicht einfach ist. Es wäre wichtig, sich im Kollegium in Ruhe über Pascals Beschulung auszutauschen, um Eindrücke und Geschichten zu teilen. Durch solche Gespräche können die Lehrer*innen auf der Suche nach Lösungsansätzen ihre Perspektiven erweitern. Da dafür gerade zu Beginn eines Schuljahrs, wenn vieles noch nicht rund läuft, jedoch keine Zeit ist, bleiben Frau Voß sowie eine Kollegin mit ihrer Sicht auf das Geschehen allein. Dass es Pascal oft um Dominanz und ein Machtspiel geht, wird ihr eindrücklich vor Augen geführt, als er sich wie auch immer von Paul hat animieren lassen, doch mit ihr zu kochen. Pascal ist ein Spieler, und es geht nun darum, ihm auf dem »Spielfeld Schule« Bälle zuzuspielen, die er gut annehmen kann. Allerdings spielt Pascal hier nicht am Computer, sondern in der analogen Welt, in der er eines schon mit Bravour beherrscht: auch bei Menschen die richtigen Knöpfe zu drücken. Doch diese Knöpfe können ihre Wirkung verfehlen, wenn wir uns immer wieder Hintergrund und Ursachen für Pascals Verhalten vor Augen führen: Ein Kind ist ein Kind und trägt zunächst einmal nicht die Verantwortung für die Entwicklung, die es durchlaufen hat. Trotz schwieriger Verhaltensweisen trägt es das Grundbedürfnis nach Nähe, Kontakt, Liebe und Vertrauen in sich. Wir werden Kinder nur verstehen und sinnvoll in ihrer Entwicklung fördern können, wenn wir uns ihre gesamte Lebenssituation vor Augen führen und wenn wir erkennen, welche Bedürfnisse sich hieraus für sie ergeben.[261]

Widerständen begegnen, Konflikte managen

Frau Voß erfährt, dass Pascal beim ersten Sportunterricht nicht teilnehmen konnte, da er kein Sportzeug dabeihatte. Da am nächsten Tag wieder Sport ist, bittet die Sportlehrerin sie darum, mit Pascal zu reden.

Nach der nächsten Schulstunde, die dieser mittlerweile zwar besucht, allerdings ohne sich aktiv zu beteiligen, fragt sie ihn, ob er denn Sportzeug habe. »Ich geh nicht zum Sport!«, kommt es wie aus der Pistole geschossen. Frau Voß bleibt ganz ruhig: »Pascal, hast du denn Sportzeug?« »Nein!« Sie fragt ihn, der immer in Jogginghose herumläuft, daraufhin: »Was hast du denn unter deinem Sweatshirt?« »Ein T-Shirt!« Frau Voß schaut an ihm herunter: »Na, dann hast du ja Sportzeug, wenn du das Sweatshirt ausziehst!« Nun entsteht eine kurze Pause, bis Pascal sagt: »Aber ich habe keine Turnschuhe!«, worauf die Lehrerin geistesgegenwärtig sagt: »Doch, du hast Turnschuhe, da bin ich mir ganz sicher!« Nun schaut Pascal, der sich ertappt fühlt, nach unten und lächelt. Das Spiel ist aus, er wurde als Spieler erkannt, aber auch als Mensch gesehen, und dieses Spiel scheint einen neuen Reiz auf ihn auszuüben, der wiederum ein Motiv darstellen kann, an diesen Ort zu gehen, der Schule heißt.

Zum nächsten Sportunterricht hat Pascal seine Turnschuhe wirklich dabei, doch leider hat er keine Jogginghose, sondern Jeans an. Die Sportlehrerin folgt ihrem Prinzip der Konsequenz und lässt Kinder, die kein Sportzeug dabei haben, nicht am Unterricht teilnehmen, sondern auf der Bank Platz nehmen. Pascal nimmt dies enttäuscht zur Kenntnis und setzt sich zunächst. Doch dann beginnt er aufzustehen und den Sportunterricht zu stören, sodass ihn die Lehrerin immer wieder auffordern muss, sich wieder auf die Bank zu setzen. Irgendwann beginnt Pascal damit, andere Kinder zu ärgern, zu bedrohen und auch zu boxen. Schließlich muss er direkt nach dem Sportunterricht von seiner enttäuschten Mutter abgeholt werden, da er einem Kind eine gezielte Kopfnuss verpasst hat. Hier zeigt sich für Pascal eine Diskrepanz zwischen Frau Voß' Verhalten und dem der Sportlehrerin. Hatte Pascal gerade angefangen zu lernen, sich immer mal wieder auf Kompromisse einzulassen, zeigt sich die Sportlehrerin kompromisslos. Nun sollten wir in unserem pädagogischen Handeln nicht von einem Prinzip gesteuert werden, sondern von Aufmerksamkeit für Momente, in denen Beziehungen entstehen und unterbrochene Verbindungen wieder aufgenommen werden können.[262] Nicht alle Menschen reagieren gleich, doch um eine lebensweltorientierte Begleitung zu gewährleisten, sind verlässliche Absprachen und eine interprofessionelle Koordination unerlässlich. Bei einem Kind wie Pascal ist es wichtig, eine gemeinsame Haltung zu entwickeln, wie die pädagogischen Fachkräfte auf seine besonderen Verhaltensweisen, die auch an besondere Bedürfnisse gebunden sind, reagieren, um zur Stabilisierung seines Selbst beizutragen.

Als Frau Voß am nächsten Tag in die Klasse kommt, sitzt ihre Kollegin schon mit einzelnen Kindern im Kreis und fragt in die Runde, wie es ihnen geht und ob sie etwas erzählen möchten. Dies ist das tägliche Begrüßungsritual, und Pascal, der mittlerweile von allein in die Klasse kommt, ist auch schon da. Es geht der Reihe nach, und Pascal verkündet sofort: »Ich sag nichts!«, worauf sich ein anderer Junge mit dem gleichen Satz anschließt. Frau Voß und ihre Kollegin tauschen kurz Blicke aus und verständigen sich wortlos darauf, gar nicht auf diese Aussagen zu reagieren und sich auf die Berichte der anderen Kinder zu konzentrieren. In der Folge erzählen Pascal und auch der andere Junge dann doch etwas, als sie an der Reihe sind. Pascal berichtet, dass er am Wochenende *GTA* gespielt habe, und schaut dabei in die besorgten Gesichter seiner Lehrerinnen sowie die ahnungslosen Gesichter der Kinder, die überhaupt keine Vorstellung davon haben, wovon er spricht. Als das Morgenritual zu Ende ist, geht es um das Thema »Links und Rechts«. Nach ein paar Übungen mit dem eigenen Körper sollen die Kinder in ihrem Buch Fische anmalen. Sie müssen dafür die Fische, die nach links schwimmen, lila anmalen, und die Fische, die nach rechts schwimmen, rot. Pascal verweigert sich der Aufgabe trotzig: »Ich male nicht!« Da kommt Frau Voß zu ihm, und als er seinen Satz wiederholt, antwortet sie: »Musst du auch nicht. Du kannst auch nur bei allen Fischen, die nach links schwimmen, Kreuze reinmachen, dann weiß ich, dass du den

Unterschied zwischen links und rechts kennst.« Dann geht sie zu einem anderen Kind und achtet scheinbar nicht auf Pascals Reaktion. Aus dem Augenwinkel sieht sie, wie er tatsächlich versucht, kleine Kreuze in die Fische zu malen, die nach links schwimmen. Dabei wird deutlich, wie groß Pascals Schwierigkeiten sind, einfachste Symbole zu malen. Pascal erlebt unmittelbar die große Diskrepanz in Bezug auf seine eigenen Kompetenzen. Beim Thema Computerspiele ist er allen weit überlegen und verwendet Begriffe, die selbst seine Lehrerinnen so nicht kennen. Doch bei den basalen Kompetenzen sind ihm die anderen Kinder dagegen weit überlegen und man sieht ihm seine Verunsicherung an. Es wird deutlich, wie er schnell in Widerstand geht, wenn eine neue, ihm nicht bekannte, scheinbar kinderleichte Anforderung an ihn gestellt wird.

Als Pascal kurze Zeit später zur Toilette muss, sagt er: »Ich drehe das Ampelschild aber nicht um!«, woraufhin Frau Voß ihm entgegnet, alle Kinder würden dies tun, damit auch alle wissen, dass jemand auf der Toilette ist. Pascal reagiert darauf erst nicht, doch als er die Tür dann öffnet, dreht er mit Schwung das Türschild um, das sich durch seine schwungvolle Bewegung jedoch wieder zurückdreht. Nun schaut er kurz lächelnd zu seiner Lehrerin und dreht das Schild richtig herum. Frau Voß ist in diesem Moment erleichtert, da sie spürt, dass sich durch ihre beharrliche Art und Weise Pascals Widerstand etwas löst und sich Anzeichen eines gegenseitigen Vertrauens aufbauen.

Trotzdem weitet sich der Konflikt, der mit Pascals Beschulung verbunden ist, aus. Es gibt mittlerweile einzelne Lehrkräfte, die die Möglichkeit seiner Beschulung infrage stellen. Darüber hinaus entwickelt sich in der gesamten Elternschaft eine Dynamik – überwiegend in WhatsApp-Gruppen –, die die ohnehin schon schwierige Situation noch komplizierter macht. Einzelne fordern in diesen Gruppen, Frau Voß solle sich mehr um die anderen Kinder kümmern, und behaupten, ein Kind wie Pascal gehöre nicht an diese Schule. Es sei nicht zu verstehen, wie man einen 6-jährigen Jungen, der immer wieder den Unterricht schmeiße, andere Kinder boxe oder bedrohe, noch mit Ausnahmeregeln belohnen könne. – Hier braucht es ein Konfliktmanagement, und es wäre wichtig, ein Team zu bilden, zu dem auch Eltern gehören, um die Situation in ihrer Komplexität besser zu verstehen. Es ist zudem von großer Bedeutung, schulische und außerschulische Handlungskonzepte parallel zu entwickeln. Alle schulpädagogisch relevanten Probleme werden durch die vorschulischen Erziehungserfahrungen, die das Kind zu Hause gemacht hat, vorstrukturiert und stark beeinflusst. Dies gilt insbesondere für erworbene Interaktions- und Kommunikationsformen, bei denen in manchen Familien Machtspiele einen großen Raum einnehmen.[263]

In einem Elterngespräch sind Pascals Eltern darüber erleichtert, dass ihr Sohn regelmäßig zur Schule geht, auch wenn sie ihn immer mal wieder früher abholen müssen, nachdem er anderen Kindern wehgetan hat. Sie betonen, dass sie sich an die mit dem Schulleiter vereinbarten Absprachen halten und Pascal keine Medien mehr konsumieren dürfe. Vor dem Hintergrund seiner Erzählungen im Stuhlkreis, seiner aggressiven Verhaltensweisen und der Unruhe, die er zeigt, sind sich die Lehrerinnen jedoch nicht sicher, ob Pascals Medienkonsum wirklich eingeschränkt wurde. Im Verlauf des Gesprächs fordert der Vater dann plötzlich von den Lehrerinnen, seinem Sohn mit mehr Strenge und Konsequenz zu begegnen sowie es zu unterlassen, ihm immer wieder mit Kompromissen entgegenzukommen. Hier wird eine große Diskrepanz in den Vorstellungen von Pädagogik und Erziehung zwischen den Lehrerinnen und Pascals Eltern deutlich. Pascals Eltern scheinen sich – so wie andere Eltern auch – noch nicht darüber im Klaren zu sein, wie sich der Medienkonsum auf uns und unsere Kinder auswirken kann. Sie bräuchten eine professionelle Beratung, da die Schule bei diesem Thema noch nicht genügend Informationen und Empfehlungen geben kann. Sie bräuchten ein klares Handlungskonzept, wie sie auf die besonderen Verhaltensweisen, die immer an besondere Bedürfnisse gekoppelt sind, reagieren können. Weder Pascals Verhalten noch das seiner Eltern ist darauf angelegt, bewusst Schaden anzurichten, sondern sie sind in ein Fahrwasser geraten, in dem ihnen zu wünschen ist, dass sie das Steuer wieder in die Hand nehmen können. Ich bin mir sicher, dass Pascal durch die einfühlsame und klare Begleitung an dieser Schule eine Chance hat, wenn seine Eltern seinen Medienkonsum sehr, sehr stark einschränken. Wenn sie es nicht tun, wird Pascals Beschulung eine riesige Herausforderung.

Einen sicheren Rahmen schaffen

Störungen, die von Kindern ausgehen, sollten jedoch nicht allein als Abweichung von einer gedachten Norm gesehen werden, sondern auch als ein unbewusstes Ringen nach Anerkennung, Sicherheit und Freiheit.[264] Das Verständnis und die Akzeptanz, dass die Entwicklung eines Kindes von vielfältigen und wechselseitigen Bedingungsfaktoren abhängig ist, für die das Kind zunächst keine Verantwortung trägt, erfordert ein Umdenken in der Schulpädagogik. Im Zuge der zunehmenden Digitalisierung im familiären Umfeld und an Schulen braucht es die Bereitschaft, Schule neu zu denken. Digitalisierung darf hier nicht nur als Technisierung betrachtet werden, sondern bedarf wie das gesamte pädagogische Handeln einer ethischen Komponente.

Die Schulleiterin und gleichzeitig erste Digitalisierungsbotschafterin im Land Niedersachen Silke Müller schreibt: »Die Seelen der Kinder sind zunehmend durch einen medialen Einfluss belastet, und es ist die Aufgabe von Schule und allen Erwachsenen, ihnen die Last zu nehmen, Lösungswege aufzuzeigen und auf Fehler, die man besser nicht zweimal macht, hinzuweisen.«[265] Nun fehlt an den allermeisten Schulen die Erfahrung mit dieser neuen Herausforderung und auch wird vielerorts der Fokus nicht auf das Wachsen und Sichentwickeln gelegt. Die Funktion der Schule in der Leistungsgesellschaft ist mehr auf Noten als auf die Bedeutung der Selbstbildungsprozesse von Kindern ausgerichtet.[266] In der Schule sollte es beim Thema Bildung auch um die Bildung eines kollektiven Geistes gehen und darum, Handlungskonzepte zu entwickeln, die an den Entwicklungsbedürfnissen der Kinder ansetzen. Eine Schule, deren pädagogische Fachkräfte als Kollektiv oder Einheit auftreten, bietet Schüler*innen wie deren Eltern eine klare Orientierung.

Pascal wurde nach 3 Monaten von der Schule suspendiert, weil er andere Kinder immer wieder massiv verletzt und sich den Schulregeln widersetzt hat. Dabei hätte die Schule ein Ort sein können für eine zweite Chance der Selbstsozialisation, die nach meiner Erfahrung bei einer guten Kommunikation mit den Eltern bis ins Elternhaus hineinwirken kann. Hier muss sich unser Bildungssystem, das in der Tat sehr belastet ist, grundsätzlich anders aufstellen, um hausgemachten und externen Belastungsfaktoren besser entgegenwirken zu können.

SCHULE IM DIGITALISIERUNGSDILEMMA

»Moderne Forschungsergebnisse deuten darauf hin, dass wir gut beraten sind, einen nicht unerheblichen Teil unseres Lebens weiterhin mithilfe von Büchern und menschlichen Mentoren zu absolvieren.«[267] – Nach meiner Erfahrung braucht eine Bildungseinrichtung wie eine Kita oder eine Schule ein klares Rahmenkonzept, das sich an den individuellen Entwicklungsbedürfnissen der Kinder orientiert, um Kindern wie Pascal eher gerecht werden zu können. Interessanterweise benötigt es auch genau dieses Konzept des individuellen und eigenständigen Lernens, das *Schule neu denkt*, um digitales Lernen erfolgreich umsetzen zu können. Damit aus dem digitalen Lernen ein Mehrwert entsteht, braucht es eine gemeinsame Entscheidung und Entschlossenheit im Team, eine gemeinsame Haltung, ein Umdenken der Pädagogik sowie eine umfassende Fortbildung zum Einsatz digitaler Medien in Schulen.[268]

Auf eine Schule, die die Digitalisierung erfolgreich einsetzt, ja geradezu benötigt, um die neu gedachte Form der Schule umzusetzen, komme ich noch zu sprechen.

Nach einer ersten Digitalisierungseuphorie ist die Zahl der skeptischen bis besorgten Medienwissenschaftler*innen, pädagogischen Fachkräfte und Eltern eindeutig gestiegen. Und gewachsene Skepsis und Sorge sind auch berechtigt, denn immer mehr Kinder scheinen unter dem Aufwachsen in einer zunehmend digitalisierten Welt zu leiden. Daher stellt sich die Frage nach dem Gewinn, wenn Kinder in

Schulen digitale Technologien nutzen. Doch wir müssen die unterschiedlichen Nutzungsformen differenzieren, um dem Thema gerecht werden zu können. Ich möchte also zunächst drei Bereiche voneinander unterscheiden, die einen Einfluss auf die Bildung von Kindern und Jugendlichen haben:

- Nutzung digitaler Medien von Kindern und Jugendlichen in Familie und sozialem Umfeld
- Einsatz digitaler Technologie als Lernwerkzeug in Grund- und weiterführenden Schulen
- Auswirkung von Social Media auf das soziale Miteinander in Schulen

Medienkonsum und Schule

Von Lehrer*innen hören wir immer häufiger Aussagen wie: Die Kinder werden immer schwieriger, zeigen Auffälligkeiten im Bereich Sprache und Motorik und können sich schlechter konzentrieren. Auch wenn sich ein direkter Zusammenhang wissenschaftlich noch nicht abschließend belegen lässt, haben Sprachauffälligkeiten, Motorikdefizite sowie ADHS-Diagnosen in den letzten 15 Jahren stark zugenommen. Der Neurologe und Psychiater Volker Busch ist der Auffassung, dass es uns in einer reizüberflutenden Welt immer schwerer fällt zu selektieren und dass die Fähigkeit abnimmt, relevante Informationen herauszufiltern. Hieraus resultiert eine weniger intensive Wahrnehmungsverarbeitung, eine reduzierte geistige Verarbeitungstiefe und ein schlechteres Gedächtnis. Dabei sind dies, neben der Zuwendung durch Erwachsene, wichtige Faktoren, die ein Kind in seinem individuellen Entwicklungsprozess braucht. In einer schon älteren Studie des Kriminologischen Forschungsinstituts Niedersachsen (KFN) zeigt sich, dass es zwischen der Zeit, die Kinder spielend vor dem Bildschirm verbringen, und ihrem Notendurchschnitt einen Zusammenhang gibt.[269] Auch eine Studie aus Amerika belegt, dass Jungen, die häufiger mit einer Spielekonsole gamen, bereits nach 4 Monaten deutliche Kompetenzunterschiede gegenüber jenen Jungen aufweisen, die nicht an einer Konsole spielen. Die Gamer machten weniger Hausaufgaben und ihre Fähigkeiten im Lesen und Schreiben ließen nach. Nun sind diese Studien schon 10 Jahre alt und die Mediennutzung hat nicht zuletzt durch die Coronapandemie noch einmal deutlich zugenommen. Laut KIM-Studie 2022 nutzen insgesamt 70 % der Kinder regelmäßig das Internet. Dabei ermöglicht die Hälfte der Eltern (48 %) ihren Kindern, allein ins Internet zu gehen. Hier ist zu beobachten, dass mit zunehmendem Alter der Anteil der Kinder und Jugendlichen, die Medien nutzen, deutlich steigt (6–7 Jahre: 38 %, 8–9 Jahre: 59 %, 10–11 Jahre: 85 %, 12–13 Jahre: 99 %). Ab der weiterführenden Schule besitzt mehr als die Hälfte der Kinder ein eigenes Smartphone.[270] Dagegen belegen Studien weltweit, dass die Schulleistungen von Kindern besser werden, wenn die Nutzung von Medien zu Hause zeitlich reglementiert wird.[271] Auf der einen Seite bringen Kinder also so schon jede Menge Erfahrung und Wissen in Bezug auf die Nutzung digitaler Medien mit in die Schule; auf der anderen Seite können sich bei einzelnen Kindern aus ihrem Nutzungsverhalten auch Defizite in ihren wichtigen Kulturtechniken sowie in ihrer Möglichkeit, eine Aufmerksamkeitsspanne zu halten, ergeben haben.

Wie wir wohl alle am eigenen Leib gespürt haben, kann nun Schule zugegebenermaßen immer wieder Phasen der *Langeweile* hervorrufen. Dies gilt vor allem für den Frontalunterricht, bei dem eine*r erzählt und die anderen zuhören müssen. Diese Unterrichtsform weckt nicht unbedingt die Lust am eigenen Denken, und wenn wir weniger selbst denken, spüren wir weniger unsere Selbstwirksamkeit. Nun haben sich mittlerweile zwar schon viele Schulen auf den Weg gemacht – und von einer wird exemplarisch noch die Rede sein –, doch an den meisten folgen die Lehrer*innen weiterhin der Idee, den Kindern ihr Wissen vermitteln zu wollen. Sie folgen damit, im Zeitalter der Digitalisierung, einer 200 Jahre alten Tradition, und interdisziplinäres Arbeiten ist vielerorts noch eine Seltenheit. In meiner Beratungstätigkeit konnte ich an Schulen beobachten, dass Lehrer*innen sehr viel Energie dafür aufwenden mussten, die Aufmerksamkeit der Kinder hochzuhalten, da diesen die intrinsische Motivation fehlte, was zum Teil an der Unterrichtsmethodik lag. Sie wandten sehr viel ihrer Energie dafür auf, erst einmal eine Situation herzustellen, in der Unterricht überhaupt möglich ist. Im klassischen Frontalunterricht entsteht bei Kindern nämlich Langeweile, da sie sich hier nicht hinreichend selbst spüren, sich nicht selbst ereignen. Und bei aufkommender Langeweile folgen heutzutage viele Menschen dem schon in den Körper eingeschriebenen Impuls, das Smartphone oder ein anderes digitales Medium nutzen zu wollen, um dieses Gefühl zu überwinden. Diesem Impuls folgen dann auch die Kinder, wenn es ihnen im Unterricht möglich ist. Sie gehen mit dem digitalen Medium in den Ablenkungsmodus.

Bildungseinrichtungen werden heute mit Kindern konfrontiert, die schon früh zu Hause einen zu hohen Medienkonsum haben. Hierauf müssen sie reagieren. Schulen sind also nicht die Quelle einer erhöhten Unaufmerksamkeit von Kindern, doch sie können ein Teil davon sein. Umso wichtiger ist es aber, das Schulen dies nicht noch verstärken.[272] Vor dem Hintergrund der zuvor beschriebenen Wechselwirkungsprozesse stellt sich nämlich die berechtigte Frage, ob Schulen, die tendenziell weiter dem Modell des Frontalunterrichts folgen, bei der Einführung der Digitalisierung scheitern. Kinder, die schon hinreichend Selbstwirksamkeitserfahrungen gemacht haben und denen zu Hause ein selbstständiges Lernen vorgelebt wurde, sind zwar eher in der Lage, die Möglichkeiten des digitalen Lernens zu nutzen, wenn es ihnen als Werkzeug angeboten wird.[273] Wenn Kinder und Jugendliche Tablets in der Schule jedoch nicht als Werkzeug nutzen, um eine Aufgabe zu lösen oder ihr Wissen zu erweitern, sondern um ihre Langeweile zu überbrücken, wie sie es von zu Hause gewohnt sind, nehmen Aufmerksamkeit und Motivation, etwas lernen zu wollen, ab.

In meinen Beratungen erlebe ich immer wieder Lehrer*innen, die mit viel Engagement und Herzblut versuchen, neue Wege zu gehen, und denen es ein großes Anliegen ist, Kinder mit ihren individuellen Entwicklungsbedürfnissen abzuholen und sie entsprechend zu unterrichten. Ich erlebe jedoch auch Lehrer*innen, die die Unaufmerksamkeit der Kinder einzig und allein auf das »herumdaddeln« zurückführen, ohne in Selbstreflexion zu gehen und ihre Unterrichtmethodik zu überprüfen.[274] Natürlich gibt es curriculare Vorgaben und man kann als Einzelakteur*in auch nicht das Konzept einer Schule verändern, doch das scheint mir zielführender, als Kinder immer wieder erinnern zu müssen, aufmerksam zu sein: Einzelne Schulen machen sich trotz dieser curricularen Vorgaben auf den Weg – und es ist schon bemerkenswert und auch ein deutlicher Hinweis, dass solche Schulen dann den deutschen Schulpreis gewinnen oder deren Kinder erstaunliche Bildungserfolge erzielen.[275] Für Kinder, die schon unter dem Konsum von Medien leiden, könnte hingegen vor allem die Grundschule noch ein Ort sein, den sie als analogen, von digitalen Medien freien Raum erleben können; ein Raum, in dem die Interaktion mit anderen und das Lernen mit Büchern eine Bedeutung erfährt, die möglicherweise in den Biografien einzelner Kinder verloren gegangen ist.[276]

Digitalisierung und Schule

Die Umsetzung der Digitalisierung an Schulen ist Ziel und Forderung zugleich, doch es scheint noch nicht so klar zu sein, welches Ziel genau damit verfolgt wird und was mit Digitalisierung eigentlich gemeint ist. Wir stehen vor dem Problem, dass wir es auch hier noch mit einer Blackbox zu tun haben und nicht wissen, welche Entlastung die Digitalisierung für Lehrkräfte darstellt sowie welche Lernerfolge oder Erleichterungen bei Kindern und Jugendlichen – um die es ja letztlich geht – wirklich ankommen. Es herrscht im gesamten Schulsektor noch große Unsicherheit, zumal die skandinavischen Länder, die hier als Vorreiter fungieren, sich langsam wieder in eine andere Richtung entwickeln.

Kinder im *Grundschulalter* sollten beim Lernen noch viele anschauliche basale Erfahrungen machen, die sie ganzheitlich über alle Sinne ansprechen. Das Abstraktionsvermögen bei Kindern unter 12 Jahren ist nicht mit dem der Erwachsenen vergleichbar. Deswegen muss Schule diesen Kindern auf Augenhöhe begegnen und ihnen die Weltaneignung weiterhin zuvorderst über ihr Fühlen, Hören und Sehen ermöglichen. Vor diesem Hintergrund sind Fächer mit Bewegungsangeboten oder Elementen aus Musik und Kunst basale Ereignisse, die Kinder gerade in der heutigen Zeit brauchen, um nachhaltig zu lernen. Jede Form der Resonanz, die sich zum Beispiel beim Ausüben von Musik ergibt, ist ein hochwirksamer Aktivator der körpereigenen Motivationssysteme. Genau wie Musik erzeugt auch Bewegung eine Beziehung zu diesen neurobiologischen Systemen:

> »Das Motivationssystem ist die neurobiologische Schwester eines Mechanismus, der fließende Bewegung ermöglicht.«[277]

> »Bei Grundschulkindern, die das Schreiben mit der Hand geübt hatten, trat die neuronale Aktivität weitaus stärker und deutlich besser vernetzt zwischen den beiden Großhirnhemisphären auf als bei Kindern, die nur Buchstaben in die Tastatur tippten.«[278]

Digitales Lernen sollte an Grundschulen als nur einer von vielen Aspekten verstanden werden, wie sich Kinder Wissen aneignen können. Vielleicht können wir hier auch den Vergleich zum Taschenrechner anführen, der ein Hilfsmittel ist, um uns das Rechnen zu erleichtern. Er darf jedoch erst eingeführt werden, wenn Kinder die Grundrechenarten sicher beherrschen, was etwa ab der 7. Klasse der Fall ist, obwohl er ein in sich geschlossenes System ist, auf dem es keine verführerischen Apps gibt.

Pia Zimmermann beschreibt, wie ihre Kinder die Stirn runzeln, wenn man in der Schule noch Landkarten benutzen muss. Ihre Tochter sollte so ganz ohne Sucheingabefunktion im Geografieunterricht herausfinden, wo die längsten Flüsse der Welt liegen. Das wäre doch über das Internet viel schneller gegangen ... Aber ihre Tochter wusste am Abend noch immer, wo der Nil, der Amazonas, der Jangtsekiang und der Mississippi liegen. Vielleicht hat ihrer Tochter ja die intensive und umständliche Sucherei geholfen, sich die Informationen einzuprägen?![279]

Nun haben wir in der Coronazeit alle mit unseren Kindern über längere Zeiträume das sogenannte Homeschooling erlebt und haben sehr eindrücklich die Möglichkeiten dazu kennengelernt, die es heute im Zeitalter der Digitalisierung gibt. Die Kinder konnten über den Online-Unterricht weiter im Klassenverband zu Hause beschult werden, wobei nicht immer alle von Anfang an dabei waren, da dieses Thema regelrecht über die Familien hereingebrochen ist und nicht alle über den gleichen digitalen Standard verfügten. Doch man hat plötzlich auch neue Leute kennengelernt, wie beispielsweise den genialen Lehrer Schmidt, der bei uns heute, 2 Jahre später, weiterhin ein gerngesehener Gast ist, wenn es darum geht, sich auf eine Mathearbeit vorzubereiten. Die Pandemie hat dem Thema Digitalisierung einen deutlichen Schub gegeben, doch auch gezeigt, wie unterschiedlich Schulen auf dieses Thema vorbereitet sind, um damit einen klugen oder eben auch nicht so klugen Umgang zu finden. Es wurde deutlich, dass es einzelne Lehrer*innen gibt, die hier gut aufgestellt sind. Es wurde jedoch auch schnell klar, dass das ihre individuelle Kompetenz ist, die sich, ebenso ihr Vorgehen, nicht aus dem Konzept der Schule ableiteten.

In *weiterführenden Schulen* kommen Kinder langsam in ein Alter, in dem sie der digitalen Technologie anders begegnen können und möglichen Risiken nicht so schutzlos ausgeliefert sind. Doch es stellt sich natürlich weiterhin die Frage, in welchen Bereichen, Momenten oder Fächern das digitale Lernen eine positive Wirkung auf die Aneignung von nachhaltigem Wissen hat. In einer Untersuchung des Leibniz-Instituts für Wissensmedien in Tübingen, in der 46 Tablet-Klassen wissenschaftlich begleitet wurden, konnte erforscht werden, ob das Lernen mit digitalen Medien wirklich einen besseren Lerneffekt hat und ob es durch die Digitalisierung einen Mehrwert gibt. Digitale Medien können Themen unter anderem durch bewegte Bilder darbieten, doch solche Bilder haben nach Erkenntnissen der Tübinger Wissenschaftler*innen keinen besseren Effekt für das Erinnern gezeigt als ein Standbild, das man auch in einem Buch darstellen kann. Bei einem weiteren Experiment wurden mithilfe von Elektroden Gehirnströme beim Suchen von Informationen auf Wikipedia gemessen, denn viele Schüler*innen suchen dort oft mithilfe von Hyperlinks nach thematischen Bezügen. Sie waren im Test jedoch schnell überfordert, da sie zwischen unterschiedlichen Seiten, Bildern und Inhalten hin- und herswitchen mussten.[280] So belegen auch Neurolog*innen, dass sich das Lernergebnis am Bildschirm verschlechtert,[281] da die vielen Informationen das Arbeitsgedächtnis zu sehr belasten und auch immer eine Ablenkung darstellen.[282]

> »Der ehemalige Google-Chef Eric Schmidt äußerte sich schon vor vielen Jahren in einem Interview besorgt über die Informationsflut, der wir heute durch technologiegestützte Quellen ausgesetzt seien. Seiner Beobachtung nach entfalten zu viele Informationen einen hemmenden Einfluss auf den Denkprozess, weil sie tiefes Nachdenken und Verstehen behindern und das Gedächtnis verschlechtern.«[283]

Eine Metaanalyse der TU München zeigt, wie positiv es sich auf die Lernleistungen auswirkt, wenn ein Inhalt im Klassenverband mit einem analogen Lehrbuch und einer moderierenden Lehrkraft erarbeitet wird. Auch andere Forschungsergebnisse machen deutlich, dass Schulen gut beraten sind, einen großen Teil des Lernens weiterhin mit Büchern und menschlichen Mentor*innen durchzuführen.[284] Denn die wichtigste Vorrausetzung für nachhaltige Bildung, was auch die Hattie-Studie belegt, ist eine konstruktive, das Lernen fördernde Beziehung.[285] Ein Lehrbuch lediglich als PDF mit Hyperlinks, Bildern und Videos anzubieten, zeigte hingegen keine guten Ergebnisse.[286] Die Informationsflut kann auch dafür sorgen, dass Kinder weder zu anderen Schüler*innen noch zu Lehrkräften schauen und somit das Gefühl leidet, aktiv in der Gemeinschaft zu lernen, auf das viele jedoch angewiesen sind.

Eine weitere Studie belegt auch, dass komplexe Texte auf dem Bildschirm schlechter verstanden werden als beim Lesen auf Papier. Hieraus resultierte 2019 die Stavanger-Erklärung, in der 130 Leseforscher*innen aus aller Welt unterschrieben, das analoge Lesen weiter zu fördern. Auch beim Schreibenlernen mit einem Stift in der Hand tritt durch das Kreuzen des Balkens, der die eine Hirnhälfte mit der anderen verbindet, eine deutlich stärkere neuronale Aktivität zwischen den beiden Großhirnhemisphären auf, als wenn die Buchstaben oder Zahlen nur getippt werden.[287] So schreibt der Hirnforscher und Neurobiologe Henning Beck, dass, wenn wir mit der Hand mitschreiben können, wir nicht wortwörtlich mitschreiben, sondern schon beim Schreiben zum Mitdenken verdonnert sind und uns so auf die wichtigsten Stichpunkte konzentrieren. Beim Mitschreiben auf der Tastatur schreiben wir in der Regel wortwörtlich mit, ohne mitzudenken, denn das kostet Zeit. Folglich können wir uns, wenn wir mit der Hand mitschreiben, deutlich besser an den Inhalt erinnern.[288]

Wir scheinen uns also auch in unserem Bildungssystem Schule in einem digitalen Dilemma zu bewegen, zumal auch die Vorreiter-Länder in Sachen Digitalisierung nun gewaltig zurückrudern. Die schwedischen Schüler*innen hatten beim letzten internationalen Lesekompetenztest PIRLS (2021) schlechter abgeschnitten als 5 Jahre zuvor.[289] Lehrkräfte beobachten, dass Internetrecherche bei Schüler*innen auf der Beliebtheitsskala ganz weit oben steht, doch sie sehen gleichzeitig die Gefahr einer hohen Ablenkbarkeit durch zu viele Informationen. Nach Aussage der Lehrkräfte gehe das Leseverständnis, die Lesegeschwindigkeit und der Wortschatz bei Schüler*innen insgesamt zurück. Eine Lehrerin sagt: »Die Zukunft ist nun mal digital. Wir müssen den Kindern die Welt beibringen und sie auf die richtige Art und Weise unterrichten. Wenn ich noch einmal die Wahl hätte, würde ich mich für eine Kombination entscheiden.«[290] Vielleicht sollte es jedoch eher eine Entscheidung dafür geben, die Kinder in eine Position zu bringen, sich die Welt selbst beizubringen.

> »Während im laufenden Kulturkampf die einen sich einen Schulunterricht ohne Displays oder gar in den Ablauf integrierte Smartphones gar nicht mehr vorstellen können und nach einer Digitalisierung der Schulen rufen, ohne zu sagen, was genau sie darunter verstehen, hat Frankreich die Smartphones aus der Schule verbannt, und es beginnen immer mehr Menschen sich Sorgen um die mentale, ethische Verfassung der Internetgesellschaft zu machen.«[291]

Digitales Lernen braucht auch nach Meinung der zuvor genannten Tübinger Wissenschaftler*innen zunächst einmal Lehrkräfte, die als Lerncoaches fungieren und in einer sinnvollen Vermittlung digitaler Medien ausgebildet sind, damit Kinder nicht zu Versuchskaninchen werden. Dies wird zurzeit nur von Lehrkräften bewältigt, die sich mit viel Engagement über Weiterbildungen in die neue Materie einarbeiten, um geeignete digitale Lernkonzepte zu entwickeln.[292] Doch es braucht noch mehr, denn Digitalisierung ist mehr als eine Technisierung von schon bekannten Lerninhalten und Methoden. Es benötigt einen Rahmen, in dem das selbstständige, individuelle und interessengeleitete Lernen in Verbindung mit anderen Motivationspartner*innen im Vordergrund steht.

Martha (14): Manche Jungs spielen auch in der Klasse. Da können die Lehrer nichts sagen, weil wir dürfen ja alle am iPad arbeiten, und wenn die Lehrer dann kommen, können die einfach den Tab wechseln.

Chrissi (15): Ja, viele machen das. Manche haben immer, wenn die Lehrer draußen waren, ein Glückspiel mit dem Glücksrad gespielt. Die waren dabei dann alle so krass am rumbrüllen. Wir haben jetzt über ein halbes Jahr mit den iPads an einem Projekt gearbeitet und da ist doch klar, wenn wir da irgendwo in der Schule herumsitzen, dass einige, die sich langweilen, spielen.

Social Media und Schule

Bevor wir gleich zu den guten Nachrichten kommen, müssen wir uns noch einem Thema widmen, das zwar auch mit einer guten Nachricht beginnt, doch nicht selten eine negative Entwicklung nimmt. Die Möglichkeiten, die Social Media mit Angeboten wie WhatsApp, Snapchat, Instagram u. a. bietet, entsprechen dem Grundbedürfnis nach sozialen Kontakten und dem Bedürfnis nach Anbindung oder Bindung des Menschen. Kinder und Jugendliche lieben die Möglichkeit, sich in diesen sozialen Räumen zu treffen, und investieren hier viel Zeit mit der Kommunikation untereinander. Das Handy ist ihr Sprachrohr nach außen, es bringt so viele Möglichkeiten mit sich, mit anderen in den Austausch zu gehen und in Kontakt zu bleiben. Dieser Kontakt mit Freund*innen findet in einem digitalen Raum statt, zu dem viele Eltern weder einen Zugang noch einen Bezug haben. Darum bietet diese Form der Online-Kommunikation für Jugendliche auch die Möglichkeit, sich von den Erwachsenen abzugrenzen und ihre eigene Welt zu leben. Sie werden dadurch jedoch auch immer abhängiger von der Resonanz, die sie in diesen Netzwerken erfahren. So können sich Kinder schnell aus Gruppen ausgeschlossen oder durch ein scheinbar harmloses Bild oder Video, das von ihnen in solchen Gruppen gepostet wird, nicht richtig gesehen fühlen. Nicht selten berichten Schüler*innen von Ausgrenzungen, weil Szenen oder Bilder in der Peergroup geteilt wurden, die ihnen selbst nicht gefallen oder die sie bewusst vorführend darstellen. Schultoiletten wurden sogar schon so umgebaut, dass Kinder nicht heimlich gefilmt und diese Videos dann anderen zur Verfügung gestellt werden können. Die Demütigung und soziale Ausgrenzung, die Betroffene erleben, werden vom menschlichen Gehirn auf die gleiche Weise bewertet wie körperlicher Schmerz.[293]

Kinder bewegen sich in sozialen Netzwerken zudem in sehr offenen Systemen, zu denen auch andere Personen oder Inhalte einen Zugang finden. Auf diesem Weg erhalten manche Kinder und Jugendliche sogenannte Snuff-Filme, in denen real wirkende oder sogar reale filmische Aufzeichnungen von Morden, Suiziden und ähnlicher Gewalt zur Unterhaltung oder sexuellen Erregung gezeigt werden. Diese Snuff-Filme verdanken ihren Reiz dem Versprechen, dass die gezeigte Gewalttat nicht gespielt, sondern echt ist.[294] Die Schulleiterin und Digitalisierungsbotschafterin des Landes Niedersachsen Silke Müller beschreibt folgende Szene:

> »Ein Schüler fragt plötzlich, ob ich denn auch die Seiten mit den *Tierquäler-Videos* auf Instagram kennen würde. Etwas irritiert verneine ich und bitte die Kinder, mir doch einmal zu zeigen, wovon sie sprechen. [...] Offenbar hat das Video schon die Runde gemacht und die Kinder wissen, um was es geht. Erwachsene Männer treten einen Welpen, der in ihrer Mitte ist, wie einen Fußball und quälen ihn mit massiver Gewalt zu Tode.«[295]

In ihrem Buch *Wir verlieren unsere Kinder* erzählt Müller acht Geschichten, die in ihren Darstellungen alle einen verstörenden und besorgniserregenden Charakter haben. Der Cybermobbing-Experte Peter Sommerhalter berichtet von einem ähnlichen Erlebnis, bei dem sich ein 9-Jähriger Gedanken darüber macht, ob er ihm als Erwachsenem Sachen zeigen kann, weil er glaubt, dass Erwachsene das nicht aushalten können. Hier stellt sich die Frage, was manche Kinder in diesem Alter alles schon gesehen haben und wie sie einen Weg finden, dies zu besprechen und zu verarbeiten. Oft haben sie Angst, zu ihren Eltern zu gehen, weil sie fürchten, das Handy abgeben zu müssen. Denn dann würden sie den Kontakt zu ihrer sozialen Gruppe verlieren, die sich überwiegend über Social Media austauscht. Kinder und Jugendliche brauchen also andere Möglichkeiten, sich mit diesen Inhalten jemandem anzuvertrauen,[296] beispielsweise eine Social-Media-Sprechstunde in der Schule, in der ihnen ein vertraulicher Raum angeboten wird, um über solche Erlebnisse zu sprechen. Neurolog*innen und Medienexpert*innen befürchten und beobachten durch die zum Teil verstörenden Erfahrungen einen Rückgang der Empathie.[297] Die Kinder- und Jugendlichenpsychologin Katharina Petras erzählt in einem Podcast von Jugendlichen, die angeben, dass sie schon mit 7 ihr erstes Smartphone bekamen und ihnen verschiedene pornografische Inhalte zugesandt wurden. Heute, mit 14, 15 Jahren, sind sie an einem Punkt, an dem sie sagen: Wenn ich früher nicht so viel konsumiert hätte, dann glaube ich selbst, dass ich heute empathischer wäre. Ich fühle mich emotional abgestumpft und mir geht es auch nicht gut.[298] So berichten viele Schulen auch von zunehmender Gewalt und einer Verrohung. Es gibt viele Konflikte auf dem Schulweg, Kinder werden beispielsweise mit Reizgas bedroht. Lehrerinnen werden dann häufig als Autorität nicht akzeptiert, einfach weil sie Frauen sind. Immer häufiger müssen Schüler*innen vom Schulunterricht suspendiert werden, da sie andere auf der Toilette gefilmt haben, um dies auf Social Media zu posten.[299]

> »Und nicht nur Klassengruppen, sondern auch Elterngruppen lassen hin und wieder eine gewisse Funkdisziplin vermissen. Statt mit einer

> Lehrkraft zu sprechen, wird über sie geschrieben oder gar gehetzt. Unterrichtsszenen werden in der Gruppe auf ihre Qualität hin bewertet, als wäre man selbst in der Stunde im Klassenraum gewesen.«[300]

Lehrer*innen müssen neben den vielen anderen Anforderungen im Zeitalter der Digitalisierung als Wertevermittler*innen agieren, um die Kinder und Jugendlichen in ihrem Verantwortungs- und Selbstbewusstsein zu stärken, damit sie eine Haltung für Gemeinschaft, Partizipation und Demokratie entwickeln.[301] Der Cyberkriminologe Thomas-Gabriel Rüdiger von der Polizeihochschule des Landes Brandenburg fordert schon für die Grundschule eine Vorbereitung auf die Themen des digitalen Raums, da immer mehr Kinder schon in der 1. Klasse ein Smartphone besitzen. Österreich hat aus diesem Grund das Fach Digitale Schulbildung eingeführt.[302] Nach meiner Auffassung ist es hier jedoch wichtig, vor allen Dingen ethische Komponenten zu vermitteln und sich nicht auf technische Aspekte zu reduzieren. Jugendliche äußern sich dazu wie folgt:

> »Ich weiß, das ist eine Beschäftigung und das ist auch irgendwie zu einer Sucht geworden, sag ich mal so, und man hat ja so seine Morgenroutine. Und so ist es so, wenn man morgens aufsteht, ist das Erste, was man eigentlich nimmt, sein Handy und checkt direkt alles ab, wer hat mir geschrieben, was ist Neues passiert. Hat jemand was Neues gepostet, das ist halt einfach die Realität heutzutage!«

> »Meine Bildschirmzeit ist auch echt sehr hoch, auch so wenn ich abends draufschaue, ich manchmal denke, okay ist echt ein bisschen viel, müsste ich mal weniger machen, aber ich kriegs nicht hin. Vor allem wenn ich was für die Schule machen muss oder so, kann ichs nicht weglegen. Ich kriegs nicht hin und dann bin ich abends noch zwei Stunden auf TikTok. Ohne Handy könnt ich nicht.«[303]

Viele Jugendliche beschreiben, dass das Smartphone den ganzen Tag genutzt wird und sie mittlerweile unter ihrem eigenen Nutzungsverhalten leiden. Dies geht bei manchen mit Ängsten, Depressionen, Schlaflosigkeit, Unruhezuständen und auch Schulverweigerung einher. Viele Kinder und Jugendliche driften dann in die Online-Welt ab und verlieren so den Anker in der realen Welt.

Nun liegt in der Digitalisierung nicht die Ursache für diese besorgniserregende Entwicklung, sondern in der Art und Weise, wie wir digitale Technologien nutzen. Denn wenn digitales Lernen in ein kluges Schulkonzept eingebettet ist, das die Bedeutung der Beziehungsebene, der Selbstbildungsprozesse und der Gemeinschaft berücksichtigt, kann es unsere Schulen bereichern. Digitale Medien sollten sich nicht zu einem Teil des Selbst entwickeln, sondern als etwas Zusätzliches erlebt werden, als ein Instrument oder Werkzeug. Wir alle, Kinder und Jugendliche sowie Erwachsene, müssen uns die Kompetenz erhalten, auch für gewisse Zeiträume darauf verzichten zu können.

Lob der Schule

Der Neurowissenschaftler Joachim Bauer schreibt in seinem Buch *Lob der Schule*: »Entscheidende Voraussetzungen für die biologische Funktionstüchtigkeit unserer Motivationssysteme sind das Interesse, die soziale Anerkennung und die persönliche Wertschätzung, die einem Menschen von anderen entgegengebracht werden.«[304] In einer ähnlichen Art und Weise formuliert es der Soziologe Oskar Negt: »Ohne menschliche Nähe, ohne lebendige Übertragungen durch sinnlich fassbare Personen, entsteht nichts, was Bindungen, was Verlässlichkeit und Vertrauen herstellen könnte.«[305] Negt hat schon vor 50 Jahren in Hannover die Glocksee Schule gegründet, eine alternativpädagogische Schule von der 1. bis zur 10. Klasse. Ein halbes Jahrhundert später zeigt die Alemannenschule in Wutöschingen Möglichkeiten auf, wie digitales Lernen für die Lernerfolge der Kinder und Jugendlichen der Primar- sowie Sekundarstufe I und II effektiv genutzt werden kann. Ihr durchdachtes Konzept stellt sich als so erfolgreich heraus, dass sie 2019 den deutschen Schulpreis erhielt. Darin gibt es eine enge Verzahnung individueller Lern- und Entwicklungsbedürfnisse der Kinder mit der Verwendung digitaler Medien. Durch das hohe Maß an Selbstbestimmtheit und Selbstverantwortung nutzen die Kinder die digitale Technologie mit viel Eigenmotivation, um ihre Neugierde am Lernen zu stillen. Es wird von allen in der Gemeinschaft der Lernenden akzeptiert, das jede*r im eigenen Tempo lernt und zu unterschiedlichen Zeitpunkten unterschiedliche Interessen oder Kompetenzen haben kann. Vor diesem Hintergrund gibt es in der Alemannenschule, wie in den meisten Schulen der Reformpädagogik, eine Jahrgangsdurchmischung, bei der sich Kinder aus unterschiedlichsten Altersgruppen gegenseitig im Lernen bereichern.[306] Filia, eine selbstbewusst auftretende Schülerin, formuliert es so: »So lernt man viel, viel mehr, als wenn einfach nur jemand vorn steht und 20 Minuten lang redet – im schlimmsten Fall noch länger!« Der Schulleiter Stefan Ruppaner sagt, was *Schule neu denken* darüber hinaus beinhaltet: Das Schulteam habe die Schmetterlingspädagogik entwickelt, bei der eine Flügelseite für selbstorganisiertes Lernen steht und die andere für das Lernen durch individuelles und gemeinsames Erleben. Es gibt Musicals, regelmäßige Konzerte, Basketball und Exkursionen in den Wald.[307]

Das schulische Lernen insgesamt braucht dringend eine Neuausrichtung, bei der die Digitalisierung Möglichkeiten erweitert und Perspektiven bietet. Dabei reicht es nicht, die Bücher mit zum Teil 200 Jahre alten Inhalten durch Tablets zu ersetzen. Die Veränderungen müssen viel grundlegender sein. Sie sollten sich vor allem an den individuellen Entwicklungsbedürfnissen und Kompetenzen der Kinder und Jugendlichen orientieren. Eine wichtige Stütze ist hier die digitale Lernplattform DiLer, die über Jahre in einem Materialnetzwerk erarbeitet wurde, an dem über 50 Schulen beteiligt waren. Die Lernumgebung dient der Organisation, Kommunikation und Dokumentation des gesamten Schullebens. Lernpartner*innen nutzen diese eigens entwickelte Plattform, um Inhalte anzulegen, zur Kommunikation und zum Selbstlernen. Lehrer*innen, in der Schule ebenso Lernpartner*innen genannt, haben Zugang, um Aufgaben zu bewerten und ein individuelles Feedback zu geben.[308]

Schulleiter Ruppaner vertritt trotzdem die Auffassung: Alles, was keinen Strom braucht, ist gut. Die Digitalisierung allein macht überhaupt nichts, doch sie ist ein tolles Werkzeug, das wir nutzen können. Das iPad macht es den Kindern jedoch möglich, sich frei in oder außerhalb der Schule zu bewegen, da sie immer alles dabei haben, wenn es zum Beispiel darum geht, ein Baumhaus zu bauen. Sie schreiben auch weiterhin mit der Hand, und statt – wie er sagt – langweiligen Schulbüchern gibt es Bücher von echten Autor*innen. Als er mich via Videocall virtuell mit in seine Schule nimmt, genieße ich die Möglichkeiten der Technologie und beobachte, wie alle Kinder in einer sehr ruhigen und ausgesprochen friedlichen Atmosphäre sitzen, sich austauschen und lernen. Sie lernen hier, ein iPad dafür einzusetzen, wofür es sinnvoll ist, und erwerben ein hohes Maß an Medienkompetenz für ihr weiteres Leben.

In der Alemannenschule sind wie gesagt nicht nur die Kinder und Jugendlichen Lernpartner*innen, sondern auch die Lehrer*innen, und selbst die Schulleitung darf Partner*in im Lernen sein. Ein*e Lernpartner*in betreut 14 Kinder und Jugendliche in wöchentlichen Lernberatungen und im täglichen Kontakt. Es werden Hilfestellungen gegeben, gemeinsam Lernziele formuliert und an der Beziehung gearbeitet.[309] Es gibt auch keine Klassenräume, sondern ein Lernatelier, Inputräume, Räume für Clubunterricht, Lebensräume, digitale Lernräume sowie einen Marktplatz. Hier wird dem Raum als drittem Pädagogen eine große Bedeutung beigemessen; eine Parallele zu den Kita-Räumen der offenen Arbeit. Wir können bei beiden Konzepten von Resonanzräumen sprechen, die die Funktion der Ansprechbarkeit erfüllen.[310] Es besteht keine Verpflichtung zur Anwesenheit in einem bestimmten Raum, sondern es herrschen viele Freiheiten für die Schüler*innen, wo sie was lernen. Es ist ein altersübergreifendes Lernen miteinander und voneinander. Den Rahmen für diese Auseinandersetzung bietet das Lernatelier mit absoluter Ruhe. Durch das kooperative Arbeiten in Teams, Gruppen oder Partner*innenarbeit am Marktplatz, der ein Ort für Kontakt und Begegnung ist, wird Schule neu gedacht. Die ersten Abiturient*innen der Schule schlossen mit durchschnittlich 1,7 ab, der Landesdurchschnitt lag bei 2,17.[311]

Das Konzept bietet Kindern einen Rahmen, der ihnen viel Eigenverantwortung abverlangt und gleichzeitig zu einer hohen Lernmotivation führt. Dadurch und dank der guten Begleitung gelingt es den Kindern, ihre digitalen Geräte als Werkzeuge zur Wissenserweiterung zu nutzen, statt in einer langweilig und wenig selbstwirksam erlebten Schule Zeit totzuschlagen. Der entscheidende Baustein für die Arbeit, das Lernen und Handeln mit diesen digitalen Werkzeugen, ist eine gelebte pädagogische Grundhaltung, die die Individualität des Menschen mit seinem Bedürfnis nach Kontakt in den Mittelpunkt rückt. So gesehen ist diese Schulform ein gutes Gegengewicht zur zunehmenden Technisierung, die Kinder und Jugendliche in der medialen Welt erfahren und empfinden. Ihre Suche nach dem Dopaminkick kann auch in der Schule erfüllt werden.[312] Eine solche Umgebung, ein solcher Ort, an dem sich Kinder und Jugendliche ereignen können, bietet auch jenen Kindern, die keine guten Startbedingungen hatten, eine Chance.

Die meisten Bildungsexpert*innen sind sich darüber einig, dass digitale Lernwerkzeuge kein Ersatz für das Schreiben auf Tafel oder Papier, das Lesen in Büchern sowie das Lernen in Gruppen darstellen, sondern nur eine Ergänzung sein können.[313] An Orten, also auch in der Familie, wo Bezugspersonen persönliches Interesse für das einzelne Kind zeigen, also immer wieder persönliche Gespräche zu individuellen Themen führen, werden intrinsische Motivationssysteme geweckt. Denn Kinder und Jugendliche haben das biologisch begründete Bedürfnis, Bedeutung zu erlangen. Wenn sie das nicht erfahren und wenn sie sich im Alltag oder Unterricht nicht beteiligt fühlen, sucht ihr Körper nach Ersatzreizen, um an die lebensnotwendigen Botenstoffe zu kommen. Wenn das individuelle Interesse, die Neugierde, etwas Neues zu lernen und zu erleben, persönliche Wertschätzung und soziale Anerkennung erfährt, wird dem Gehirn ein biologischer Cocktail zugeführt, der uns Lust auf Lernen macht, der bewirkt, dass es uns seelisch gut geht und wir uns mit anderen verbunden fühlen. Dieser Cocktail besteht aus Dopamin, das uns antreibt, uns anzustrengen und etwas zu leisten, aus körpereigenen Opioiden, die für unser seelisches Wohlbefinden sorgen, und aus dem Botenstoff Oxytocin, der uns ermöglicht, uns mit anderen besonders verbunden zu fühlen.[314]

Nach meinem Eindruck geht in der Alemannenschule in Wutöschingen das Konzept von Schule oder auch einzelnen Lehrer*innen auf, die als Partner*innen im Lernen fungieren und interessengeleitetes Lernen, persönliche Ansprache sowie soziales Miteinander ins Zentrum ihrer methodisch-didaktischen Überlegungen stellen. Es ist wunderbar zu sehen, wie uns diese Einrichtung einen Entwurf liefert, wie wir in der Schule gut miteinander lernen und sein können. Es ist eben dieses Sein, sich als Kind oder Jugendliche*r ereignen zu können, das das Bewusstsein und die Entwicklung bestimmt, und nicht die Wissensaneignung von außen.[315]

SCHLUSSGEDANKEN

Wir leben in einer Welt, in der wir von Bildern und Nachrichten überrollt werden und in der uns kaum Raum und Zeit bleibt, um innezuhalten. Die digitale Technologie hat sich *sinn*flutartig auf unserem Planeten verbreitet und stellt nicht nur für Kinder, sondern auch für die meisten Erwachsenen eine Überforderung dar. Eine Entscheidung für den digitalen Konsum kann eine Entscheidung gegen das Verbundensein mit der realen Welt sein.[316]

Noch bis Ende des 19. Jahrhunderts haben sich die Menschen an den lokalen Kirchturmuhren orientiert, um ein Gefühl für die Zeit zu erhalten. Erst 1884 wurde eine Weltzeituhr eingeführt, die den Erdball in das bis heute noch gültige Zeitraster einteilt und allen Uhren den Takt vorgibt.[317] Deutschland ist nach Belgien das Land auf unserem Planeten, in dem die Menschen die meiste Freizeit zur Verfügung haben. Doch trotz Urlaub und Arbeitszeitverkürzungen scheint es uns immer schwerer zu fallen, diese gewonnene Zeit als einen Freiraum wahrzunehmen und wirklich genießen zu können. Benjamin Franklin, einer der Gründerväter der Vereinigten Staaten, sagte: »Zeit ist Geld!« Doch heute scheint Zeit noch kostbarer geworden zu sein. Die Zeitersparnis, die uns arbeitserleichternde Geräte wie die Spülmaschine beschert haben, fließt oft schon wie ein Reflex in den Gebrauch des Smartphones, das uns die gerade »gewonnene« Zeit wieder raubt. Dann sind da noch das Bling, Ssssst oder Pieps der anderen, die uns diese Momente zerstückeln. Es ist dieser Ton, der einen süchtig machenden Dopaminkick in uns auslöst.[318] Die Folgen unseres Verhaltens, das immer mit der Hoffnung einhergeht, durch eine neue Nachricht belohnt zu werden, sind Stress, Erschöpfungszustände, Konzentrationsstörungen, Nervosität, Schlafstörungen und depressive Reaktionen.[319]

Auf vielen Kanälen und Plattformen wird versucht, über Werbungen, Manipulationen, Desinformationen und Fake News Menschen zu erreichen und sie für ein bestimmtes Weltbild zu gewinnen. Menschen werden durch Algorithmen regelrecht dazu verführt, sich im Internet, etwa in sozialen Medien, sehr einseitig zu informieren. Unter anderem die AfD hat es geschafft, Social Media für sich zu nutzen und ihr intolerantes Weltbild teils zu etablieren. Einzelne Populist*innen unserer Zeit eifern dieser respektlosen Haltung nach, indem sie andere Parteien zum Feindbild erklären. Sie bedienen sich immer mehr Worten, die sprach- und meinungsbildend sein sollen. Sie sind damit kein Vorbild für unsere Kinder, da sie den Respekt vermissen lassen, den jeder Mensch verdient hat und den wir als Gesellschaft mehr denn je brauchen. Damit disqualifizieren sich für mich diese Politiker*innen, in Zukunft in der politischen Verantwortung zu stehen.

Es geht darum, ein Bewusstsein dafür zu entwickeln, wie die Dinge wirklich sind und welche Auswirkungen unsere eigenen Verhaltensweisen haben, für die wir nur selbst verantwortlich sind. Das eigenständige Denken, das wir als Gesellschaft dringend benötigen, um die Herausforderungen unserer Zeit zu meistern, entsteht nicht durch das Zuführen möglichst vieler Informationen in kurzer Zeit.[320] Ein Bewusstsein für etwas zu entwickeln, verlangt Pausen und eine gründliche Auseinandersetzung mit Informationen. Wissen zu erweitern bedeutet, zu lernen, mit einer Information umzugehen, mit ihr ins Handeln oder ins Denken zu kommen. Zu viel Input entfaltet einen hemmenden Einfluss auf den Denkprozess, weil zu viel Input ein tiefes Nachdenken und Verstehen behindert.[321] Müßiggang, die stillen Momente unseres Lebens, in denen wir auf uns selbst schauen, oder körperliche Aktivitäten wie Joggen, Radfahren oder Spazierengehen, ohne die Möglichkeit, erreichbar zu sein, schaffen Assoziationsräume und kreieren Tagträume mit dem Potenzial einer großen, produktiven Kraft.[322]

Hier können wir regenerieren, mit unseren Gedanken spielen und – wie schon zu Kinderzeiten – eine innere Welt erschaffen, die in unserem Kopf und unseren Herzen unsere Vorstellungskraft erweitert.[323]

Es ist wichtig, dass mündige Bürger*innen die Qualität der digitalen Technologien konstruktiv nutzen, um damit klug handeln zu können, nicht um von einer Technologie oder in der Folge einer Ideologie beherrscht zu werden. Es ist die Generation Alpha (Geburtsjahrgänge 2011–2025), die am stärksten unter dem Einfluss der digitalisierten Welt steht. Es braucht gesellschaftliche Kreativität, gute Bildungskonzepte und ein Bewusstsein für die Qualität digitaler Medien, damit sich die Alphas in dieser digitalen Welt nicht verlieren und eben diese *Medienmündigkeit* entwickeln. Gerade in Zeiten, in denen Formen der Individualisierung und Vereinsamung zunehmen, wächst die Bedeutung von Bildungseinrichtungen, in denen die Prinzipien von Verlässlichkeit und Vertrauen, von Nähe und Distanz der Bezugspersonen eine entscheidende Rolle in der Persönlichkeitsbildung von Kindern und Jugendlichen spielen.[324] Dass dies keine Illusion ist, sondern eher eine Vision für alle Schulen sein kann, führen uns die Alemannenschule und andere Reformschulen realistisch und eindrücklich vor Augen. An diesem Format wird deutlich, dass Bildungseinrichtungen ein nach innen und außen gut durchdachtes Konzept benötigen, das die pädagogischen Inhalte sowie das menschliche Miteinander regelt. Je klarer sich die Konturen einer Bildungseinrichtung abbilden, desto eher besteht die Chance, eine Technologie so zu nutzen, dass sie Kinder in ihrer Entwicklung unterstützt. Wenn ihr ein gesunder Umgang mit sozialen Medien vermittelt wird und wie die Technologie sinnvoll zu nutzen und kritisch zu hinterfragen ist, kann die Generation Alpha einen großen gesellschaftlichen Beitrag leisten, indem sie den technischen Fortschritt und unsere Gesellschaft weiter voranbringt.[325]

Aus der Perspektive vieler Erwachsener halten sich die meisten Jugendlichen jedoch nur sinnfrei im Netz auf. Und schon Aristoteles zweifelte an der Zukunft der Zivilisation, wenn er sich die Jugend ansah. Doch es ist sinnvoll, genau hinzuschauen, was die Jugend da eigentlich macht und was ihre Motive sind, bevor wir sie in eine Ecke stellen. Es ist die Generation Z (Geburtsjahrgänge 1999–2010), die digital als erste Generation wie selbstverständlich gut vernetzt und oft sehr gut informiert ist. Es sind die jungen Menschen, die den Generationen X und Y den Spiegel vorhalten und sie auffordern, die Welt zu verändern. Fridays for Future hat ein ökologisches Umdenken bei vielen angestoßen, das ohne diese Bewegung trotz der Bemühungen von Greenpeace und vielen anderen niemals möglich gewesen wäre. Die digitale Technologie kann uns spalten, wenn wir denen folgen, die unseriöse Absichten verfolgen, und sie kann uns einen, wenn sie uns hilft, uns zu verbinden, um uns gegen jene, wie jüngst geschehen, zu versammeln.

Ein Großteil der Menschen ist allerdings mit dieser zunächst einfach zu bedienenden Technik auf eine insgesamt überfordernde Weise konfrontiert, die das Risiko in sich trägt, wesentliche Kompetenzen zu verlieren, die uns Menschen ausmachen. Diese Technologie hat uns mit einer rasenden Geschwindigkeit links überholt und wir müssen lernen, damit *sinnstiftend* umzugehen, um in unserer Gesellschaft nicht rechts überholt zu werden. Die rasant fortschreitende Digitalisierung unserer Welt macht es zwingend erforderlich, die Blackbox aufzulösen und eigenverantwortlich das Steuer zu übernehmen, um uns weiter mit dem nötigen Respekt und mit hinreichend Aufmerksamkeit als Menschen zu begegnen.

ANMERKUNGEN

1 Busch, Volker (2021). *Kopf frei! Wie Sie Klarheit, Konzentration und Kreativität gewinnen.* Drömer, S. 38.

2 von Schlippe, Arist (2015). Von der Familientherapie zum Systemischen Elterncoaching. Einführung in ein Spannungsfeld. In Cornelia Tsirigotis, Arist von Schlippe & Jochen Schweitzer-Rothers (Hg.), *Coaching für Eltern. Mütter, Väter und ihr »Job«* (S. 9–24). Carl-Auer, S. 13.

3 KIM-Studie (2022). https://www.mpfs.de/fileadmin/files/Studien/KIM/2022/KIM-Studie2022_website_final.pdf

4 Bleckmann, Paula (2014). Kleine Kinder und Bildschirmmedien. https://www.kita-fachtexte.de/fileadmin/Redaktion/Publikationen/KiTaFT_Bleckmann_2014.pdf, S. 4.

5 Ebd., S. 6.

6 Kokemoor, Klaus (2016). *Autismus neu verstehen. Begegnung mit einer anderen Kultur.* Fischer & Gann.

7 Dornes, Martin (1993). Psychoanalyse und Kleinkindforschung. *Psyche, 47*(12), 1116–1152, S. 1124f.

8 Korte, Martin (2023). *Frisch im Kopf. Wie wir uns aus der digitalen Reizüberflutung befreien.* DVA, S. 14.

9 Elternratgeber SCHAU HIN. https://www.schau-hin.info/bildschirmzeiten

10 Brisch, Karl Heinz & Hellbrügge, Theodor (Hg.). (2008). *Der Säugling. Bindung, Neurobiologie und Gene.* Klett-Cotta, S. 223.

11 Saidze, Mina (2023). *Fairtech. Digitalisierung neu denken für eine gerechte Gesellschaft.* Quadriga, S. 63.

12 Korte 2023, S. 9 und 17.

13 Schalt mal ab, Deutschland! TK-Studie zur Digitalkompetenz (2021). https://www.tk.de/resource/blob/2102180/01d012c6ea0bb68e1ccd5369c568ef79/schalt-mal-ab-deutschland-2021-data.pdf, S. 8.

14 Busch 2021, S. 12 und 28.

15 Beck, Henning (2020). *Das Neue Lernen heißt Verstehen.* Ullstein, S. 123.

16 Korte 2023, S. 16.

17 Busch 2021, S. 117.

18 Korte 2023, S. 16.

19 Ebd., S. 63.

20 Busch 2021, S. 88.

21 Juul, Jasper (2016). Smartphones haben auf der Familieninsel nichts zu suchen. https://www.selbstistdaskind.de/app/download/14557797332/ein+Text+von+Jesper+Juul+%C3%BCber+Medien.pdf?t=1696699218

22 Busch 2021, S. 39 und 45.

23 Germerott, Insa (2023, 05.05.). Die Vermessung der deutschen Einsamkeit. https://www.nationalgeographic.de/wissenschaft/2023/05/die-vermessung-der-deutschen-einsamkeit-psychologie-forschung

24 Juul 2016.

25 Stern, Daniel N. (1998). *Die Lebenserfahrung des Säuglings*. Klett-Cotta.

26 Largo, Remo (2007). *Babyjahre. Die frühkindliche Entwicklung aus biologischer Sicht*. Piper.

27 Korte 2023, S. 16 und 35.

28 Zimmer, Nora (2021, 13.09.). Störungen der Mutter-Säuglings-Interaktion durch Smartphone. https://www.nifbe.de/fachbeitraege-2?view=item&id=995:stoerungen-der-mutter-saeuglings-interaktion-durch-smartphone&catid=4

29 Ebd.

30 Kaiser-Müller, Katharina (2020). Studie: Kleinkinder und digitale Medien. *Medienimpulse, 58*(1). https://journals.univie.ac.at/index.php/mp/article/view/3467/3124

31 Ebd.

32 Ebd.

33 miniKIM-Studie (2020). https://www.mpfs.de/fileadmin/files/Studien/miniKIM/2020/lfk_miniKIM_2020_211020_WEB_barrierefrei.pdf

34 Ebd.

35 Ebd.

36 Darius, Peggy (2018, 16.05.). Elektronische Medien führen zu auffälligem Verhalten bei Vorschulkindern. https://www.uni-leipzig.de/newsdetail/artikel/elektronische-medien-fuehren-zu-auffaelligem-verhalten-bei-vorschulkindern-2018-05-16

37 Korte 2023, S. 20.

38 Ebd., S. 96.

39 Wolpers, Ulrike (2021). *Mein fremdes Kind. Wie wir die Computerspielsucht unseres Sohnes überwanden*. Benevento, S. 22.

40 return – Fachstelle Mediensucht (2022a). »Jetzt leg doch mal das Handy weg!« https://www.return-mediensucht.de/wp-content/uploads/RT_Elternbroschuere_2022.pdf, S. 8.

41 Berthold, Tim, Busack, Ina, Ott, Daniel, Pauly, Andreas & Schaack, Christian (2021, 06.04.). Statement zur Neufassung der Medienregulation im neuen Jugendschutzgesetz (JuSchG). https://www.fv-medienabhaengigkeit.de/fileadmin/images/Dateien/Publikationen/FVM_Statement_Medienregulation_4_2021.pdf

42 Wolpers 2021, S. 79.

43 DAK-Gesundheit (2023). Kinder- und Jugendreport. https://caas.content.dak.de/

caas/v1/media/45534/data/b14be3b0db47242833904ba75c5239cb/dak-kinder-und-jugendreport-2023-report.pdf

44 Heil, Steffen (2018). Medienkonsum bei Kindern [Video]. https://www.youtube.com/watch?v=zHkh2Yq3kwo&t=161s

45 DAK-Gesundheit (2022). Mediensucht in Zeiten der Pandemie. https://www.dak.de/dak/download/report-2612370.pdf

46 https://www.zdf.de/nachrichten/panorama/soziale-medien-jugendliche-sucht-100.html

47 Korte 2023, S. 29.

48 https://www.stiftunglesen.de/ueber-uns/newsroom/pressemitteilung-detail/immer-weniger-jugendliche-lesen-buecher

49 Klemm, Ruth-Etienne (2003). *Die Kraft der inneren Bilder. Entstehung, Ausdruck und therapeutisches Potential.* Schwabe, S. 70; Stern 1998, S. 83f.

50 Korte 2023, S. 20.

51 Ebd., S. 59ff.

52 Ebd., S. 62.

53 DAK-Gesundheit 2023.

54 https://www.t-online.de/gesundheit/krankheiten-symptome/coronavirus/id_100357856/nach-corona-pandemie-immer-mehr-kinder

55 https://www.br.de/nachrichten/deutschland-welt/studie-jedes-sechste-kind-in-europa-erlebt-cybermobbing,U8CnPz7

56 Müller, Silke (2023). *Wir verlieren unsere Kinder!* Droemer, S. 13 und 53.

57 Carrier, L. Mark et al. (2015). Virtual empathy: positive an negative impacts of going online upon empathy in young adults. *Computers in Human Behavior, 52*, 39–48, zit. n. Korte 2023, S. 60.

58 Zit. n. https://die-pädagogische-wende.de/karolinska-institut-schweden-stellungnahme-zur-nationalen-digitalisierungsstrategie-in-der-bildung

59 Ebd.

60 https://bildung-wissen.eu/fachbeitraege/paedagogik-statt-experimente-mit-schuelern-als-versuchskaninchen.html

61 Zit. n. Wolpers 2021, S. 291.

62 Milzner, Georg (2016). *Digitale Hysterie. Warum Computer unsere Kinder weder dumm noch krank machen.* Beltz, S. 45.

63 Mößle, Thomas & Föcker, Julia (2020). Der Einfluss der Medien auf die kindliche und Jugendliche Psyche. In Jörg Fegert, Franz Resch, Paul Plener, Michael Kaess, Manfred Döpfner, Kerstin Konrad & Tanja Legenbauer (Hg.), *Psychiatrie und Psychotherapie des Kindes und Jugendalters.* Springer Medizin. https://www.springermedizin.de/emedpedia/psychiatrie-und-psychotherapie-des-kindes-und-jugendalters/der-einfluss-der-medien-auf-die-kindliche-und-jugendliche-psyche?epediaDoi=10.1007%2F978-3-662-49289-5_48

64 Wallbridge, David & Davis, Madeleine (2007). *Eine Einführung in das Werk von D. W. Winnicott.* Dietmar Klotz, S. 82.

65 Kokemoor, Klaus (2023a). *Entwicklungsbegleitung autistischer Kinder in Krippe und Kita.* Herder, S. 55.

66 Wolpers 2021, S. 15.

67 Brisch, Karl Heinz (2019, 24.08.). Baby oder Smartphone? [Webinar]. https://www.youtube.com/watch?v=uMYMBdsDPFY

68 Hobson, Peter (2003). *Wie wir denken lernen.* Walter, S. 142f.

69 Klemm 2003, S. 94.

70 Kokemoor, Klaus (2018). *Das Kind, das aus dem Rahmen fällt. Wie Inklusion von Kindern mit besonderen Verhaltensweisen gelingt.* Fischer & Gann, S. 91f.

71 Ebd., S. 91f.

72 Wolpers 2021, S. 13.

73 Zimmer 2021.

74 Busch 2021, S. 85.

75 Klemm 2003, S. 92.

76 Winnicott, Donald W. (2019). *Vom Spiel zur Kreativität.* Klett-Cotta, S. 13.

77 Hobson 2003, S. 252.

78 Dornes 1993, S. 133.

79 Ebd., S. 122f.

80 Davis & Walbridge 2007, S. 101.

81 Balzer, Werner (2020). *Das Sensorische und die Gewalt. Zum Seelenleben im digitalen Zeitalter.* Psychosozial-Verlag, S. 67.

82 Busch 2021, S. 203.

83 Ebd., S. 152f.

84 Welzer, Harald (2019). *Alles könnte anders sein.* Fischer, S. 59.

85 Pleyer, Karl-Heinz (2015). Coaching für Eltern. Unverzichtbarer Baustein in der systemischen Kindertherapie. In Cornelia Tsirigotis, Arist von Schlippe & Jochen Schweitzer-Rothers (Hg.), *Coaching für Eltern. Mütter, Väter und ihr »Job«* (S. 102–117). Carl Auer, S. 102f.

86 Kaiser-Müller 2020.

87 Baldini, Laura (2020). *Lehrerin einer neuen Zeit.* Piper, S. 111.

88 Milzner 2016, S. 60.

89 von Schlippe 2015, S. 12.

90 Voelchert, Mathias (2024, 24./25.02.). Kinder wollen ihre Eltern groß, nicht klein. *Hannoversche Allgemeine Zeitung.*

91 Wolpers 2021, S. 34, eigene Hervorhebungen.

92 Milzner 2016, S. 47.

93 Papoušek, Mechthild (2008). Vom ersten Schrei zum ersten Wort: Sprache des Säuglings im Entwicklungskontext der Zwiesprache mit Eltern. In Karl H. Brisch & Theodor Hellbrügge (Hg.), *Der Säugling. Bindung, Neurobiologie und Gene* (S. 168–184). Klett-Cotta; Hellbrügge, Theodor (2008). Vom Dauerschlafen zum kompetenten Menschling. In Karl H. Brisch & Theodor Hellbrügge (Hg.), *Der Säugling. Bindung, Neurobiologie und Gene* (S. 12–28). Klett-Cotta, S. 23.

94 Stern 1998, S. 111.

95 Ebd., S. 149.

96 Bauer, Joachim (2005). *Warum ich fühle, was du fühlst.* Hoffmann & Campe, S. 17.

97 Zimmer 2021.

98 Dornes 1993, S. 15.

99 Brisch 2019.

100 Ebd.

101 Korte 2023, S. 41.

102 Ebd., S. 16f.

103 Mößle & Föcker 2020.

104 Busch 2021, S. 88.

105 Ludwig-Körner, Christiane (2014). Bildung durch Beziehungsförderung. Zur Verknüpfung von Frühpädagogik und Erwachsenenbildung bei belastenden Eltern-Kind-Beziehungen. In Annedore Prengel & Ursula Winklhofer (Hg.), *Kinderrechte in pädagogischen Beziehungen, Bd. 2: Forschungszugänge* (S. 75–88). Barbara Budrich, S. 76.

106 Bauer 2005, S. 34f.

107 Zimmer 2021.

108 Strüber, Nicole, zit. n. Rohlfing, Susanne (2023). Ab wann sind TV, Apps und Co. okay? https://www.eltern.de/kleinkind/erziehung/mediennutzung-fuer-kinder—ab-wann-ist-es-okay—13087596.html

109 Zimmer 2021.

110 Brisch 2019.

111 Elternratgeber SCHAU HIN (2020). aufwachsen DIGITAL. Der Medienratgeber für Familien! https://www.schau-hin.info/fileadmin/content/Downloads/Broschueren/Aufwachsen_digital_SCHAU_HIN_Broschuere_20211118.pdf, S. 5.

112 Eliot, Lise (2002). *Was geht da drinnen vor? Die Gehirnentwicklung in den ersten fünf Lebensjahren.* Berlin Verlag, S. 587.

113 Bauer 2005, S. 70.

114 Ebd., S. 57.

115 Largo 2007, S. 251.

116 Stern 1998, S. 148.

117 Janert, Sibylle (2003). *Autistischen Kindern Brücken bauen.* Ernst Reinhardt, S. 24.

118 Largo 2007, S. 279.

119 Zimmer 2021.

120 Papoušek 2008, S. 177.

121 Brisch 2019.

122 Klemm 2003, S. 92.

123 Ludwig-Körner 2014, S. 76.

124 Elternratgeber SCHAU HIN 2020, S. 7.

125 Kokemoor, Klaus (2023b). *Von der Ohnmacht zur Handlungskompetenz. Die Begleitung von Kindern mit herausforderndem Verhalten.* 2. Aufl. Psychosozial-Verlag, S. 66; vgl. dazu auch das Kapitel »Leiten und Begleiten« im vorliegenden Buch.

126 Klemm 2003, S. 59.

127 Piaget, Jean & Inhelder, Bärbel (1996). *Die Psychologie des Kindes*. Klett-Cotta, S. 66.

128 Korte 2023, S. 64.

129 Klemm 2003, S. 105.

130 Schulte-Markwort, Michael (2019). *Familienjahre. Wie unser Leben mit Kindern gelingt*. Droemer, S. 87.

131 Esser, Marion (1995). *Beweg-Gründe*. Ernst Reinhardt, S. 19.

132 Korte 2023, S. 59.

133 Esser 1995, S. 20.

134 Dornes 1993, S. 128.

135 von Schiller, Friedrich (1795). Über die ästhetische Beziehung als Menschen (2. Teil; 10.–16. Brief). In ders., *Die Horen, 2. Stück* (S. 45–124). Dt. Textarchiv, S. 88.

136 Beck 2020, S. 124.

137 Largo 2007, S. 225.

138 Welzer 2019, S. 85; Beck 2020, S. 150.

139 miniKIM-Studie 2020, S. 6–9.

140 Korte 2023, S. 146.

141 Esser 1995, S. 19.

142 Beck 2020, S. 55.

143 Bleckmann 2014, S. 6.

144 Fuchs, Daniel & Fischer de Santi, Katja (2021, 20.08.). Paw Patrol: Ist die Serie bloss »ideales Futter für die Kleinen« – oder steckt dahinter ein Werbespot für Spielzeuge? https://www.tagblatt.ch/meinung/kommentare/pro-und-contra-paw-patrol-eine-schrecklich-nette-hundefamilie-ist-die-serie-mit-den-fellfreunden-bloss-ein-harmloser-zeitvertreib-oder-steckt-dahinter-ein-werbespot-fuer-spielzeuge-ld.2176087

145 https://www.fragzebra.de/themenwelt/medienkompetenz

146 Reinhold, Christian (2022, 13.02.). Roblox: Spiel oder Ernst? Das sind die Risiken, von denen Eltern nichts wissen sollen. https://www.kindermedienland-bw.de/de/startseite/beratung/schwerpunkte/roblox-spiel-oder-ernst-das-sind-die-risiken-von-denen-eltern-nichts-wissen-sollen

147 https://www.test.de/Spiele-Apps-im-Test-Alles-andere-als-kindgerecht-5197290-5522152/detail/2019119000!12/Roblocks

148 Wolpers 2021, S. 20.

149 https://www.spieleratgeber-nrw.de

150 Wolpers 2021, S. 17.

151 Ebd., S. 33f.

152 Hansen, Christian (2022, 30.07.). »Um das zu finanzieren, muss man auch mal Leute erschießen« – so überzeugte ein Teenager seine Eltern von GTA. https://www.stern.de/digital/online/gta-5-online—so-ueberzeugte-ein-teenager-seine-eltern-32587382.html

153 miniKIM-Studie 2020, S. 10.

154 https://www.bk-amwasserturm.de/news/statistische-erhebung-zum-computerspiel verhalten-bei-jungen-und-maedchen

155 Müller 2023, S. 50.

156 Aussage aus ebd., S. 49.

157 Aussage aus ebd., S. 75.

158 Korte 2023, S. 62.

159 Müller 2023, S. 53.

160 Bauer 2005, S. 17.

161 Korte 2023, S. 62.

162 Müller 2023, S. 14.

163 https://www.enkelkind.de/programmieren-lernen-minecraft-erfahrungsbericht -geschenkidee

164 https://www.geo.de/geolino/wissen/17674-rtkl-studie-gamer-haben-vorteile-beim -lernen

165 Mößle & Föcker 2020.

166 Beck 2020, S. 165.

167 Korte 2023, S. 57.

168 Strüber, zit. n. Rohlfing 2023.

169 Rohlfing 2023.

170 Wolpers 2021, S. 74f.

171 Korte 2023; Mößle & Föcker 2020.

172 Kaiser-Müller 2020.

173 miniKIM-Studie (2014). https://www.mpfs.de/fileadmin/files/Studien/miniKIM/2014/ Studie/miniKIM_Studie_2014.pdf

174 SBK (2018, 19.10.). Medienkonsum bei Kindern [Video]. https://www.youtube.com/ watch?v=zHkh2Yq3kwo&t=161s

175 return – Fachstelle Mediensucht 2022a, S. 9.

176 Quarks (2018, 26.06.). Der Streit ums Smartphone [Video]. https://www.youtube. com/watch?v=t0_MEbenSVs

177 Korte 2023, S. 154.

178 Busch 2021, S. 17; Bauer, Joachim (2008a). *Lob der Schule.* Heyne, S. 25.

179 Wolpers 2021, S. 25 und 33, eigene Hervorhebungen.

180 https://www.bzga.de/aktuelles/2019-12-03-digitale-medien-mit-augenmass-nutzen

181 Brisch 2019.

182 Bauer 2008a, S. 27.

183 Zit. n. Dückers, Tanja (2019). Nur das Vorbild zählt. https://www.deutschlandfunkkultur. de/kinder-und-mediensucht-nur-das-vorbild-zaehlt-100.html

184 Bauer 2008a, S. 27.

185 Zimmermann, Pia (2016). *Generation Smartphone. Wie die Digitalisierung das Leben von Kindern und Jugendlichen verändert.* Fischer & Gann, S. 17.

186 https://www.heise.de/news/Studie-Bildschirmzeit-kostet-wertvolle-Momente-fuer-die-Sprachentwicklung-9645128.html

187 Wolpers 2021, S. 17f.

188 Brisch 2019.

189 https://www.schau-hin.info/filme-serien

190 Brisch 2019.

191 return – Fachstelle Mediensucht (2022b, 24.02.). Fortbildungseinblicke [Video]. https://www.youtube.com/watch?v=C7v4oa3IXx4&t=306s

192 Korte 2023, S. 62.

193 Bleckmann 2014, S. 10.

194 https://www.schau-hin.info/smartphone-tablet

195 Demmler, Kathrin (2023). Wie viel Medienkonsum ist für unsere Kinder okay? [Podcast]. https://www.babelli.de/podcast-96

196 Milzner 2016, S. 28.

197 Verena Weigand, zit. n. Rohlfing 2023.

198 https://www.fritzundfraenzi.ch/gesellschaft/medienpadagogik-medienkonsum-fur-kleinkinder

199 Müller 2023, S. 17.

200 Rotthaus, Wilhelm (2015). Erziehung. Auf der Suche nach orientierenden Konzepten im Nichtplanbaren. In Cornelia Tsirigotis, Arist von Schlippe & Jochen Schweitzer-Rothers (Hg.), *Coaching für Eltern. Mütter, Väter und ihr »Job«* (S. 36–43). Carl-Auer, S. 39.

201 Kokemoor 2018.

202 Bauer 2008a, S. 11.

203 Wolpers 2021, S. 10, eigene Hervorhebungen.

204 Ebd., S. 11.

205 Ebd., S. 14.

206 Milzner 2016, S. 22f.

207 Ebd., S. 28.

208 Ebd., S. 47.

209 Bauer 2008a, S. 11.

210 return – Fachstelle Mediensucht 2022b.

211 Müller 2023, S. 17.

212 Wolpers 2021, S. 13.

213 Milzner 2016, S. 23.

214 Wolpers 2021, S. 90.

215 Ebd.

216 Largo 2007, S. 17.

217 Mößle & Föcker 2020.

218 Busch 2021, S. 16.

219 Kaiser-Müller 2020.

220 Bauer 2008a, S. 8.

221 Juul 2014, S. 24.

222 Kaiser-Müller 2020.

223 Omer, Haim & von Schlippe, Arist (2017). *Autorität ohne Gewalt. Coaching für Eltern von Kindern mit Verhaltensproblemen.* V&R, S. 93.

224 Ebd., S. 29.

225 Kokemoor 2023b.

226 Bauer, Joachim (2008b). Das System der Spiegelneurone: Neurobiologisches Korrelat für intuitives Verstehen und Empathie. In Karl H. Brisch & Theodor Hellbrügge (Hg.), *Der Säugling. Bindung, Neurobiologie und Gene* (S. 117–123). Klett-Cotta, S. 120.

227 Hawellek, Christian & Meyer zu Gellenbeck, Kai (2005). Die Kunst der kleinen Schritte. In Christian Hawellek & Arist von Schlippe (Hg.), *Entwicklung unterstützen – Unterstützung entwickeln* (S. 75–85). V&R, S. 83.

228 Wolpers 2021, S. 65.

229 Milzner 2016, S. 50.

230 Kokemoor 2023a, S. 133.

231 Pianta, Robert C. (2014). Analysen und Interventionen zur Verbesserung der Lehrer-Schüler-Beziehungen. In Annedore Prengel & Ursula Winklhofer (Hg.), *Kinderrechte in Pädagogischen Beziehungen, Bd. 2: Forschungszusammenhänge* (S. 127–142). Barbara Budrich, S. 129.

232 Plath, Maike (2015). *Spielend unterrichten und Kommunikation gestalten.* Beltz, S. 15, 27.

233 Omer & von Schlippe 2017, S. 53.

234 Ebd., S. 30.

235 Dreikurs, Rudolf & Soltz, Vicki (2008). *Kinder fordern uns heraus. Wie erziehen wir sie zeitgemäß?* Klett-Cotta, S. 24.

236 Kokemoor 2018, S. 247.

237 Winklhofer, Ursula (2014). Partizipation und die Qualität pädagogischer Beziehung. In Annedore Prengel & Ursula Winklhofer (Hg.), *Kinderrechte in Pädagogischen Beziehungen, Bd. 1: Praxisbezüge* (S. 57–70). Barbara Budrich, S. 59.

238 Hansen, Rüdiger, Knauer, Raingard & Sturzenhecker, Benedikt (2015). *Partizipation in Kindertagesstätten.* das netz, S. 19.

239 Omer & von Schlippe 2017, S. 20.

240 Dreikurs & Soltz 2008, S. 84.

241 Omer & von Schlippe 2017, S. 25.

242 Bönsch, Manfred (2017). *Starke Schüler durch starke Pädagogik. Individuell, gemeinsam und differenziert zum Lernerfolg.* Westermann, S. 22.

243 Omer & von Schlippe 2017, S. 22.

244 Ebd., S. 29f.

245 Schulte-Markwort 2019, S. 68.

246 von Schlippe 2015, S. 10.

247 Dornes 1993, S. 172ff.

248 Esser, Marion (2009). *Beziehungen wagen. Mit Körper und Bewegung (psycho-)therapeutisch arbeiten.* proiecta, S. 30.

249 Spitzer, Manfred (2012). *Digitale Demenz. Wie wir unsere Kinder um den Verstand bringen.* Droemer, S. 248.

250 Stern 1998, S. 204.

251 Klemm 2003, S. 94.

252 Bauer 2005, S. 16.

253 Tomasello, Michael (2002). *Die kulturelle Entwicklung des menschlichen Denkens.* Suhrkamp, S. 115.

254 Hüther, Gerald (2004). Die Bedeutung emotionaler Sicherheit für die Entwicklung des kindlichen Gehirns. In Karl Gebauer & Gerald Hüther (Hg.), *Kinder brauchen Wurzeln* (S. 15–34). Patmos, S. 25.

255 Aucouturier, Bernard & Lapierre, André (1998). *Die Symbolik der Bewegung.* Ernst Reinhardt, S. 20.

256 Vgl. das Kapitel »Spiele, Filme, Games und Social Media« im vorliegenden Buch.

257 Piaget & Inhelder 1996, S. 31.

258 Juul 2016.

259 Bauer 2008a, S. 11.

260 Bönsch 2017, S. 14.

261 Bauer 2008a, S. 20.

262 von Schlippe 2015, S. 10.

263 Voß, Reinhard & Kirchhoff, Jutta (1997). Störende Schulkinder? Entwicklungsfördernde Arbeit mit Kindern im Grundschulalter. In Hans von Lüpke & Reinhard Voß (Hg.), *Entwicklung im Netzwerk* (S. 162–176). Centaurus, S. 163.

264 Ebd., S. 167.

265 Müller 2023, S. 34.

266 Voß & Kirchhoff 1997, S. 163.

267 Korte 2023, S. 11.

268 Zylka, Johannes (2017). *Schule auf dem Weg zur personalisierten Lernumgebung.* Beltz, S. 99.

269 Milzner 2016, S. 45.

270 KIM-Studie 2022.

271 Korte 2023, S. 63.

272 Bauer 2007, S. 34.

273 Korte 2023, S. 71.

274 Müller 2023, S. 21.

275 https://www.deutscher-schulpreis.de/preistraeger/alemannenschule-wutoeschingen

276 Korte 2023, S. 70.

277 Bauer 2008a, S. 43.

278 Korte 2023, S. 135.

279 Zimmermann 2016, S. 15.

280 https://www.3sat.de/wissen/nano/191204-neuemedien-nano-102.html

281 Beck 2020, S. 55.

282 Busch 2021, S. 38 und 43.

283 Ebd., S. 43.

284 Korte 2023, S. 11.

285 Bauer 2008a, S. 14.

286 Korte 2023, S. 132.

287 Ebd., S. 135.

288 Beck 2020, S. 55.

289 https://businessportal-norwegen.com/2023/05/16/pirls-studie-norwegische-10-jaehrige-lesen-schlechter-als-2021

290 Blenker, Christian (2023, 17.12.). »Wir haben zu viel digital gemacht«. https://www.tagesschau.de/ausland/europa/schweden-schulen-buecher-100.html

291 Balzer 2020, S. 11.

292 https://www.3sat.de/wissen/nano/191204-neuemedien-nano-102.html

293 Bauer 2008a, S. 33.

294 https://de.wikipedia.org/wiki/Snuff-Film

295 Müller 2023, S. 67f.

296 Sommerhalter, Peter (2023). Smartphone fürs Kind: Gefahren erkennen und reagieren [Podcast]. https://www1.wdr.de/mediathek/audio/wdr5/innenwelt/audio-smartphone-fuers-kind-gefahren-erkennen-und-reagieren-104.html

297 Korte 2023, S. 62.

298 Petras, Katharine I. (2023). Smartphone fürs Kind: Gefahren erkennen und reagieren [Podcast]. https://www1.wdr.de/mediathek/audio/wdr5/innenwelt/audio-smartphone-fuers-kind-gefahren-erkennen-und-reagieren-104.html

299 https://www.ndr.de/nachrichten/niedersachsen/hannover_weser-leinegebiet/Wenn-Lehrkraefte-verzweifeln-Die-IGS-Stoecken-schlaegt-Alarm,schule3414.html

300 Müller 2023, S. 37.

301 Ebd., S. 28f.

302 Ebd., S. 204.

303 Sommerhalter 2023.

304 Bauer 2008a, S. 21f.

305 Negt, Oskar (2015). Vorwort. In Rüdiger Hansen, Raingard Knauer & Benedikt Sturzenhecker (Hg.), *Partizipation in Kindertagesstätten* (S. 7–10). das netz, S. 9.

306 Ruppaner, Stefan & Schöler, Tanja (2017). Die gemeinsame Haltung. In Johannes Zylka (Hg.), *Schule auf dem Weg zur personalisierten Lernumgebung* (S. 79–81). Beltz, S. 80.

307 Stefan Ruppaner, persönliche Nachricht 2024.

308 Sigloch, Mirko (2017). Die Digitale Lernumgebung (DiLer). In Johannes Zylka (Hg.), *Schule auf dem Weg zur personalisierten Lernumgebung* (S. 94–98). Beltz, S. 94.

309 Ruppaner & Schöler 2017, S. 87.

310 Ebd., S. 91f.

311 https://www.news4teachers.de/2024/03/lehrerausbildung-taugt-nicht-fuer-zeitgemaesse-schule-stefan-ruppaner-schulleiter

312 Bauer 2008a, S. 21.

313 Korte 2023, S. 128.

314 Bauer 2008a, S. 21.

315 Welzer 2019, S. 173.

316 Busch 2021, S. 76.

317 Knapp, Nathalie (2022). *Der unendliche Augenblick. Warum Zeiten der Unsicherheiten so wertvoll sind.* Rowohlt, S. 252.

318 Busch 2021, S. 148.

319 Ebd., S. 12f.

320 Beck 2020, S. 152.

321 Busch 2021, S. 43.

322 Ebd., S. 16.

323 Welzer 2019, S. 59.

324 Negt 2015, S. 8f.

325 https://www.emotion.de/leben-arbeit/generation-alpha